Reconnaître des tactiques d'exploitation du milieu au Paléolithique Moyen

La contribution de l'analyse fonctionnelle

Etude fonctionnelle des industries lithiques de Grotta Breuil (Latium, Italie) et de La Combette (Bonnieux, Vaucluse, France)

Cristina Lemorini

BAR International Series 858
2000

Published in 2016 by
BAR Publishing, Oxford

BAR International Series 858

Reconnaître des tactiques d'exploitation du milieu au Paléolithique Moyen

Typesetting by Darko Jerko

ISBN 9781841710594 paperback
ISBN 9781407351940 e-format
DOI https://doi.org/10.30861/9781841710594
A catalogue record for this book is available from the British Library

BAR Publishing is the trading name of British Archaeological Reports (Oxford) Ltd. British Archaeological Reports was first incorporated in 1974 to publish the BAR Series, International and British. In 1992 Hadrian Books Ltd became part of the BAR group. This volume was originally published by Archaeopress in conjunction with British Archaeological Reports (Oxford) Ltd / Hadrian Books Ltd, the Series principal publisher, in 2000. This present volume is published by BAR Publishing, 2016.

BAR

PUBLISHING

BAR titles are available from:

BAR Publishing
122 Banbury Rd, Oxford, OX2 7BP, UK
EMAIL info@barpublishing.com
PHONE +44 (0)1865 310431
FAX +44 (0)1865 316916
www.barpublishing.com

Remerciements

Plusieurs personnes et institutions ont contribué à la réalisation de cette recherche qui a été notamment soutenue par une bourse du Ministero dell'Università e della Ricerca Scientifica.

Je remercie L.P. Louwe Kooijmans, A.L. van Gijn et W. Roebroeks de l'Institut de Pre- et Protohistorie de l'Université de Leiden, A.Bietti du Dipartimento di Biologia Animale e dell'Uomo de l'Università di Roma "La Sapienza" et P.-J. Texier du CNRS CRA Préhistoire et Technologie de Sophia-Antipolis, pour m'avoir donné leur appui scientifique pendant les longues années consacrées à cette recherche.

Grâce à l'appui de A. Manfredini et C. Conati Barbaro, j'ai effectué la plupart de l'analyse des industries lithiques archéologiques au Laboratoire du Museo delle Origini de l'Université de Rome "La Sapienza".

Une partie consistante de ma collection de référence a été organisée au Laboratoire d'Écologie Préhistorique du Dipartimento B.A.U. de l'Université de Rome. Merci à A. Bietti de m'avoir donné la permission de l'utiliser.

J'adresse un remerciement particulier à E. Falchetti grâce à laquelle j'ai pu effectuer mes expérimentations de boucherie à l'abattoir du jardin zoologique de Rome. Ces expérimentations ont été accomplies avec l'aide, et selon les précieux conseils de M. Panella. Je n'oublierai pas non plus M.G. Maggi (†) qui a réalisé les premiers tests de boucherie expérimentale de ma collection de référence.

Merci à tous les technologues - P.-J. Texier, E. Boëda, S. Grimaldi, S. Khun - avec lesquels j'ai eu l'occasion de discuter. Les résultats technologiques que P.-J. Texier et S. Grimaldi ont proposé, respectivement pour La Combette et pour Grotta Breuil, ont constitué des sources de réflexion importantes. Il en va de même pour les résultats des analyses zooarchéologiques de M. Stiner et de F. Alhaique qui ont contribué à corroborer et à améliorer les déductions tirées des données fonctionnelles.

Je remercie particulièrement M. Lepot: les résultats de son étude techno-fonctionnelle m'ont beaucoup aidé à formuler des propositions concernant le concept d'outil chez les Néandertalien.

Ma reconnaissance ira également aux technologues auteurs des répliques expérimentales de ma collection de référence.

Merci à tous les amis qui m'ont aidé à accomplir les expérimentations.

Merci à tous les tracéologues - H. Plisson, P. Rossetti, M.R. Iovino, G. Cuono - qui m'ont soutenue par leurs conseils mais aussi par leurs critiques.

Je suis reconnaissante à G. Manzi de m'avoir orientée vers les problématiques de la paléoanthropologie les plus récentes concernant l'homme de Néandertal et la transition à l'Homme anatomiquement moderne.

Merci à A. Curci, I. Muntoni, L. Milani qui m'ont aidé a élaboré à l'ordinateur le manuscrit de ma thèse. Et encore, merci à T. Franco et à P.-J. Texier pour avoir corrigé mon français approximatif.

Un remerciement particulier enfin, aux membres "à deux et à quatre pattes" de ma famille pour avoir supporté et apaisé les moments «d'humeur noire» que ce travail a parfois provoqué.

Sommaire

1 INTRODUCTION

Entreprise délicate s'il en est, l'étude du comportement des Néandertaliens, est à l'origine d'un débat encore ouvert, portant la plupart du temps sur la comparaison entre les Anciens (les Néandertaliens du Paléolithique moyen) et les modernes (les Hommes récents anatomiquement modernes du Paléolithique supérieur). Les chercheurs ont fait beaucoup d'efforts pour tenter, à l'aide des données archéologiques disponibles, de mettre en lumière les différences et les similitudes entre les deux . A leur tour, différences et similitudes nourrissent un débat parallèle intéressant aussi bien le domaine de la paléoanthropologie (pour un regard aux nouvelles acquisitions, voir Bermudez de Castro *et alii* 1997; Rightmire 1998) que celui de la génétique (Krings *et alii* 1997). Des comportements différents iraient plus dans le sens d'un modèle de replacement (*Out of Africa; Single Origin Model*) aux dépens des Néandertaliens, par *Homo sapiens* (Stringer/Gamble 1993, 144). La mise en évidence de similitudes de comportement conforte le modèle d'une évolution multirégionale (*Multiregional evolution; Multiregional Model*) proposant une continuité évolutive entre les Anciens et les Modernes (Wolpoff/Caspari 1996). D'autres chercheurs considèrent la transition Paléolithique moyen-supérieur "*merely a regional shift in behavioural patterns*" (Foley/Lahr 1997, 28) et minimisent la signification evolutive du replacement des Modernes au dépens des Anciens. Par contre, leur substratum technologique commun (*Mode 3 technology*) conforte une continuité évolutive qui acquiert des connotations distinctes à la suite de la différenciation des deux lignages des Modernes en Afrique et des Néandertaliens en Europe.

C'est un domaine de recherche périlleux, car l'information archéologique qui y a trait est particulièrement difficile à décoder. Au cours de l'évolution post-dépositionnelles des sédiments, la combinaison de plusieurs facteurs contribue peu à peu à homogénéiser et même à oblitérer dans les niveaux et les couches archéologiques, toute trace de la présence et des activités des hommes préhistoriques. Il semble donc encore plus ardu, de distinguer les indices les plus ténus laissés par les Néandertaliens, de ceux laissés par *Homo sapiens.*

De nombreux chercheurs ont tenté, par différentes approches, de préciser les caractères propres à nos ancêtres les plus proches. Ainsi par la technologie (Boëda 1994; Dibble 1988; Kuhn 1995 par exemple), la zooarchéologie (Chase 1989; Farizy/David 1989; Patou 1989; Stiner 1994 par exemple), l'étude des approvisionnements en matières premières (Féblots-Augustins 1993; Geneste 1989; Roebroeks *et alii* 1988; par exemple), l'étude de l'organisation spatiale (voir Meignen 1994 pour un état de la question), a-t'on pu élaborer des modèles comportementaux et discuter de la capacité d'anticipation des Néandertaliens. Pour résumer, bien que le débat en cours soit en réalité beaucoup plus complexe, on reconnaît maintenant à nos ancêtres une certaine aptitude à planifier leurs activités aussi bien dans le domaine de l'approvisionnement en matières premières, que dans celui les stratégies d'acquisition des carcasses d'animaux (chasse et/ou charognage) ou des choix techniques faits en termes de chaînes opératoires et d'organisation de l'outillage de base. Leur comportement aurait cependant été très conditionnée par les potentialités du territoire fréquenté, dont les variations auraient fortement influencé leur degré de mobilité.

It is clear that the Neanderthal could plan, but only with limited depth and provision for the future. They relied on the abundance of prey, dead or alive, rather than clever technology to increase their chances of success against less predictable resources (Stringer/Gamble 1993, 168).

L'analyse des traces d'usage peut-elle apporter sa contribution à ce panorama et à quel niveau? Doit-elle être considérée comme une discipline d'appoint permettant l'intégration des données d'autres analyses ou comme une discipline à part entière apportant des contributions majeures en ce domaine? Il faut malheureusement constater que l'analyse tracéologique a jusqu'ici très peu contribué aux débats les plus récents. Je suppose que la grande consommation d'énergie et de temps qu'il faut pour aboutir à des résultats probants en ce domaine, est la raison principale de cette absence, tandis la difficulté qu'il y a à trouver des ensembles lithiques aussi anciens et suffisamment bien conservés (au sens tracéologique du terme, voir *chapitre 4*) pour en tirer des déductions fonctionnelles, reste le handicap majeur et permanent.

Le but de mon travail sera donc de vérifier si, dans le cas ou le matériel archéologique est suffisamment bien préservé, l'étude de traces d'usage peut contribuer de manière significative, aussi bien à l'évaluation des modalités de subsistance au cours de Paléolithique moyen, qu'à l'appréciation de la capacité d'anticipation des Néandertaliens.

Pour procéder à cette vérification, je formulerai tout d'abord une méthodologie d'étude (voir *1.1*) et discuterai de ce que le contexte archéologique de référence peut nous apporter (voir *1.2*). Je proposerai par la suite un état de la question pour le Paléolithique moyen, en matière d'étude fonctionnelle (voir *1.3*). Les techniques d'analyse seront présentées dans le *chapitre 2* ainsi que l'échantillonnage de l'industrie lithique et l'enregistrement des données obtenues. Un autre chapitre sera entièrement dédié à l'expérimentation (*chapitre 3*) qui constitue la condition *sine qua non* de la méthode des traces d'usages, (analogie entre la morphologie des traces expérimentales et celle des traces archéologiques). Son "talon d'Achille", les altérations chimiques et mécaniques qui affectent les industries lithiques, seront discutées dans le *chapitre 4*. Les données fonctionnelles obtenues à partir de l'enregistrement archéologique seront proposées dans les *chapitres 5* et *6*,. Les ensembles lithiques étudiés seront rapidement décrits à l'issue d'une présentation générale des deux sites attribués au Paléolithique moyen faisant l'objet de ce travail. La discussion des traces d'usage sera organisée en fonction des matières travaillées (une description des actions effectuées et de la morphologie des tranchants utilisés seront proposées matière par matière), puis nous mettrons en confrontation la technologie d'obtention des supports et la typologie des outils. Une présentation synthétique des données fonctionnelles acquises, organisée selon les perspectives de recherche proposées dans le chapitre introductif, sera alors proposée pour chaque ensemble lithique étudié. Enfin, une discussion générale des résultats obtenus et de leurs potentialités d'interprétation, sera présentée dans les *chapitres 7* et *8*.

1.1 Méthodologie d'étude

Les stratégies de subsistance

Les matières travaillées et les actions effectuées identifiées par l'intermédiaire des pièces lithiques peuvent-elles contribuer à préciser les modalités de subsistance des Néandertaliens? Peuvent-elles également apporter des indices supplémentaires pour aider à décrire le comportement riche en nuances de ces chasseurs-cueilleurs ainsi que l'ont montré les plus récentes études? Théoriquement, je pense que oui. Les traces d'usage permettent en effet de déterminer certaines des activité qui se sont déroulées dans un site (exploitation des carcasses d'animaux, traitement des peaux, créations d'objets en bois, en os etc.). Celles-ci peuvent devenir des indices importants pour déterminer le rôle du site dans une stratégie d'exploitation du territoire. La distribution particulière des restes osseux d'une catégorie d'animaux, suggère par exemple un apport sélectif sur le site d'éléments des carcasses des proies chassé. A leur tour, les traces d'usages soulignent qu'il y a eu une forte exploitation des carcasses (activité de boucherie) et, par contre, aucune autre activité associée. Il pourrait donc s'agir, d'un site où les chasseurs se rendaient pour exploiter leur proies (les traces d'usage en seraient le témoignage), après les avoir partiellement découpées (et consommées?) sur le site d'abattage. A ce point, on a une certaine idée du rôle fonctionnel du site. A son tour, ce rôle aide à formuler des hypothèses sur les stratégies de subsistance mises en place (site d'abattage, site destiné à la seule exploitation des carcasses, sans création ou réparation des affûts en bois, sans traitement de la peau, que les chasseurs quittaient rapidement).

Cet exemple très simplifié montre que les traces d'usage peuvent renforcer de manière tout à fait significative les variables (la distribution anatomique des parties des carcasses, dans ce cas) utilisées pour la recherche des modalités d'exploitation du territoire. Je chercherai à préciser ce potentiel par la comparaison des "matières travaillées et des actions faites" avec les variables qui apportent des informations sur le type de site et le type de mobilité: l'organisation technologique et la distribution anatomique des parties des carcasses (selon Chatters 1987, 340-344) et la relation entre la matière première utilisée et les chaînes opératoires représentées sur site (selon Geneste 1989, 80-84).

Les processus de prévision

Actuellement, la majorité des chercheurs s'accorde à reconnaître à l'homme de Néandertal une certaine aptitude à anticiper, à prévoir (*contingency planning sensu* Wynn 1991) tandis que les avis divergent quant au niveau d'anticipation auquel ils auraient pu prétendre.

Jusqu'à présent, ces mécanismes de planification ont été mis en lumière par deux modes d'approche différents. L'étude technologique tout d'abord, a permis de démontrer l'existence de ces mécanismes prévisionnels. La démonstration est faite sous différentes perspectives: concept de "prédétermination" des produits de taille (Boëda 1994; Schlanger 1997), association certaines chaînes opératoires à la production de certains supports liés, à leur tour, à certaines fonctions (Kuhn 1995), étude des sources de matières premières (Geneste 1989; Féblots-Augustins 1993; Roebroeks *et alii* 1988). De son coté, la zooarchéologie permet de mettre en évidence des processus d'anticipation en relation avec l'exploitation des gibiers chassés (chasse d'un éventail d'espèces rencontrées dans un territoire particulier ou chasse d'une espèce déterminée) ou avec le mode d'exploitation des carcasses par la technique de charognage (Chase 1989; Fairzy/David 1989; Stringer/Gamble 1993,166-167,172-173; Patou 1989; Stiner 1994).

Peut-on déterminer des mécanismes prévisionnels en utilisant un autre type d'étude, les traces d'usage par exemple?

Je tenterai, par l'analyse fonctionnelle, d'obtenir d'autres indices de planification et ce, selon trois directions différentes:

1) évaluation de la morphologie des tranchants utilisés (anticipation sur l'efficacité du tranchant);

2) évaluation des tranchants utilisés par rapport à la catégorie de supports (anticipation sur le pouvoir fonctionnel du support);

3) évaluation d'une séquence d'actions (anticipation de la production de l'objet).

1) Par l'évaluation de la morphologie des tranchants utilisés, il est possible de tirer des déductions permettant d'anticiper sur leur efficacité. Il est alors possible de leur attribuer un degré de spécialisation fonctionnelle. D'après les résultats obtenus antérieurement, il apparaît en effet que la spécialisation fonctionnelle des pièces au Paléolithique moyen doit être recherchée au niveau du tranchant plutôt qu'au niveau de l'outil (voir à ce propos *1.3*). Le déroulement et la qualité d'une activité sont étroitement liés à la morphologie du tranchant qui l'accomplit. Une action, même la plus simple ne peut être réalisée avec n'importe quel tranchant. Pour pouvoir couper des tissus charnus, un taillant doit au moins avoir un angle de tranchant plutôt aigu. De plus, s'il possède une morphologie rectiligne en profil, et en plan (i.e. la morphologie d'un couteau), son efficacité est augmentée en termes de qualité du travail accompli et de maintenance du pouvoir de coupe du taillant. On peut ainsi affirmer que ce tranchant a une morphologie adaptée à un travail en coupe. Compte tenu de ce qui vient d'être dit, je considère le degré de variabilité morphologique des tranchants associés à une activité (travail du bois, de la peau, boucherie), comme un bon indicateur du degré d'anticipation de cette activité. En d'autres termes, je considère le choix, ou la tendance au choix, d'une combinaison standardisée de variables morphologiques, comme le reflet des capacités de représentation mentale d'une opération concrète (*concrete operations,* Wynn 1991). Ceci équivaut donc à aller à la recherche des outils adaptés à une fonction particulière, dispersés dans un ensemble lithique et répondant à la même démarche, qui pousse un individu à choisir un tire-bouchon plutôt qu'une pierre pour ouvrir une bouteille (Ingold 1986, 53-54).

J'évaluerai la morphologie des tranchants, classés en fonction des matières travaillées et des actions effectuées (voir *5.2.1.1; 5.2.3.1; 5.2.5.1; 6.3.1.5*), en utilisant les variables proposées par Van Gijn (Van Gijn 1990, 16-17): morphologie en plan, morphologie en profil, morphologie en section, et angle du tranchant (voir aussi *chapitre 2.7.2*).

2) La mise en corrélation des tranchants utilisés, avec les types de supports, peut démontrer une anticipation sur le pouvoir fonctionnel du support. Je me base pour affirmer cela sur le constat selon lequel la quantité de tranchants dont les traces d'usage ont pu être déterminées sur une certaine catégorie de supports - éclats, supports retouchés, supports prédéterminés (*sensu Boëda*) - est un indicateur du potentiel fonctionnel que les hommes préhistoriques lui attribuaient. Chaque catégorie de supports est le produit de comportements techniques (débitage et/ou façonnage) qui en conditionnent à leur tour le potentiel fonctionnel. Le rapport qui peut être établi entre tranchants et supports utilisés ainsi que la comparaison avec les caractéristiques technologiques des industries lithiques dont ils font partie, m'aideront à déterminer si le potentiel fonctionnel de ces objets était pris en compte au stade des comportements techniques (*the instrument constructed for a project,* Ingold 1986, 51). Je tenterai également de déterminer, si la présence ou l'absence de prévision a pu être conditionnée par les caractéristiques de la matière première et par les modalités de son approvisionnement.

3) Évaluation d'une séquence d'actions (anticipation de la production de l'objet). Je pars pour cela, de l'hypothèse selon laquelle l'éventail et la séquence des gestes faits pour produire un objet, font appel à différents niveaux d'anticipation. Du raclage et/ou de l'amincissement sont suffisants pour appointer un bâton à fouir ou un piquet. A ces actions de base doivent s'ajouter d'autres actions, comme le sciage, le rainurage, le perçage, pour produire une aiguille, un projectile, un manche... De même, différentes étapes sont fixées dans une séquence précise (écharnage, épilage, effleurage, adjonction de produits de tannage), pour obtenir une peau tannée. Je considérerai donc la présence ou l'absence de certaines actions (associées au travail de certaines matières), comme un indicateur de différents niveaux d'anticipation. Remarquons au passage que l'absence de certaines actions peut être conditionné par la nature de l'échantillon analysé. Néanmoins, pour ce qui concerne cette recherche particulière, j'ai appliqué la règle de la sélection minimale (voir *2.6*) aux pièces lithiques afin d'éviter le risque d'une distorsion des données.

Deux corollaires ont été adjoints aux principaux sujets de discussions de ma recherche. Le premier intéresse la discussion du rapport entre typologie et fonction, qui est un "domaine traditionnel" des études fonctionnelles au Paléolithique (voir, à ce propos, *1.3 state of the art* et *7.5*) et dans toute autre périodes de la préhistoire (Juel Jensen 1988). Le second concerne l'interprétation des traces de préhension. Il s'agit d'un sujet de recherche particulièrement intéressant et traditionnellement lié à des comportements de prévision (*curation sensu Binford*). Malheureusement, cette capacité d'anticipation est très difficile à évaluer en raison de la discrétion des traces préservées. Néanmoins, grâce à un bon référentiel expérimental (voir, à ce propos, Owen *et alii* 1989), certains chercheurs ont abouti à des résultats intérprétatifs intéressants concernant la préhension au Paléolithique moyen (Anderson-Gerfud/Helmer 1987). J'emploierai ma propre démarche expérimentale pour tenter d'évaluer dans quelle mesure il est possible de distinguer des traces de préhension (manuelle directe ou par l'intermédiaire d'un manche) et de les détecter par la suite, sur les ensembles lithiques archéologiques de référence (voir *5.2.1.4, 5.2.3.4, 5.2.5.4, 5.2.7*).

1.2 Les contextes archéologiques de référence: Grotta Breuil (Mont Circé, Italie) et La Combette (Vaucluse, France). Choix et potentiel scientifique

Les objectifs et la méthodologie de ma recherche découlent de l'interprétation pas à pas des potentialités fonctionnelles des traces d'usage appliquée aux ensembles lithiques de deux sites du Paléolithique moyen: Grotta Breuil et La Combette.

Le choix de ces ensembles a été dicté par des motifs simples, bien que fondamentaux:

1) leur état de conservation (évalué au cours de quelques test préliminaires) qui donnait de bonnes perspectives d'interprétation fonctionnelle, contrairement à la plupart des

ensembles lithiques du Paléolithique moyen étudiés jusqu'alors.

2) les fouilles récentes (en cours au moment de l'analyse) qui assuraient une récolte intégrale prenant en compte l'analyse fonctionnelle (pièces récoltées et stockées individuellement, aucun nettoyage "abrasif" soit chimique soit mécanique).

3) le fait que les industries lithiques provenaient de dépôts *in situ,* chronologiquement situés dans une phase récente du Paléolithique moyen.

4) le fait, enfin, qu'il s'agissait de deux sites que beaucoup de paramètres opposaient comme ceux intéressant par exemple les matières premières et les modalités de leur approvisionnement, les caractéristiques techno-typologiques des industries lithiques, les caractéristiques des restes faunistiques.

A posteriori, c'est-à-dire au fur et à mesure que l'analyse tracéologique progressait et que des caractéristiques définitives propres à Grotta Breuil et à La Combette se dégageaient, ces deux sites sont devenus des "cas d'étude" où tester le potentiel déductif de la méthodologie élaborée. La genèse des dépôts différant de manière importante d'un site à l'autre, il est également possible d'évaluer l'impact qu'ont pu avoir les différentes histoires post-dépositionnelles.

Grotta Breuil est un exemple de site à haute densité en vestiges archéologiques, (voir *5.1.1*) où les couches sont le résultat de plusieurs épisodes de fréquentation. Il s'agit de "grandes entités", se différenciant par des changements sédimentologiques, "qui représentent un laps de temps non négligeable" (Meignen 1994, 14). La faible densité et le caractère diffus des niveaux anthropiques de l'abri de La Combette inter stratifiés dans des dépôts caractérisés par une vitesse de sédimentation élevée, témoignent au contraire de courts épisodes de fréquentation (voir *6.2*). Ce type de dépôt est lui aussi un palimpseste (pour la signification du terme voir Villa 1975-1976) comme la quasi totalité des dépôts archéologiques, y compris les sites les mieux préservés présentant une *fine-grained* stratigraphie. Parmi les contextes archéologiques, cependant, la qualité de lecture varie sensiblement. Les couches de Grotta Breuil, qui sont en réalité l'agrégation de plusieurs épisodes de fréquentation et où les activités de différents groupes humains se superposent, permettent un degré de lecture peu détaillé. *A posteriori*, la stratigraphie de La Combette paraît posséder les caractéristiques nécessaires à l'interprétation des indices laissés par des groupes humains distincts, ce qui permet alors de prétendre à un niveau de résolution élevé. Compte tenu ce qui vient d'être dit, on comprendra que mon étude des ensembles lithiques provenant de différentes couches des Grotta Breuil, ne pourra dépasser le stade de l'interprétation à grande échelle des continuités ou des changements survenus tout au long de l'utilisation du site (voir à ce propos Villa/Courtin 1983, 270, voir également le point *5.2*). L'homogénéité ou la variabilité des fonctions individualisées d'ensemble lithique en ensemble lithique, pourrait en outre constituer une première approche des caractéristiques du dépôt archéologique. Celles-ci seront précisées lors de l'étude intégrale des couches et des processus taphonomiques qui les ont affectées. En revanche, en ce qui concerne l'abri de La Combette, les caractéristiques du gisement justifient, en particulier pour le niveau archéologique dont les limites sont cernées avec le plus de précision (niveau D), une interprétation dans le détail. On pourra notamment vérifier l'importance de l'apport des données fonctionnelles pour déterminer quelles stratégies de subsistance ont pu être adoptées par l'homme préhistorique et quel a été le rôle du site dans le territoire (voir à ce propos *1.1, les stratégies de subsistance*).

1.3 Etat de la question

Au début des années '80, les études tracéologiques concernant le Paléolithique moyen ont cherché à résoudre la soi-disant "question moustérienne", c'est-à-dire la controverse sur la signification de la variabilité typologique des industries lithiques moustériennes. Du point de vue "bordien" (Bordes/Sonneville-Bordes 1970), la variabilité typologique sur laquelle était fondée la distinction entre les assemblages lithiques surgissait du bagage de traditions des groupes humains, c'est-à-dire, de leur connotation culturelle. Du point de vue "binfordien" (Binford/Binford 1966), la morphologie des outils avait une signification fonctionnelle qui impliquait une lecture de la variabilité typologique dans le sens d'une utilisation différente des sites. Les études tracéologiques effectuées sur les assemblages lithiques rattachés à différents faciès moustériens[1] n'ont mis en lumière aucune association spécifique entre types et fonctions (Anderson 1981; Beyries 1987, 1988). Ce manque d'associations fonctionnelles a été utilisé, tel quel, pour soutenir l'hypothèse selon laquelle les faciès moustériens étaient des témoignages de contextes culturels distincts. Je pense que ce sont des conclusions hâtives qui n'ont pas pris suffisamment en considération d'autres facteurs que des recherches plus récentes prennent le compte. Par exemple, on peut supposer que la forte altération des échantillons lithiques analysés par Anderson et Beyries a probablement limité l'évaluation des traces d'usage à celles résistant le plus aux attaques chimiques et mécaniques. Le pourcentage très élevé des traces du travail du bois observé par ces auteurs pourrait être le résultat d'une sélection effectuée par les agents d'altération. Mais, le manque de variabilité fonctionnelle par rapport à la variabilité typologique peut aussi être le reflet d'autres facteurs. D'après les observations de plusieurs chercheurs (Geneste 1989; Kuhn 1995, par exemple), outres les exigences fonctionnelles la morphologie des outillages peut être le reflet de comportements techniques aussi bien de débitage que de façonnage, liés aux modalités d'approvisionnement en matière première. D'autres études tracéologiques ont abordé la signification de la variabilité des industries lithiques au Paléolithique moyen en prêtant plus d'attention aux perspectives de recherche proposées par les analyses technologiques. Les résultats obtenus soulignent que certaines

1 Les couches moustériennes étudiées viennent de Corbehem (plein air; Moustérien typique de faciès Levallois), de la grotte Vaufrey, de Combe-Grenal (grotte, Moustérien de type A), de l'abri Pié Lombard, de Marillac, d'Arcy-sur-Cure, de Péch de le Aze I et II (abris/grottes; Moustérien typique A) et de Corbiac (plein air, Moustérien typique A).

caractéristiques morpho-techniques sont liées à une spécialisation fonctionnelle, comme dans le cas des racloirs et des pointes moustériennes de Biâche-Saint-Vaast (Beyries 1988), des racloirs convergents, des pointes moustériennes et des pointes Levallois des sites du Proche Orient (Shea 1993) ou des *long sharpening flakes* de La Cotte de St. Brelade (Frame 1986). Dans d'autres cas, ces caractéristiques morpho-techniques comportent la polyfonctionnalité des pièces, comme dans le cas des éclats débordants de Corbehem (Beyries/Boëda 1983) ou des supports prédéterminés de Grotta Breuil (Grimaldi/Lemorini 1995).

Contrairement à la démarche des chercheurs "occidentaux", l'évaluation des corrélations possibles entre les méthodes de taille et les choix fonctionnels des hommes préhistoriques a été le sujet prioritaire des études des chercheurs russes (Plisson 1988). Concevant les comportements technologiques et fonctionnels comme deux aspects d'un même système de production, ceux-ci ont toujours étudiés les assemblages lithiques en appliquant les deux méthodes en parallèle. Ainsi ont-ils pu mettre en évidence que la production des éclats Levallois pouvait être liée à une demande fonctionnelle aussi bien dans le but d'obtenir de supports bruts de retouche appropriés à une utilisation variée, que dans celui d'obtenir des supports pour effectuer des fonctions spécifiques telles que le découpage.

Dans ce domaine de recherche où la tracéologie est combinée à la technologie, des démarches récentes s'orientent à l'évaluation du rapport entre les caractéristiques morpho-techniques du tranchant et la fonction qu'il a effectué. C'est le cas des tranchants aménagés par retouche mince et envahissante qui ont été remarqués sur certains racloirs de l'industrie moustérienne de Grotta Breuil (Grimaldi/Lemorini 1993). Le rôle de la retouche est d'y maintenir l'angle et la délinéation du tranchant naturel d'origine, ce qui permet de continuer la même activité sans changer de tranchant et/ou de support. C'est un excellent moyen d'optimiser le temps de travail et le potentiel fonctionnel d'une pièce. Ces résultats suggèrent que c'est au niveau du tranchant qu'on peut reconnaître une spécialisation fonctionnelle. Les chercheurs qui avaient débattu de "la question moustérienne" avaient noté, sans insister particulièrement sur le sujet, que les variations fonctionnelles identifiées à l'intérieur de chaque groupe d'outils étaient associées aux variations morphologiques des tranchants utilisés. La morphologie des pièces paraissait, au contraire, liée à la présence d'un manche et au type d'emmanchement (Anderson 1981, 75; 81). Selon les données acquises jusqu'à présent (voir, à ce propos, les outils convergents liés à la boucherie, Kazaryan 1993; ou encore, les supports polyfonctionnels des assemblages lithiques de la Grotte de Kebara, Shea 1991), on ne peut pas affirmer que les outils du Paléolithique moyen soient des pièces spécialisées mais plutôt qu'elles acquièrent, par rapport à leurs tranchants, une valeur fonctionnelle liée chaque fois au contexte archéologique de référence.

Un autre aspect de la recherche tracéologique qui a été souvent proposé bien qu'il n'ait jamais été discuté de façon exhaustive est sa contribution à la reconstitution de l'utilisation du site. D'après l'analyse des ensembles lithiques de plusieurs couches de la Grotte de Kebara (Mont Carmel, Israël; Shea 1991) Shea a proposé des inférences concernant l'utilisation du site en soulignant aussi la continuité ou la variabilité de cette utilisation dans le temps. D'après l'étude d'un échantillon de pièces provenant des couches de différents sites moustériens[2] (il s'agit aussi bien d'une distinction portant sur le contexte géographique que sur le type de gisement: en plain air, en grotte, sous abri), Shchelinskij (Plisson 1988; Shchelinskij 1993) en a conclu une diversification fonctionnelle de ces gisements. Il y a, en effet, des cas où est attestée la présence d'un petit nombre d'activités comme, par exemple, celles liées au travail des matières animales tendres (boucherie et peau), qui suggérerait le maintien dans le temps de campements aux connotations fonctionnelles spécifiques. Il y a par ailleurs d'autres cas où la détermination d'un éventail d'activités (boucherie, travail de la peau, du bois, du bois de cervidés, de l'os) suggère plutôt la présence des campements de base ou la succession de campements aux connotations fonctionnelles ayant varié dans le temps (des palimpsestes). Ces exemples montrent que l'analyse tracéologique d'industries lithiques suffisamment bien conservées, peut être d'une grande importance pour interpréter la fonction d'un site au moment donné. Ce pouvoir dépend cependant des limites imposées par le niveau de résolution stratigraphique que ces fréquentations possèdent. En effet, dans une situation de palimpseste, la variété de fonctions déterminée en analysant un assemblage lithique pourrait avoir été conditionnée par la combinaison d'une séquence de fréquentations différentes et pas seulement par le déroulement d'un certain type d'utilisation du site (des campements de base).

Il faut rappeler, enfin, l'étude tracéologique de l'unité IV-C du site du Belvédère (Van Gijn 1989) qui doit être citée comme un petit exemple précurseur de l'utilisation d'une méthodologie appliquée aux recherches fonctionnelles sur le Paléolithique moyen (Alhaique/Lemorini 1996; Geneste/Plisson 1996; Texier/Lemorini/Brugal/Wilson 1996). Bien que l'industrie lithique soit affectée par une altération sévère, l'analyse fonctionnelle a permis de formuler l'hypothèse que les niveaux d'occupation reconnus dans cette unité stratigraphique étaient caractérisés par une activité de boucherie exercée aux dépens des carcasses de grands mammifères. Cette déduction a été rendue possible en utilisant, en combinaison: 1) les données positives et négatives tirées des polis et des enlèvements d'usage, 2) en confirmant l'utilisation des tranchants par l'analyse des caractéristiques morphologiques, dont la fonctionnalité a été testée au moyen d'une expérimentation rigoureuse, 3) en utilisant certaines données taphonomiques, la distribution des restes osseux ou l'importance et la distribution des produits de débitage. C'est ainsi que l'on a pu démontrer pour la première fois, en croisant les données fonctionnelles avec une série de données provenant d'autres domaines de recherche (technologie, zooarchéologie, analyse de l'espace), que l'on peut surmonter

2 Les couches moustériennes étudiées viennent de la grotte de Erevan (Moustérien du début du Würm, industrie en obsidienne) en Arménie; la grotte de Gouba (Moustérien final) en Prékouban; des sites de la Plaine Russe tels que Nosovo I (Moustérien de tradition acheuléenne de type A); Soukhia Metchetka (Moustérien à bifaces); Ketrosy (Moustérien typique); des sites en grotte du Caucase tels que la grotte de Taglar (Moustérien typique), la grotte de Sakaija (Moustérien à denticulés) et la grotte de Monach (Moustérien typique).

le manque en précision des premières pour leur faire acquérir un pouvoir d'inférence bien plus élevé que celui qu'on peut obtenir en les utilisant isolément. Dans cette optique, mon étude cherchera d'évaluer en détail le pouvoir d'inférence que l'analyse des traces d'usage possède quand elle est utilisée pour compléter la signification des données d'autres types d'analyses. En plus, cette étude cherchera de vérifier si ce type d'analyse peut apporter sa contribution distinguée à la compréhension des contextes du Paléolithique moyen et, en particulier, à la compréhension du comportement des Néandertaliens en terme de degré d'anticipation.

2 LA MÉTHODE

2.1 Introduction

Cette étude fonctionnelle a été réalisée en prenant aussi bien en compte les macro-traces (enlèvements) que les micro-traces d'usage (émoussés du taillant, poli et stries). Ces traces ont été évaluées en utilisant la série de variables descriptives proposées par le Ho Ho committee (Hayden (ed.) 1979, 113-135) ainsi que par L. Keeley (Keeley 1980) et utilisées par plusieurs chercheurs (Fischer *et alii* 1979; Van Gijn 1990; Moss 1983; Plisson 1985; Vaughan 1981). Nous avons en particulier, utilisé la grille de lecture proposée par Van Gijn après l'avoir adaptée aux caractéristiques technologiques et typologiques des industries du Paléolithique moyen (voir 2.7).

Soulignons que les déductions fonctionnelles de cette étude ont été faites en plaçant au même niveau les informations révélées par les micro-traces et les macro-traces d'usage. La plupart des études fonctionnelles d'industries paléolithiques effectuées jusqu'à présent ont tiré leurs observations soit des micro-traces (Anderson 1981; Beyries 1987) soit des macro-traces (Shea 1991). Les études fonctionnelles de l'école russe sont l'exception à la règle. Elles font toujours appel à d'une méthode intégrée ne négligeant aucune des traces témoignant d'une utilisation, ce qui permet un diagnostique mieux établi des fonctions effectuées par les pièces archéologiques. Cette méthode donne néanmoins une importance secondaire aux enlèvements qui ne sont en effet considérés que comme un moyen de vérification ou de spécification des observations faites sur les polis. Ses utilisateurs ont toujours jugé dangereux de raisonner à partir des seules macro-traces. Selon les auteurs de la méthode, les macro-traces étaient difficiles à discerner de celles produites par des agents post-dépositionnels ou par certains types de retouches. D'après ma propre expérience au contraire, les caractéristiques distinctives des enlèvements d'usage peuvent être déterminées à la condition que l'industrie lithique analysée présente un bon état de conservation et qu'elle soit extraite du sédiment en respectant certaines précautions (voir 4.2.4). Les enlèvements peuvent alors acquérir une importance primordiale et permettre ainsi l'évaluation fonctionnelle d'industries sur lesquelles l'altération a pu effacer les polis d'usage. En tout état de cause, les macro-traces constituent l'unique démarche à laquelle nous pouvons avoir recours pour nous livrer à des déductions fonctionnelles sur de telles industries. Incorporées dans une problématique précise, il a d'ailleurs été démontré à plusieurs reprises qu'un raisonnement bâti sur les seules macro-traces permet d'aboutir à des résultats tout à fait satisfaisants (voir, par exemple, Lemorini in Boëda (1994) et Geneste/Plisson 1996).

Outre l'importance accordée aux micro et aux macro-traces d'usage, une attention particulière a été accordée aux caractéristiques morphologiques des bords actifs. Celles-ci permettent de rechercher si les Néandertaliens choisissaient a priori certaines formes de taillant qu'ils considéraient alors comme plus efficaces dans le cadre de certaines activités, ou s'ils faisaient plutôt face à leur besoins à l'aide d'outils plus occasionnels. Les variables employées (voir 2.7) pour décrire la morphologie des tranchants sont respectivement: l'angle de taillant, qui est la variable la plus utilisée dans toutes les études fonctionnelles (Dibble/Bernard 1980) et la morphologie du taillant en plan, en profil et en section. Ces données ont été déjà utilisées, combinées ou isolées, dans plusieurs études de traces d'usage (Gassin 1996; Van Gijn 1990; Moss 1983, 1986; Shea 1991).

2.2 Micro-traces

2.2.1 Formation des polis et des stries

Il est universellement accepté que les zones lumineuses (polis) et les éraflures (stries) observées au microscope métallographique sont le produit d'un changement de la micro-surface de la pierre. Ce changement a lieu au moment où cette micro-surface entre en contact avec la matière travaillée (Van Gijn 1990, 3-5). Les polis et les stries acquièrent des caractéristiques distinctes selon la matière traitée et l'action effectuée.

Si la définition des micro-traces ne pose aucun problème, leur processus de formation laisse au contraire beaucoup de questions ouvertes. Si plusieurs modèles paraissent l'expliquer de façon raisonnable, les mécanismes physiques et chimiques sur lesquels ils sont bâtis, sont en effet pratiquement inconnus. La seule une analyse par ionisation effectuée jusqu'à ce jour a confirmé l'hypothèse d'une amorphisation de la micro-surface polie. A l'échelle moléculaire, on observe en effet pendant la formation des micro-traces, une perte en molécules d'eau et leur remplacement par des molécules d'hydrogène (Andersen/Whitlow 1983).

Le premier modèle proposé pour expliquer les micro-traces a été élaboré à la suite des analyses au microscope électronique (Anderson 1980). L'observation du changement de structure moléculaire de la surface polie par rapport à celle non polie et, de plus, l'introduction dans cette structure de particules de la matière travaillée (les phytolites des plantes siliceuses et le collagène des os et du bois de cervidés) a motivé l'hypothèse suivante: la friction entre la matière d'oeuvre et l'outil produit de la chaleur. Ce dégagement de chaleur en association avec les composants chimiques entrant en contact avec la pierre, provoque des réactions dans sa microstructure et sa transformation en un gel amorphe. Des particules dures (particules de la matière travaillée, poudre, particules de terrain; Mansur-Franchomme 1983) peuvent érafler (création de sillons) ce gel amorphe à la morphologie plane et fortement réfléchissante.

Un autre modèle a été récemment proposé pour expliquer la formation des zones aplaties constituant les polis (Christensen *et alii* 1991). Selon ce modèle, les micro-cristaux de la matière travaillée s'étalent sur la micro-surface du silex en s'introduisant dans les espaces entre les lépisphères de quartz qui constituent son niveau extérieur. Elles arrivent ainsi à combler et à déborder ces espaces en créant une surface aplatie (polis). La partie organique disparaît lors de l'enfouissement et pendant la conservation du silex dans le sédiment tandis que la partie inorganique comble les espaces en maintenant le poli.

2.2.2 Quantification des polis

L'analyse des traces d'usage est une évaluation qualitative de la morphologie des traces archéologiques par rapport à un référentiel expérimental. On a tenté à plusieurs reprises, de développer des méthodes d'analyse pour les quantifier. Certains polis insuffisamment développés ou n'ayant pu être reproduits expérimentalement ne peuvent en effet être appréciés qualitativement avec précision.

Une première tentative de quantification a été effectuée par interférométrie (Dumont 1982), suivie d'une étude de la texture du poli par traitement de l'images (Grace 1989). Les deux méthodes n'ont pas eu apparemment de résultats satisfaisants parce qu'il n'était pas possible d'aboutir à une détermination précise des polis peu développés. Ce résultat a en outre été utilisé par Grace pour nier la validité interprétative des polis d'usage. Dans cette approche il y a néanmoins une erreur de base: pour cette analyse, la création d'une "collection de référence" de polis aux caractéristiques qualitatives bien distinctes dont on peut déterminer les caractéristiques quantitatives, est également indispensable. Un programme statistique peut alors permettre de déterminer l'attribution fonctionnelle la plus probable d'un poli peu développé ou ambigu. Il faut cependant souligner que, si le poli est dans un état trop initial d'évolution, le pourcentage de confiance est toujours trop bas pour être significatif. Un nouveau programme d'analyse d'images propose une évaluation bien plus raffinée aussi bien au niveau des pixels pris en considération qu'au niveau de leur élaboration statistique (Bietti *et alii* 1994) des polis d'usage dont on a commencé à évaluer deux catégories bien distinctes: le bois et la peau.

Une autre méthode quantitative se basant sur la constitution d'une collection de référence prend en considération le pourcentage de présence et la combinaison des résidus inorganiques de la matière travaillée, participant à la formation du poli (Christensen *et alii* 1991). Différentes analyses (mise en oeuvre de la spectrométrie de rétro diffusion élastique et de l'analyse PIXE en faisceau extrait) permettent d'apprécier des pourcentages et des combinaisons caractéristiques de différentes matières pour évaluer les polis ambigus tels que les polis de pierre des lames de Çayönü (Anderson 1994).

2.3 Macro-traces

Tous les enlèvements, retouche comprise, sont provoqués par des forces de compression exercées sur les bords des pièces lithiques. Ces forces enlèvent des micro-éclats qui modifient les bords de façon plus au moins importante (Prost 1988; Speth 1972).

Au début des années '80' on a longuement discuté de la question de la distinction des enlèvements provoqués par les forces de compression accidentelles, dont un grand nombre a lieu après l'abandon des pièces (évolution post-dépositionnelle), de ceux provoqués par l'utilisation. Les tenants de la méthode d'analyse par l'étude des enlèvements d'usage (Tringham 1974; Odell 1975) insistaient sur le fait que la régularité de la distribution des enlèvements sur le bord actif était la caractéristique distinctive d'une fonction. D'autres auteurs on démontré que cette caractéristique pouvait être le résultat de forces de compression indépendantes de l'utilisation (Flenniken/Haggerty 1979). En raison des doutes pesant sur son degré de confiance fonctionnelle, l'analyse des enlèvements a été refusée ou bien utilisée de façon subordonnée à celle des polis jusqu'aux début des années '90. Leur importance pour la compréhension et la reconstruction des fonctions des pièces archéologiques a été définitivement reconnue lors du colloque d'Uppsala en 1989 (Knutsson/Knutsson/Taffinder (eds) 1990). Aujourd'hui, plusieurs auteurs analysant des industries anciennes ayant subi des altérations responsables de l'effacement de la plupart des polis (*glossy appearence*, *white patina*, phénomènes d'abrasion), ont recommencé à utiliser le *low-power approach*. Cette démarche est en effet l'unique source d'indices fonctionnels pour certaines industries du Paléolithique inférieur que du Paléolithique moyen (Lemorini in Boëda 1994; Geneste/Plisson 1996; Longo 1994). Il y a en effet, d'après moi, un certain nombre de conditions qui permettent de donner aux enlèvements un bon niveau de certitude. Un examen le plus large possible de l'industrie à évaluer peut avant toute chose, montrer l'existence d'enlèvements 'parasites' pouvant affaiblir ce type d'approche. Il s'agit essentiellement de petits écaillages à distribution irrégulière sur des angles de tranchants très petits, d'enlèvements alternes ou bifaciaux, de petites encoches localisées, de snaps (enlèvements à morphologie droite-Prost 1988). Si les tranchants bruts de retouche sont dépourvus de ces évidences on peut procéder à l'analyse en prenant en compte la localisation des enlèvements. Certaines zones de la pièce sont en effet plus fragiles. Des enlèvements n'ayant aucun rapport avec une utilisation particulière peuvent s'y produire.

Il s'agit aussi bien des parties distales, souvent réfléchies, des éclats que des bords à l'angle du taillant abrupt (80°-90°) qui se créent sur les fractures. On peut cependant arriver à faire une bonne analyse fonctionnelle même si le niveau de résolution de ce type d'observation est inférieur à celui qu'on peut obtenir par l'évaluation des polis.

En ce qui concerne l'émoussé du fil du bord actif, il faut se tourner vers les auteurs ayant décrit en détail cette modification du fil du bord actif et son importance fonctionnelle (Van Gijn 1990, 8).

2.4 L'équipement microscopique et la photomicrographie

Une loupe binoculaire Nikon SMZ-10 aux grossissements compris entre 6x et 60x avec un système Nikon d'éclairage par fibres optiques a été utilisée pour l'observation des enlèvements. Les grossissements jusqu'à 10x ont généralement servi pour évaluer la présence et la distribution des enlèvements tandis que les grossissements plus forts ont permis de décrire leurs caractéristiques morphologiques.

Un microscope métallographique Nikon OPTIPHOT-M aux oculaires 10x ou 15x et objectifs CF Plan Acromat 10x, 20x, 40x et 60x ont été utilisés pour observer les polis, les stries et l'émoussé du fil du bord actif. L'objectif 10x a été employé pour vérifier l'état général de conservation de la micro-surface des pièces lithiques et pour identifier la distribution des polis. L'émoussé du fil du bord actif, les stries et les autres caractéristiques des polis ont été évaluées au grossissement 20x tandis que le grossissement 40x et, très rarement, le 60x ont été utilisés pour observer les caractéristiques des polis les moins détaillées. Il faut souligner que l'objectif 60x a peu apporté à la compréhension des traces de polis observés sur certains tranchants archéologiques. Le fort grossissement a parfois permis d'identifier des caractéristiques diagnostiques que ces taches trop réduites ne permettaient d'observer.

Les photomicrographies ont été faites avec un système d'exposition automatique Nikon MICROFLEX AFX-IIA combiné à un appareil photo 35mm FX-35WA. Une loupe de projection CF PL Projection lens 2.5X, un filtre bleu et une pellicule tungstène Kodak EPY 64 ASA ont été utilisés pour les photos à la loupe binoculaire. Pour le microscope métallographique une loupe de projection 4X, un filtre vert et une pellicule Kodak TMAX 100 ASA ont été utilisés. La pellicule Kodak TMAX a toujours été tirée à 400 ASA pour assurer une bonne définition et éviter ainsi une exposition prolongée qui augmente le risque de bouger les pièces à photographier. Cette technique a été déjà utilisée par Van Gijn (1990).

2.5 Le nettoyage

Les pièces expérimentales ont subi un premier nettoyage chimique pour enlever les résidus organiques des matières travaillées qui cachent les micro-traces à l'observation microscopique. Elles ont été plongées dans une solution acide de HCl ou CH_3COOH à 5% pendant un maximum de dix minutes puis rincées à l'eau courante. Elles ont été plongées quelques minutes dans une solution alcaline de KOH à 2% pour neutraliser l'agent acide et minimiser le risque d'amorcer une réaction chimique pouvant attaquer la micro-surface des pièces. Les pièces ont été à nouveau rincées à l'eau courante, à l'eau savonneuse dans une cuve à ultra-sons pendant cinq minutes et, enfin, encore à l'eau courante pour enlever la pellicule savonneuse. Bien que ce procédé ait été méticuleusement appliqué sur les 268 pièces expérimentales de la collection de référence, deux de ces pièces - taillées avec des silex d'origine différente, un galet de silex local de la Plaine Pontine et un silex bergeracois - ont développé un état initial de white patina après environ deux mois du nettoyage chimique. Les surfaces des deux pièces n'ont pas montré à l'observation, de développement particulier de l'altération qui paraît se maintenir à un état d'équilibre. Etant donné que ces deux surfaces sont les seules à avoir développé une patine et que toutes les autres pièces - taillées avec les mêmes silex - n'ont pas changé après le nettoyage chimique, il faut supposer que les deux silex patinés avaient une structure d' origine affaiblie. Plutôt que supposer que le nettoyage chimique effectué a été trop dur, il est plus vraisemblable que cette évolution est la conséquence de l'action des agents atmosphériques sur une matière première fissurée. Les pièces archéologiques concrétionnées sont les seules à avoir fait l'objet d'un nettoyage chimique. Les autres pièces ont été soumises au nettoyage à l'eau savonneuse dans une cuve à ultrasons pendant cinq minutes puis rincées à l'eau courante. Le nettoyage chimique a été nécessaire aussi bien pour libérer des pièces totalement enveloppées dans une "coquille" de concrétion que pour éliminer des voiles de concrétion presque invisibles à l'oeil nu. Ces derniers créent des distorsions optiques pouvant être responsables d'interprétations fonctionnelles erronées. Sous le microscope ces voiles produisent en effet des bandes ou des taches de polis à texture rugueuse, à l'apparence grasse et mate, intercalées avec de longues stries de directions différentes. Ces polis sont semblables à ceux produits au contact avec des tissus charnus. Ils peuvent ainsi donner la fausse impression qu'il s'agit d'un travail de boucherie ou de traces de préhension manuelle (fig. 1a). L'étrange répétition de ces micro-traces sur plusieurs pièces et l'impossibilité de les reproduire expérimentalement a fait soupçonner la présence d'une sorte de surimposition sur leur surface. Une observation plus approfondie à la loupe binoculaire a permis de reconnaître des taches mates collées

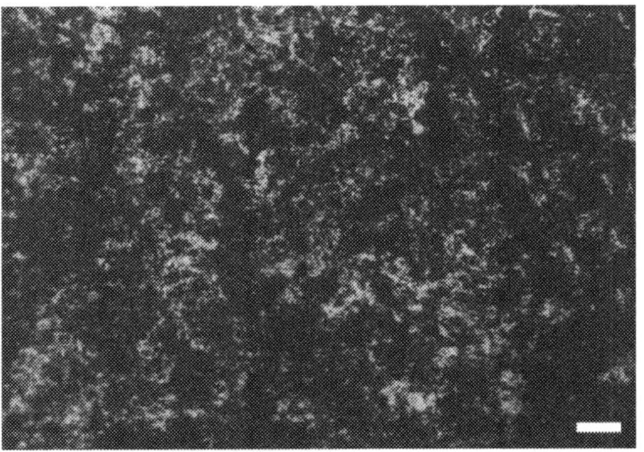
a)

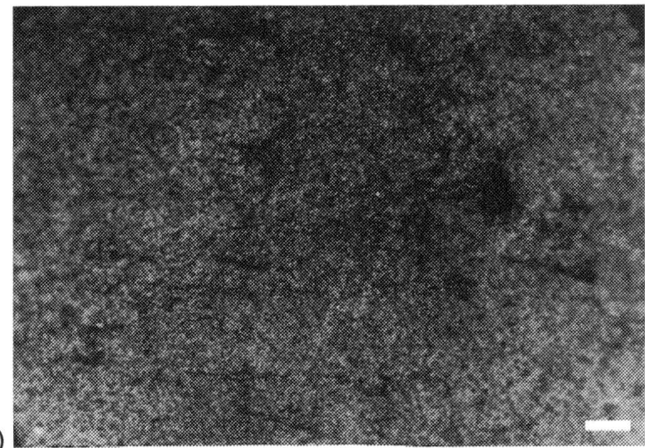
b)

Fig.1 Photomicrographies de la surface des pièces concrétionnées: a) F6XX 168 "pseudo-polis" semblables à des taches de poli de préhension (*cfr. figs.9a-b*) (100x), b) F6XX 168 surface débarrassée des "pseudo-polis" après nettoyage avec une solution de CH3COOH (voir aussi *fig.13e*) (100x). Les échelles métriques correspondent à 50µ.

au silex. Après un nettoyage semblable à celui utilisé pour enlever les concrétions, ces taches ont complètement disparu en révélant une micro-surface dépourvue de micro-traces (fig. 1b), ou bien de vrais polis d'usage aux caractéristiques morphologiques très claires de bois (fig. 13e) de peau ou de tissus charnus.

En général, la prépondérance des surfaces conservées sur celles patinées a fait supposer que la concrétion n'a pas agi sur celles-ci comme une altération. Au contraire, elle paraît les avoir enveloppées dans une sorte de "coquille" qui les a protégées des altérations post-dépositionnelles. Il est probable que les quelques pièces présentant une surface altérée ont subit le processus d'altération avant le développement de la concrétion.

A notre connaissances, aucune référence bibliographique ne fait mention d'observations similaires à celles que nous avons pu faire sur des industries lithiques concrétionnées. D'autres analyses effectuées sur des industries[3] concrétionnées nous ont pourtant confirmé ces observations. Ce sont des pièces en un bon état de conservation sur lesquelles le concrétionnement, lorsqu'il n'est pas nettoyé, peut être responsable d'une forte distorsion de la lecture des micro-traces.

Il faut donc appeler à la prudence les chercheurs qui étudient des assemblages lithiques concrétionnés en les incitant fortement à soumettre toutes les pièces à un examen préliminaire sous la loupe binoculaire afin de détecter la présence éventuelle d'un "voile de concrétion" qui n'aurait pas été détectés à l'oeil. Il est ensuite indispensable de calibrer soigneusement le nettoyage chimique des pièces en fonction de la ténacité de la concrétion. On évite ainsi une attaque chimique trop forte susceptible d'amorcer un processus d'altération de la surface des pièces. Enfin, la concrétion doit être systématiquement enlevée, pour être certains de ne courir aucun risque de distorsion à l'observation des polis.

3 Il s'agit de l'industrie de Çayönü (Néolithique acéramique; Turquie) et de l'industrie de Maccarese (Enéolithique; Latium, Italie) présentant différents états de concrétion, des "voiles" aux "coquilles".

Pour les pièces concrétionnées, un nettoyage au CH_3COOH a été choisi, suivant les indications de Moss (comm. pers.). La solution utilisée n'a pas toujours été la même: sa concentration a variée en fonction du développement de la concrétion qui peut avoir l'épaisseur maximale d'environ un centimètre et envelopper la plus grande partie de la pièce mais qui, le plus souvent, présente une série de gradations intermédiaires jusqu'au voile le moins développé.

2.6 L'échantillonnage

Con échantillonnage a pour but d'obtenir le panorama fonctionnel le plus vaste possible, pour n'importe quel assemblage lithique soumis à l'analyse des traces d'usage. La plus grande variété de supports lithiques a par conséquent été prise en considération en appliquant des critères de sélection pour les seuls supports bruts de retouche (voir 2.7, caractéristiques du tranchant). En effet, les limites d'échantillonnage imposés se rapportent aux supports bruts dont l'inférence fonctionnelle pouvait sembler a priori très faible et aux fragments indéterminables. Ces supports et ces fragments constituent le 25% des pièces non patinées. Il s'agit d'une quantité significative pour laquelle il aurait fallu un grand effort d'analyse non justifié par des perspectives fonctionnelles.

Le choix de rejeter les fragments indéterminés est évident. Celui de rejeter certains supports sur la base de leur potentiel d'inférence doit au contraire être justifié en détail. Deux catégories de supports bruts de retouche n'ont pas été sélectionnées. Il s'agit des supports présentant des tranchants réguliers (voir 2.7, caractéristiques du tranchant) d'une longueur égale ou inférieure à un centimètre et des supports totalement corticaux.

La première catégorie de supports a été rejetée, en supposant qu'ils ne présentaient qu'un nombre très réduit de traces d'usage. Cette considération est fondée sur les expérimentations qui indiquent que le potentiel fonctionnel des petits tranchants est généralement réduit car la zone à

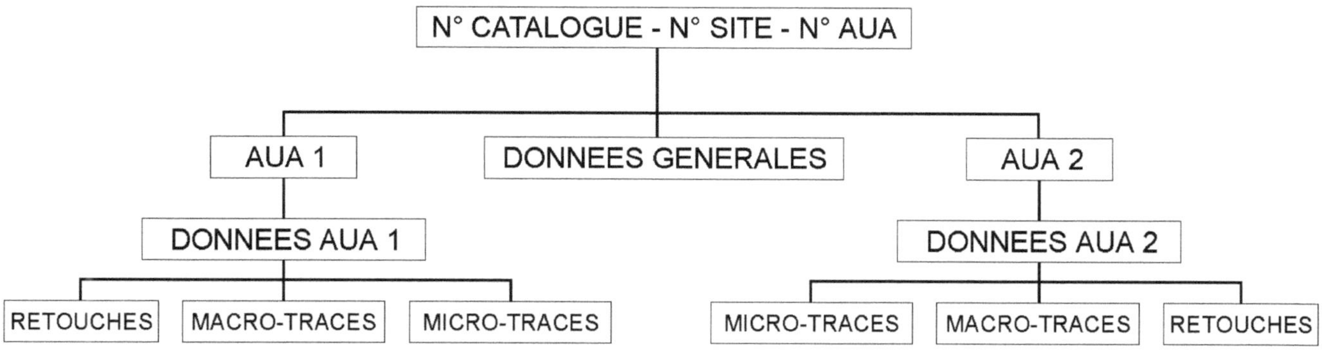

Fig.2 L'enregistrement des données: sa structure hiérarchique.

utiliser coïncide avec le tranchant. Il y a au contraire sur des tranchants plus grands, possibilité d'identifier et de tester plusieurs zones distinctes parmi lesquelles choisir la plus indiquée à la fonction à effectuer.

Avant de repousser systématiquement toutes les pièces présentant des tranchants réguliers de longueur inférieure ou égale à un centimètre, une vérification de l'hypothèse de sélection a été faite en prenant en considération l'industrie lithique de la couche inférieure de Grotta Breuil. Toutes les pièces faisant partie de cette catégorie et présentant une surface suffisamment conservée ont été analysées. Il s'agit de 61 pièces qui se sont révélées totalement dépourvues de micro-traces. Le manque de micro-traces ne signifie pas directement que toutes ces pièces n'ont pas été utilisées. On peut au contraire supposer que certaines de ces pièces ont été utilisées de manière si occasionnelle et si brève qu'elles n'ont enregistré sur leur surface aucun stigmate de cette utilisation. Mais s'agissant de fonctions si peu significatives par rapport au tableau fonctionnel général des industries lithiques étudiées, il est justifié, à mon avis, de repousser toutes les pièces présentant des tranchants réguliers plus petits ou égaux à un centimètre, en raison d'un potentiel fonctionnel extrêmement faible ou nul.

La seconde catégorie, celle des supports totalement corticaux, n'a pas été retenue, essentiellement pour des raisons de lisibilité des traces. L'absence de potentiel fonctionnel ne peut être invoquée alors que l'expérimentation a démontré le contraire. Les activités expérimentales ont en effet souligné qu'il est possible d'identifier en face ventrale, des micro-traces sur la surface légèrement corticale du fil du tranchant, traces qui sont en général peu intenses et peu contrastées. S'il n'est pas possible ou très difficile, de distinguer les micro-traces au niveau expérimental, on peut donc supposer que cela est encore plus difficile au niveau archéologique exception faite des cas où les fonctions effectuées ont laissé des traces très bien développées. Pour vérifier dans les couches étudiées cette hypothèse formulée au niveau expérimental, tous les supports corticaux non patinés et ne présentant pas d'enlèvements d'usage ont été analysés. Sur les 53 pièces retenues dans un premier temps, une seule (2%) a révélé des micro-traces diagnostiques. Encore une fois le pourcentage a justifié le critère de sélection qui a été appliqué systématiquement sur toute l'industrie lithique.

2.7 L'enregistrement des données

Une base de données informatique[4] a été créé avec d-Base VI. Les variables morphologiques et tracéologiques définissant aussi bien les pièces archéologiques que les pièces expérimentales ont été ainsi enregistrées. L'organisation de cette base de données est comparable à celle proposée par Van Gijn (1990), avec toutefois une modification partielle de la structure hiérarchique. Elle est essentiellement organisée en deux ensembles de données: celles intéressant la pièce dans son ensemble (position stratigraphique, dimensions du support, technologie du support, typologie du support, type de matière première, etc.) et celles intéressant les tranchants. Dans le système de Van Gijn aussi bien que dans ce système, des tranchants potentiels sont sélectionnés a priori sur chaque pièce archéologique sur la base de certaines caractéristiques morphologiques qui peuvent se rapporter à la fonction. Ils'agit de zones fonctionnelles potentielles quicorrespondent aux Potentially Used Areas (PUA) de Van Gijn (Van Gijn 1990, 12-13). D'après l'observation des macro- et des micro-traces il est possible de reconnaître parmi les PUA des zones fonctionnelles effectives qui correspondent aux Actually Used Areas (AUA) de Van Gijn (Van Gijn 1990, 12-13).

Contrairement au système de Van Gijn qui organise en trois niveaux successifs les données de l'analyse -1°site-file, 2°macro-file, 3° micro-file (voir, Van Gijn 1990, 13, fig. 5) - le système utilisé pour effectuer cette étude pose au même niveau le groupe des données générales, correspondant au ite-file, et celui des données des AUA correspondant aussi bien au macro-file qu'au micro-file (fig. 2). Cette dernière structure permet de passer directement aux données des AUA sans avoir auparavant introduit les données générales. Elle permet donc d'effectuer un enregistrement partiel qui pourra être complété. L'enregistrement "sélectif" des données a été conçu pour utiliser le programme dans des situations où il n'est pas possible ou nécessaire d'introduire toutes les données. Cela peut arriver pendant un travail sur site où, si l'on a par exemple décidé de ne prendre seulement en considération que quelques-unes des données pour l'analyse d'une industrie lithique. Ces mêmes justifications pratiques ont poussé à structurer dans un niveau unique - subordonné à celui des données des AUA - les variables qui se rapportent à la retouche, aux macro-traces et aux micro-traces. Ces trois

[4] Ce programme a été créé par A Grimaldi.

sous-groupes sont disposés parallèlement dans le système et peuvent donc être ouverts indépendamment les uns des autres selon le cas. Chaque fois qu'une pièce préalablement enregistrée est sélectionnée dans l'ordinateur, des images successives apparaissent sur l'écran résumant les caractéristiques du support, le nombre total des PUA et les caractéristiques des AUA. Un petit tableau montre immédiatement les variables fonctionnelles qui identifient chaque AUA. Il peut s'agir de macro-traces (m) et/ou de micro-traces (M) combinées ou pas à la retouche (R). Le tableau montre aussi si les macro- et les micro-traces correspondent à l'utilisation (U) ou à l'emmanchement/ préhension (E). Le tableau décrit - dans les cas où elle est reconnaissable - la suite des modifications d'utilisation et de façonnage subies par la AUA. Dans les figures 3a et 3b deux rapports diachroniques différents ont été pris en exemple. Le premier (fig. 3a), qui est le plus commun, décrit une AUA qui a été retouchée (fonction 1, colonne retouch) et, ensuite, utilisée. Pendant l'utilisation des micro-traces (fonction 2; colonne micro) se sont développées. Au contraire, le deuxième exemple (fig. 3b) décrit des micro-traces (fonction1; colonne micro) qui se sont développées pendant le travail d'un tranchant brut et qui ont été partiellement enlevées par le ré affûtage suivant (fonction 2; colonne retouch).

Une liste de toutes les variables codifiées dans la base, est présentée dans l'appendice I.

2.7.1 Les variables introduites dans le groupe des données générales

Dans la première case est enregistré *le numéro de catalogue* de chaque pièce. Le programme permet alors d'introduire la pièce dans l'ensemble des activités expérimentales ou dans celui de l'industrie lithique archéologique. Les deux ensembles ont une numération séparée et présentent quelques différences dans les variables qui les décrivent. Étant donné que ce système d'enregistrement a été conçu pour organiser les données de n'importe quelle industrie lithique archéologique, la deuxième case indique le *numéro du site* étudié, selon une numération établie. Celle-ci a également été introduite dans la classification des activités expérimentales pour identifier immédiatement le contexte archéologique auquel elles se rapportent. Enfin, la troisième case donne une indication très importante, le *numéro de PUA* des pièces archéologiques.

2.7.1.1 Les variables se rapportant au dépôt (ensemble archéologique)

Ces six cases nous renseignent sur la zone du dépôt où la pièce archéologique a été retrouvée et sa position stratigraphique. Ce sont respectivement: le *carré* de la grille de fouille, la *couche*, la *coupe* effectuée dans la couche et les coordonnées de situation de la pièce dans la couche, c'est-à-dire, la *coordonnée Nord-Sud*, la *coordonnée Est-Ouest* et la

a)

N° catalogue: 24 (Archéologique)
N°AUA: 1sur 1
Position de l'AUA: 1
Morphologie en section: Plano-Plane
Morphologie en profil: Concave

Définition de l'AUA: Retouche
Localisation: 01-04
Angle de taillant: 66°
Morphologie en plan: Convexe
Longueur du taillant: 40mm

	RETCH	MACRO	MICRO
1e étape	R	Non	Non
2e étape	Non	Non	M
3e étape	Non	Non	Non

b)

N° catalogue: 23 (Archéologique)
N°AUA: 1sur 1
Position de l'AUA: 1
Morphologie section: Convexe-Convexe
Morphologie en profil: Rectiligne

Définition de l'AUA: Retouche
Localisation: 01-04
Angle de taillant: 55°
Morphologie en plan: Rectiligne
Longueur du taillant: 30mm

	RETCH	MACRO	MICRO
1e étape	Non	Non	M
2e étape	R	Non	Non
3e étape	Non	Non	Non

Fig.3 Enregistrement des données. Deux exemples des tableaux résumant les séquences d'utilisation et de façonnage pouvant être reconnues sur une AUA: a) étape 1: retouche, étape 2: micro; b) étape 1: micro, étape 2: retouche (ré-affûtage).

hauteur par rapport au niveau de la mer (ou la position par rapport à un niveau de référence théorique).

2.7.1.2 Les variables se rapportant à la pièce

La *longueur*, la *largeur*, l'*épaisseur*, exprimés en millimètres, et le *poids*, exprimé en grammes, permettent d'évaluer les dimensions du support qui doivent être prises en compte car elles influent de manière importante sur son potentiel fonctionnel.

Bien que ce système d'enregistrement ait été conçu pour enregistrer les variables fonctionnelles de l'industrie lithique étudiée, a *classification technologique* essentielle du support a cependant été prise en compte pour vérifier les rapports existant éventuellement entre technologie et fonction. Une pointe ou une lame ont en effet des potentialités fonctionnelles différentes de celles d'un éclat. Un éclat cortical a des potentialités fonctionnelles différant de celles d'un éclat dépourvu de cortex. Selon les critères proposés dans l'étude technologique de l'industrie de Grotta Breuil, des éclats taillés par une séquence prédéterminée d'enlèvements (sensu Boëda 1994) ont été identifiés (Grimaldi 1995), la définition même d'éclat "prédéterminé" a donc été introduite dans la *classification technologique* dans le but de vérifier si ces supports ont des potentialités fonctionnelles différentes de celles des éclats non prédéterminés.

Une autre variable du support ayant un rapport avec la fonction de la pièce, est son état de fragmentation. Celui-ci peut être l'indice de la présence d'un manche. En effet, la pression exercée sur le point d'insertion de la pièce emmanchée peut être responsable de sa rupture. Toutes les possibilités ont été codifiées sous l'appellation *fragment*: support complet, fragment distal, mesial, proximal. Le programme permet de les combiner selon le cas, par exemple: fragment mesial-distal etc.

Pour évaluer le rapport entre la fonction et la *typologie* cette variable a également été introduite. L'étude de Grotta Breuil a en particulier utilisé la classification des industries du Paléolithique inférieur et moyen proposé par Bordes (Bordes 1961).

Le type de *matière première* de l'industrie étudiée est important à prendre en compte dans le cadre d'une analyse fonctionnelle. Les pierres adaptées à la taille et utilisées dans la préhistoire (silex, obsidienne, basalte, quartz etc.) n'ont pas la même structure en raison de leur histoire géologique et minéralogique et cristallographique différente. Cette structure a une influence fondamentale sur le développement des traces d'usage aussi bien macroscopiques que microscopiques qui présentent de très grandes différences selon la pierre utilisée. Il faut également tenir compte des variations minimales de la structure d'un même type de pierre selon sa zone de provenance. Ces variations peuvent en effet influencer aussi bien les temps de développement des polis d'usage que leur morphologie. En ce qui concerne l'étude de Grotta Breuil, les galets de silex local qui constituent la matière première à partir de laquelle les pièces ont été obtenues, ont une structure homogène à texture plutôt fine, à l'exception quelques cas où elles ont été taillées sur des galets à texture grossière semblable à celle du calcaire. Ces pièces représentant une très faible partie ont été regroupées dans un même groupe avec les pièces à grain fin, celui du silex de l'Agro Pontino, qui se rapporte aussi bien aux pièces archéologiques qu'aux pièces expérimentales taillées avec les galets de silex local. Les autres modalités de la variable *matière première* se rapportent aux silex provenant d'autres localités italiennes et françaises qui ont aussi été utilisés pour les répliques expérimentales parce que présentant une texture similaire à celle du silex de l'Agro Pontino ou de l'industrie de La Combette.

La variable *état de la surface* renseigne sur la présence et les types d'altérations pouvant affecter la surface des pièces archéologiques et ayant une relation très étroite avec la lisibilité des traces archéologiques. Les altérations post-dépositionnelles plus fréquentes ont été introduites (chapitre 4). Les modalités fort, moyen et faible sont utilisées combinées à la description du type d'altération pour spécifier son degré de développement.

La variable *texture de la surface* qui a été auparavant citée de façon indirecte propose trois types de texture, la fine, la moyenne - qui sont les plus fréquentes dans l'industrie lithique de Grotta Breuil et de La Combette - et la texturegrossière. Cette variable est utilisée aussi bien pour décrire les surfaces archéologiques que les surfaces expérimentales.

2.7.1.3 Les variables se rapportant à l'expérimentation

Quelques variables ont été introduites dans l'ensemble des données générales: elles se rapportent essentiellement au domaine de l'expérimentation. Il s'agit de la description précise de la méthode de *préhension* de la pièce expérimentale. Par la combinaison de plusieurs modalités - par exemple, bois (manche) + adhésif + lacets - le programme permet l'enregistrement de toutes sortes de préhensions expérimentales. Cette description précise est fondamentale pour étudier les traces qui se développent en raison du frottement de la main ou du manche sur la pièce utilisée. Elle permet aussi d'étudier le développement de traces distinctes selon les types de manches.

La *localisation de la préhension* est combinée à la variable *préhension*. Pour la définir on a utilisé la méthode des coordonnées polaires selon la version simplifiée proposée par Van Gijn (1990).

2.7.2 Les varaibles introduites dans le groupe des données des AUA

Après avoir introduit dans l'ordinateur le *numéro de l'AUA* et sa *localisation* selon les cordonnées polaires, il faut enregistrer la ou les caractéristiques qui ont permis de la sélectionner a priori comme zone fonctionnelle potentielle codifiée dans la variable *définition des PUA*.

Les enlèvements qui sont facilement visibles à l'oeil nu ou à l'aide d'une loupe binoculaire sont considérés comme des critères de sélection parce qu'ils peuvent être l'indice d'une utilisation du tranchant. La retouche définit une PUA parce qu'elle implique une modification volontaire du tranchant par l'homme préhistorique en vue de son utilisation et/ou de sa préhension. Les parties saillantes d'une pièce - des pointes ou des coins naturels - ont été considérées elles-aussi comme des critères de sélection parce qu'elles auraient pu être utilisées aussi bien pour percer que pour rainurer ou pour l'insertion dans un manche. Ainsi, les encoches naturelles possèdent une morphologie adaptée à une possible utilisation, cette morphologie étant volontairement souvent recherchée par l'homme préhistorique au moyen de la retouche. Tout autre tranchant naturel supérieur ou égal à un centimètre possédant une morphologie régulière (rectiligne, convexe, concave) en profil a été sélectionné. La restriction imposant le choix de tranchants supérieurs ou égaux à un centimètre a été justifiée auparavant . Du point de vue expérimental, les tranchants de morphologie rectiligne en profil, convexe ou concave, ont été toujours utilisés et ceux au profil irrégulier ne se sont pas révélés fonctionnels. Nous avons par conséquent décidé d'appliquer une restriction supplémentaire au choix des tranchants bruts de retouche et n'avons sélectionné que les tranchants réguliers. La rubrique nucléus à morphologie sinueuse a été introduite dans les critères de sélection pour vérifier si la morphologie sinueuse ou denticulée de certains nucléus très exploités que l'on retrouve dans toutes les couches de Grotta Breuil et en particulier dans la couche la plus ancienne, aurait pu être utilisée par les hommes préhistoriques (voir 5.2.1.1, le travail des matières animales; fig. 15).

La dernière rubrique utilisée pour la *définition des AUA*, la zone a posteriori, définit tous les cas où des micro-traces indiquent la présence d'une utilisation, d'une préhension ou d'un emmanchement dans une zone de la pièce sélectionnée-par exemple à l'intérieur de sa surface-qui ne fait pas partie de celles choisies a priori. Néanmoins, toutes les zones identifiées a posteriori après l'analyse microscopique doivent toujours paraître dans les critères de sélection pour qu'elles soient enregistrées par l'ordinateur. Leur présence dans la variable *définition des AUA* est donc justifiée par des raisons pratiques d'organisation du système d'enregistrement mais elles n'ont aucune signification de sélection.

Chaque AUA est ensuite décrite du point de vue morphologique par les variables *angle de taillant*, *morphologie en plan*, *morphologie en profil*, *morphologie en section* et *longueur du taillant*. En ce qui concerne les quatre premières variables, elles ont été décrites avec précision et justifiées par Van Gijn (Van Gijn 1990). Nous renvoyons à cet ouvrage pour leur discussion. Il faut seulement préciser que dans ce système, la variable *angle de taillant* se rapporte à l'angle du taillant brut de retouche tandis que l'angle de taillant modifié par une retouche volontaire est enregistré dans la variable *angle de taillant retouché* qui a été introduite dans l'ensemble des données concernant la retouche. Le but de cette distintion est de connaître l'épaisseur originale du tranchant utilisé afin de vérifier ses potentialités fonctionnelles originales et le degré de modification qu'il a subi par la retouche.

La variable *longueur du taillant* a été introduite dans cette étude pour un but spécifique. Nous avons voulu vérifier si dans l'industrie de Grotta Breuil, qui présente des supports aux dimensions réduites et, par conséquent, des tranchants courts, si les tranchants qui étaient relativement plus longs étaient particulièrement recherchés par les Néandertaliens. Si leur choix était dû au hasard ou, au contraire, lié à l'accomplissement de taches particulières.

Des variables décrivant les tranchants expérimentaux, ont été introduites dans l'ensemble des données des AUA. Il s'agit de la *face de dépouille* (selon la dénomination proposée par Gassin (1996), c'est-à-dire la ou les faces du tranchant expérimental entrant en contact avec la matière travaillée. L'*angle de dépouille* (selon la dénomination proposée par Gassin (1996), c'est-à-dire l'inclination maintenue par la face de contact sur la matière pendant le travail; le *temps de travail* du tranchant expérimental et enfin, l'*efficacité* et l'*épuisement* du tranchant. Étant donné que ces variables sont désormais une partie acquise de la méthode d'analyse, nous renvoyons aux travaux déjà publiés (Unrath *et alii* 1986).pour leur description et leur justification dans le détail.

2.7.2.1 Les variables se rapportant à la retouche

La *position de la retouche dans la AUA* est la première variable que ce sous-ensemble présente. Elle concerne le moment de la "vie fonctionnelle" du tranchant où intervient a retouche. Par exemple, si une utilisation du tranchant après retouche a été reconnue, la retouche prendra la position 1, si, au contraire, une utilisation avant retouche - qui est donc un ravivage - a été identifiée, elle aura la position 2. Enfin, la position 0 montre que le moment fonctionnel où la retouche a été faite n'est pas reconnaissable.

Parmi les autres variables de ce sous-ensemble (appendice I) la *position de la retouche* et la *morphologie de la retouche* font appel aux modalités proposées par Tixier (Tixier 1980). Dans cette seconde variable, les modalités géométrique, géométrique mince, géométrique épaisse ont été ajoutées pour décrire, en particulier, les négatifs de détachement de la retouche Quina. Ce sont au contraire les modalités proposée par Van Gijn (1990, 17) qui ont été utilisées pour décrire la *distribution de la retouche*.

2.7.2.2 Les variables se rapportant aux enlèvements d'usage

La plupart des variables proposées et justifiées par Van Gijn (1990) ont été utilisées pour décrire les enlèvements d'usage. La *position des enlèvements dans l'AUA* y a été ajoutée ainsi que les indications fonctionnelles que les enlèvements peuvent donner - *interprétation des enlèvements*, *matière travaillée*, *mouvement fait*. Les indications fonctionnelles déduites des enlèvements d'usage par opposition à celles déduites des polis et des stries, sont proposées séparément: pour de nombreuses industries anciennes, les enlèvements d'usage sont les seuls à pouvoir donner des indications fonctionnelles.

2.7.2.3 Les variables se rapportant aux micro-traces d'usage

Exception faite de la variable *position des micro-traces dans la AUA* toutes les autres variables utilisées pour décrire les micro-traces ont été déjà proposées et justifiées par Van Gijn (1990).

L'observation du matériel archéologique ne permet pas toujours d'identifier avec certitude certaines des actions accomplies. C'est pour cette raison que la démarche de Gassin (1996) qui identifie deux types d'actions transversales se différenciant par un angle de dépouille du bord actif plus au moins incliné, a été partiellement utilisée. La distribution des traces d'usage permet de faire la distinction entre les catégories d'actions en déterminant le raclage en coupe négative, le raclage sensu stricto, et le raclage en coupe positive, ce dernier incluant par exemple, le rabotage et le lissage. Enfin, compte tenu du fait que dans certains cas il n'est pas possible d'aboutir à une reconnaissance précise de l'action effectuée mais plutôt à une reconnaissance générique du mouvement, c'est la description du mouvement transversal, longitudinal ou mixte (longitudinal et transversal) qui a été utilisée. Ce dernier, peut être rapporté à des actions impliquant ce double mouvement telles que le rabotage ou le rainurage mais il peut être aussi lié à une suite d'actions que les traces d'usage ne permettent pas toujours de déterminer. L'analyse des industries du Paléolithique ne permet souvent que d'obtenir des indictations fonctionnelles génériques correspondant au geste accompli. Cela pourrait être dû aussi bien aux altérations post-dépositionnelles responsables de la réduction du potentiel d'information que pourraient livrer les polis, qu'à des causes liées au geste lui même. Le développement limité de certains polis peut n'être en effet que la conséquence de gestes de courte durée. Cela ne signifie pas forcément qu'il s'agissait de gestes occasionnels mais plutôt, si l'on compare avec les activités "artisanales" relativement longues effectuées à partir du Néolithique, de gestes moins prolongés dans le temps et donc moins visibles au niveau des traces d'usage.

3 L'EXPÉRIMENTATION[5]

Pour procéder à l'analyse fonctionnelle de différentes industries lithiques en silex du Paléolithique moyen, une collection expérimentale de 268 pièces a été créé . Les répliques expérimentales ont été réalisées dans le même silex (ou dans du silex très semblable -couleur, grain, dureté- lorsque la provenance n'en était pas sûre) que celui utilisé par les préhistoriques ayant fréquenté chacun des sites étudiés (*tableau 1*). Du point de vue méthodologique, il est indispensable de vérifier les caractéristiques morphologiques des traces d'usage se développant sur une matière première donnée. Même s'il s'agit toujours de silex, comme c'est le cas ici, le grain notamment, peut varier énormément selon le lieu de provenance. J'ai en effet constaté que la morphologie des traces d'usage est conditionnée par les caractéristiques du grain de la matière première. Selon le type de silex employé, la morphologie des traces d'usage peut présenter un aspect très différent même si la matière travaillée est identique. 172 pièces expérimentales de cette collection de référence ont été réalisées pour effectuer l'analyse des industries de Grotta Breuil et de La Combette (voir *appendice II*). Les répliques de l'industrie de Grotta Breuil ont été débitées par percussion à la pierre, à partir de petits galets de silex provenant de la Plaine Pontine, tout près du promontoire du Circé où se situe la Grotta Breuil[6] . Les répliques de l'industrie de La Combette ont été obtenues à partir de rognons de silex provenant de la région de Murs[7] et à partir de rognons de silex recueillis dans la région de Gargano (Puglie, Italia) dont les qualités mécaniques sont très proche de certains des silex employés à La Combette. Ces matières premières ont été débitées par percussion directe à la pierre

De nombreuses fonctions ont été testées à l'aide de ces 172 pièces et de leurs 206 tranchants (voir *appendice II*). Nous avons bien entendu testé les activités susceptibles d'avoir été le plus fréquemment effectuées dans les situations archéologiques étudiées. Par conséquent les différentes étapes d'une activité de boucherie (écorchage, désarticulation et décarnisation) (voir *3.1*) et du traitement de la peau (écharnage, épilage, tannage, assouplissage, création d'objets en peau) (voir *3.2*) ont été accomplies. Nous avons aussi

Colléction de référence pour Grotta Breuil (I) et La Combette (F)	Colléction de référence industries lithiques Dordogne (F)
Galets silex Plaine Pontine (I)	Nodules silex bergeracois
Nodules silex Gargano (I)	Nodules silex sénonois
Nodules silex de Murs (Vaucluse) (F)	

Tableau 1 Types de silex utilisés pour créer la collection expérimentale.

[5] La terminologie française utilisée pour décrire les micro-traces et les macro-traces a été empruntée à: Astruc L., P.C. Anderson, V. Beugnier, S. Beyries, B. Gassin, A. Van Gijn, J. Gonzalez, J.J. Ibanez, H. Juel Jensen, A. Rodriguez, H. Plisson 1996 Etude fonctionnelle des outils de silex taillé mis en oeuvre pour la récolte et le traitement des végétaux, Thèmes de communication du CRA, Valbonne, manuscrit.

[6] Les galets de silex de la Plaine Pontine ont été taillés par S.Grimaldi, chargé de l'étude technologique de l'industrie de Grotta Breuil.

[7] Le silex de Murs a été taillé par P.-J. Texier, directeur des fouilles de La Combette et responsable de l'étude techno-typologique de l'industrie lithique du site.

travaillé du bois et du bois de cervidé pour fabriquer quelques objets très simples (voir *3.3* et *3.4*). Quelques expériences véritablement consacrées au travail de l'os (deux perçages d'os frais) et à celui des plantes siliceuses (*figs. 8a,d*) (trois actions de coupe) ont été réalisées. Cette dernière approche expérimentale a été effectuée en la subordonnant à d'autres expérimentations indispensables pour la vérification des traces archéologiques. Compte tenu du fait que les traces archéologiques sont très nettes et qu'elles ne présentent aucun problème d'identification, je n'ai pas jugé nécessaire d'étudier ultérieurement leurs caractéristiques.

3.1 L'activité de boucherie

Etant donné l'importance prise par cette activité durant le Paléolithique et en particulier dans les sites préhistoriques étudiés (selon les résultats obtenus par l'analyse zooarchéologique), nous avons réalisé de nombreuses expérimentations afin de tenter de reproduire les traces liées aux différentes étapes caractérisant l'activité de boucherie.

Cette expérimentation a été organisée en étroite collaboration avec une spécialiste de la discipline[8] en nous basant sur la reconstitution des méthodes de boucherie d'après les résultats de l'analyse zooarchéologique. Le niveau de fonctionnalité de supports de différentes dimensions a été vérifié - grands supports semblables à ceux utilisés à La Combette et très petits supports tels ceux de Grotta Breuil - sur des carcasses d'animaux de grande taille et de taille moyenne (*fig. 4*). Avec de grands supports, on peut aisément écorcher, désarticuler et décarniser la carcasse d'un grand mammifère. Il est même possible d'accomplir rapidement l'étape la plus problématique, la désarticulation du fémur et du tibia. En effet, la partie saillante d'un grand support peut bien pénétrer dans l'espace entre les deux os et couper le gros tendon interne qui maintient l'articulation. Sa grande surface de prise permet de le maintenir aisément sans avoir recours à un emmanchement pour le rendre plus fonctionnel. Toutes les étapes du processus peuvent être effectuées avec des tranchants bruts de retouche à la condition qu'ils possèdent un angle de taillant suffisamment aigu pour couper. S'ils présentent en outre une morphologie rectiligne en profil et plano-plane ou plano-concave en section, leur pouvoir fonctionnel augmente sensiblement.

Il est tout aussi possible d'écorcher, désarticuler et décarniser avec des supports de petites dimensions, comme ceux qui ont été utilisés à Grotta Breuil. Néanmoins, les zones utiles sont moins étendues et s'épuisent vite. On doit utiliser un ou deux tranchants supplémentaires ou ré-affûter le même tranchant pour poursuivre ce travail. Dans ce cas, une retouche mince et envahissante contribue au maintient d'un angle de taillant suffisamment aigu (voir, à ce propos, Grimaldi/ Lemorini 1993). A l'aide de supports au tranchant brut de retouche et non emmanchés, il est possible d'écorcher et d'éviscérer un animal de taille moyenne en une demi-heure.

[8] Il s'agit de F.Alhaique chargée, avec M.Stiner, de l'analyse des faunes de Grotta Breuil.

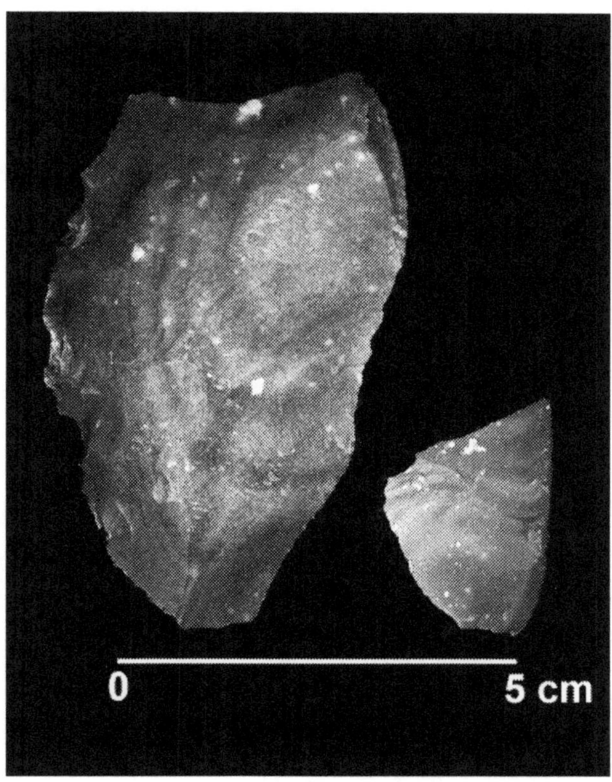

Fig.4 Pièces de dimensions différentes utilisées pendant les activités expérimentales de boucherie.

La peau est aisément enlevée en prenant la pièce à la main bien que nous sachions pour l'avoir pratiqué, qu'un manche en améliore sensiblement la préhension (*fig. 9d*). En effet, la petite surface des répliques expérimentales des supports de Grotta Breuil, est rapidement salie par les restes de tissus charnus qui la rendent glissante. Le manche empêche le contact direct entre la pièce sale et la main, ce qui évite ainsi d'interrompre le travail pour la nettoyer. Néanmoins, nous avons observé que, si l'on utilise un petit support sans emmanchement, on peut réduire les problèmes dus au glissement, en optant de préférence pour des pièces partiellement corticales. La surface raboteuse du cortex permet en effet une préhension plus ferme et diminue les effets négatifs de la saleté. Pour ce qui est de l'écorchage, de la désarticulation (*fig. 5a*) et la décarnisation, l'emmanchement

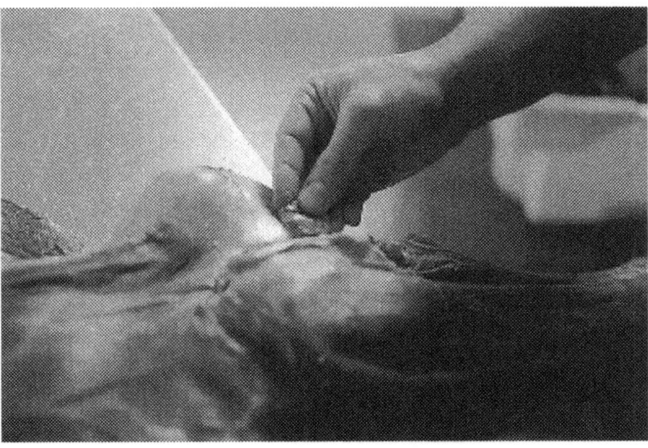

Fig.5 a) Un moment de l'activité expérimentale de boucherie réalisée à l'aide de répliques des pièces lithiques de l'industrie de Grotta Breuil.

Fig.5 b) travail expérimental d'une peau réalisé à l'aide de répliques des pièces lithiques de l'abri de La Combette.

des supports de petites dimensions n'améliore pas l'efficacité de l'outil bien au contraire. En effet, le manche empêche l'outil de bien pénétrer dans les tissus charnus épais des animaux et devient une véritable gêne lorsque l'on cherche à atteindre les tendons internes pour les couper. Cette difficulté est due au fait que le manche améliore la préhension mais diminue au contraire, la longueur des supports. Lorsque l'on doit utiliser des supports courts, il est possible de surmonter le problème de la désarticulation en travaillant avec des outils occasionnels longs et peu épais.

Ainsi, pendant notre expérimentation, avons nous pu vérifier qu'il est relativement facile d'atteindre et de trancher un tendon à l'aide d'un fragment pointu et acéré d'os long. Remarquons en passant qu'il existe d'autres solutions pour résoudre ce problème: si l'on casse l'os au dessous de l'articulation on évite *a priori* d'avoir à pratiquer la désarticulation. A Grotta Breuil une forte utilisation de cette technique de cassure a pu être mise en évidence (Alhaique/ Lemorini 1996; Stiner 1994). Compte tenu des résultats de l'expérimentation et des données de la zooarchéologie, il semble bien que ce comportement ait été la solution adoptée par les Néandertaliens pour surmonter les limitations fonctionnelles des supports de petite taille, les seuls disponibles.

L'expérimentation nous a également fourni un certain nombre de sujets de réflexion concernant le nettoyage des résidus de tissus charnus des carcasses: des résidus subsistent après la décarnisation en coupe, d'os (*fig. 6d*) plats tels que l'omoplate et le bassin. Ces résidus peuvent être enlevés par des actions transversales de raclage et des actions mixtes (raclage en coupe négative et coupe) qui donnent une combinaison caractéristique de polis typiques du contact avec des tissus charnus et du contact avec l'os (voir, à ce propos, Alhaique/ Lemorini 1996) (*fig. 6e*). Ces polis sont différents de ceux développés au cours d'actions de coupe et ils ont de fortes ressemblances avec des polis archéologiques retrouvés à Grotta Breuil (voir *5.2.1.1, 5.2.3.1, 5.2.5.1*) et à La Combette (voir *6.3.1.2* et *6.3.2.2*).

Nous avons ainsi effectué quelques expériences de nettoyage du *periostium* d'os longs avant de les casser pour en retirer la moelle (*fig. 6f*). Cette action peut être accomplie assez aisément par un raclage en coupe négative. Des portions de corniche des plans de frappe des nucléus épuisés peuvent être utilisées en tranchant et avoir un degré d'efficacité élevé. Elles possèdent en effet de petits points saillants qui cassent et arrachent la pellicule de *periostium*. Il n'est cependant pas toujours nécessaire de débarrasser les os de cette pellicule résistante pour les casser. L'unique aspect positif de ce nettoyage préalable est que l'on peut libérer plus facilement la moelle des petits fragments d'os qui se produisent pendant la fracturation. Si le *periostium* n'est pas nettoyé, il constitue au contraire une espèce de "toile d'araignée" dans laquelle les fragments restent attachés (Alhaique *comm. pers.*). Pour conclure, même si des données ethnographiques témoignent que des populations actuelles (Binford 1981) utilisent cette technique, le nettoyage du *periostium* n'est pas une opération nécessaire. Sur le plan ethnographique, cette opération peut avoir une signification traditionnelle et tenir une place prépondérante par rapport aux motivations plus proprement fonctionnelles avec lesquelles elle est étroitement imbriquée.

Nous avons récemment commencé un programme d'expérimentation sur des animaux de petite taille. Nous avons ainsi pu vérifier que le dépeçage de leurs carcasses ne pose pas les problèmes révélés lors d'activités identiques concernant des animaux de taille plus importante. Le potentiel fonctionnel de supports de petites dimensions augmente énormément lorsqu'ils sont utilisés dans ce cas de figure. L'écorchage d'animaux de petite taille peut être accompli rapidement en détachant la peau par gonflage à l'air. Ceci nécessite une utilisation minimale des tranchants avec lesquels on effectue uniquement de petits trous pour y souffler l'air. L'épaisseur réduite des tissus charnus permet une utilisation continuelle du manche, car il n'empêche pas la pénétration. De même, compte tenu de leur épaisseur réduite, il est possible d'atteindre très facilement les tendons internes et de les couper tout aussi aisément. On peut aussi très facilement casser le thorax en coupant le cartilage entre le sternum et les côtes. Ce processus n'est évidemment pas possible sur des carcasses d'animaux de grande et moyenne taille dont on ne peut diviser le thorax qu'en le cassant.

Le poisson pouvant tout aussi naturellement faire partie des ressources exploitées par les hommes préhistoriques, nous avons également expérimenté dans cette direction. Nous avons écaillé coupé la tête, la queue et les nageoires puis éviscéré quatre poissons marins (voir *appendice II*) vivant sur des hauts-fonds et qui auraient pu être capturés à mains nues près de la plage. Cette opération de nettoyage est nécessaire si

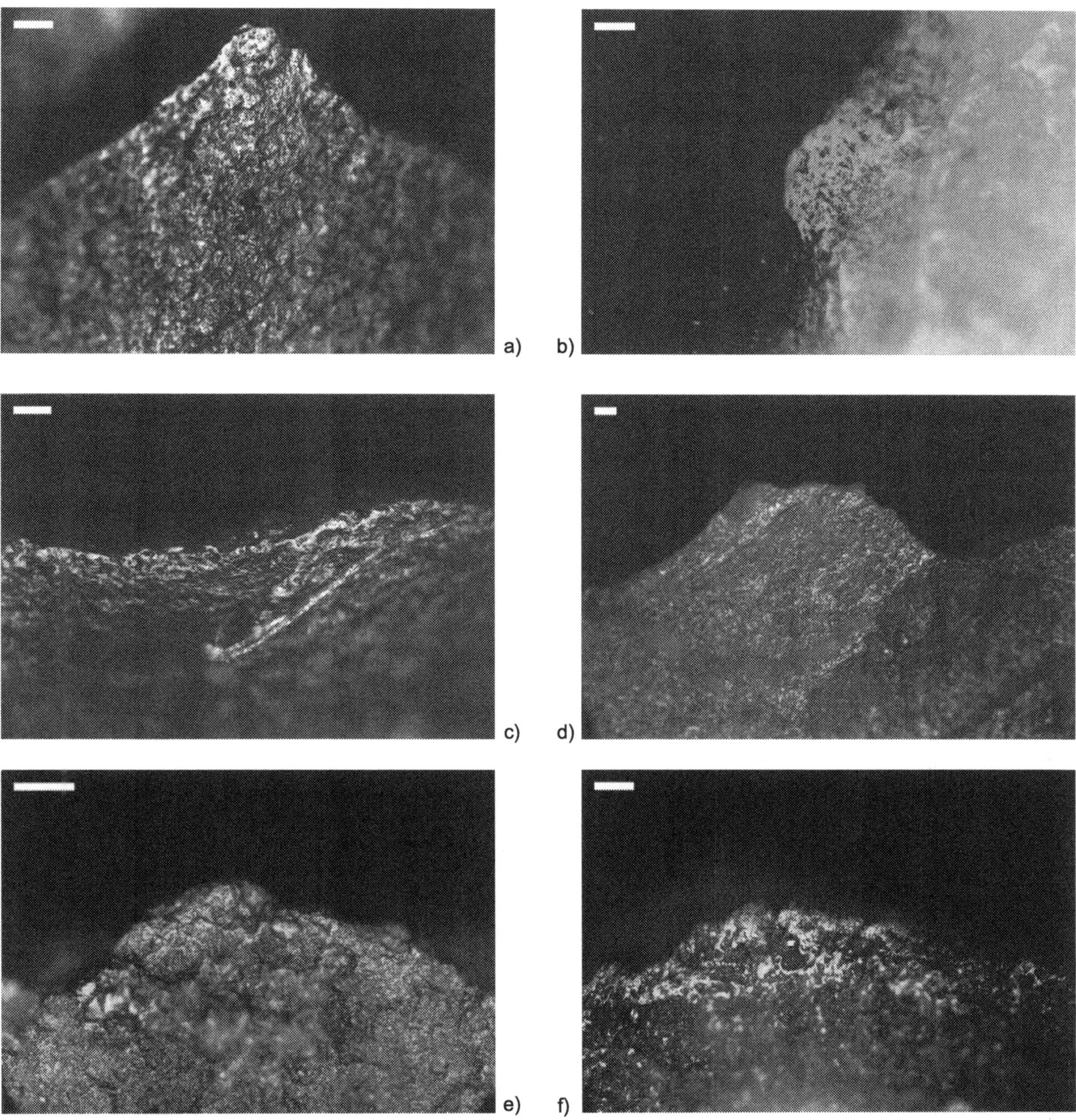

Fig.6 Photomicrographies de polis expérimentaux: (a-b) travail d'un bois trempé et c) bois blanc, frais, a) exp.82 raclage en coupe négative (200x), b) exp.16 raclage en coupe négative (200x), c) exp.128 rainurage (200x); travail de matières animales (activité de boucherie), d) exp.173 décarnisation en coupe (100x), e) exp.166 raclage en coupe négative des tissus charnus des os (300x), f) exp.167 raclage du *periostium* (200x). Les échelles métriques correspondent à 50µ.

l'on veut manger le poisson cru ou préparer des filets pour les stocker. Au contraire, si les poissons sont grillés, ils doivent seulement être éviscérés. Des données ethnographiques témoignent cependant du nettoyage systématique des poissons à cuire. Evidemment, il s'agit d'un comportement traditionnel qui va au-delà de la simple efficacité (Iovino 1996).

72 tranchants ont été utilisés pour effectuer ces activités de boucherie expérimentales. Des actions de coupe (43 cas) ont principalement été effectuées pour l'écorchage, la désarticulation et la décarnisation. Le contact avec les os a été minimal pendant ces étapes du travail. Une bonne connaissance de l'anatomie de l'animal permet en effet de couper les points nécessaires pour atteindre l'articulation ou pour détacher les muscles des os sans avoir aucun contact avec l'os lui-même Des actions mixtes (raclage et coupe), ont été effectuées (22 cas) pour nettoyer les os des résidus des tissus charnus. Même si dans ce cas le contact avec les os est beaucoup plus fréquent, il est toujours léger et ne provoque que le développement de taches de polis d'os. Au contraire, des polis d'os bien développés ont été produits au cours des expériences (cinq tranchants) de raclage du *periostium* avant de casser les os pour en extraire la moelle. Toute l'expérimentation de boucherie a été accomplie à l'aide de tranchants bruts de retouche. Aussi bien les actions de coupe que les actions mixtes (raclage et coupe) ont été faites en

	lisse	lisse et grasse	lisse et mate	rugueuse	rugueuse et grasse	rugueuse et mate	indéterminée	total tranchants
boucherie (tissus charnus et os)	18	2	5	5	27	1	14	72
peau fraîche	5	1	1	6	4	1	2	20
peau humide	8	1	4	1	4	3	2	23
peau	_	_	_	_	3	_	_	3
peau seche	4	2	1	1	3	3	_	14
végétaux	3	_	_	_	_	_	_	3
bois	32	_	_	3	8	5	2	50
bois de cervidés	3	4	3	3	_	3	1	17
bois/bois de cérvidés	_	_	1	_	_	_	_	1
coquille	2	_	_	_	_	_	_	2
pierre	1	_	_	_	_	_	_	1
Total tranchants	76	10	15	19	49	16	21	206

Tableau 2 Texture des polis expérimentaux.

utilisant des angles du taillant plutôt aigus (respectivement 41° et 45° en moyenne) mais suffisamment forts pour entrer en contact avec des matériaux résistants. Les portions de corniche des plans de frappe des nucléus qui ont été utilisés pour nettoyer les os du *periostium,* possèdent un angle de taillant plutôt obtus (80° en moyenne) sont l'exception à la règle.

3.1.1 Les micro-traces

La texture du poli (*tableau 2*) associé au travail de boucherie est surtout rugueuse et grasse (38%) (*figs. 6d-e*) et témoigne du contact avec les tissus charnus. Ce type d'activité a aussi produit un certain pourcentage de polis à la texture lisse (25%), liée aux taches de polis d'os. L'activité de boucherie effectuée sur le poisson a développé des polis aux caractéristiques identiques à celles produites par le traitement des carcasses d'herbivores. Cela démontre qu'il n'est pas possible de distinguer les deux types d'animaux aux moyen des seules micro-traces d'usage et confirme les résultats obtenus par l'expérimentation effectuée par d'autres chercheurs (Van Gijn 1986, 1990).

Le contraste du poli n'est jamais très évolué. Il est aussi bien léger que discret. Il semble toutefois que le contraste des polis à texture lisse soit un peu plus marqué.

En ce qui concerne la brillance, il y a une différence nette entre les polis à texture rugueuse et les polis à texture lisse. Les premiers sont, pour la plupart, brillants. Les deuxièmes sont mats.

Bien que la texture de ce poli ne soit jamais très développée, elle présente un niveau de développement à 50% léger et évident. Il ne s'agit donc pas d'une trace évanescente. Elle peut se maintenir sur des pièces archéologiques assez bien conservées. Néanmoins, au niveau archéologique, cette trace peut être sous-estimée en raison de la "fragilité" des polis les plus légers qui sont plus facilement effacés par les processus d'altération.

En ce qui concerne la topographie (*tableau 4*), celle des polis causés par le contact avec des tissus charnus est si peu visible qu'aucune description n'est possible. L'observation limitée de la topographie est liée aux polis d'os qui peuvent être plans ou présenter des micro-trous avec quelques comètes. De véritables stries se sont développées dans deux autres cas. Ce sont en définitive sept cas seulement, (comètes, plus les autres morphologies de stries) sur un total de 72 tranchants ayant conservé des traces d'usage.

Les polis se distribuent (*tableau 6*) essentiellement sur une bande étroite le long du bord actif (22%) (*fig. 6d*), bien qu'une

	texture micro-traces préhension
lisse	8
lisse et grasse	3
rugueuse	7
rugueuse et grasse	5
rugueuse et mate	1
indéterminée	1
Total tranchants	25

Tableau 3 Texture des polis expérimentaux associés à la préhension.

	topographie micro-traces préhension
plane	6
micro-trous	4
en cometes	1
plane/cometes	1
indéterminée	13
Total tranchants	25

Tableau 4 Topographie des polis expérimentaux.

	bombée	plane	aux micro-trous	en cometes	crateres	bombée micro-trous	bombée cometes	plane micro-trous	plane cometes	plane trous cometes	trous cometes	indéterminée	total tranchants
boucherie (tissus charnus et os)	_	2	4	3	_	_	_	3	1	2	6	51	72
peau fraîche	_	_	3	_	2	_	_	_	_	_	_	15	20
peau humide	1	_	6	_	5	_	_	_	_	_	_	11	23
peau	_	_	_	_	_	_	_	_	_	_	_	3	3
peau seche	_	_	1	_	6	_	_	_	_	_	_	7	14
végétaux	2	_	_	_	_	_	_	_	_	_	_	1	3
bois	8	1	5	4	_	5	5	1	1	_	_	20	50
bois de cervidés	_	1	_	_	_	_	2	1	3	_	_	10	17
bois/bois de cervidés	_	_	_	_	_	1	_	_	_	_	_	_	1
coquille	_	2	_	_	_	_	_	_	_	_	_	_	2
pierre	_	1	_	_	_	_	_	_	_	_	_	_	1
Total tranchants	11	7	19	7	13	6	7	5	5	2	6	118	206

Tableau 5 Topographie des polis expérimentaux associés à la préhension.

scintillation caractéristique liée au contact avec les tissus charnus soit souvent présente associée à d'autres types de distribution. Le raclage des os auquel il faut avoir recours pour nettoyer les tissus charnus est responsable d'une distribution caractéristique du poli plus développé sur la face de contact du bord actif (tandis que les actions de coupe ont une distribution au développement plus équilibré entre les deux faces de contact). Cette distribution est en fil ou en bande. Il y a aussi des bandes de poli loin du bord, ayant une orientation perpendiculaire ou légèrement diagonale au fil du tranchant (*fig. 6e*). Ceci est une autre caractéristique discriminante des actions de coupe associées à la désarticulation et à la décarnisation qui génèrent des polis à la direction parallèle ou ayant une incidence très oblique sur le fil du tranchant.

L'émoussé du fil (*tableau 7*) peut être utilisé pour distinguer les polis liés à la boucherie et les polis liés à l'écharnage (voir *3.3.1.1.*). En effet ces deux types de micro-traces peuvent être mélangés. Les seuls caractères discriminants sont l'absence de taches de poli d'os et un émoussé plus important du fil du bord actif pour les polis liés à l'écharnage comparés aux polis liés à la boucherie en coupe.

Les polis développés pendant le raclage en coupe négative du *periostium* (*fig. 6f*) sont distribués sur les zones saillantes des tranchants à l'exception d'un cas où une distribution en fil est présente. La texture du poli est rugueuse ou lisse et mate. Un seul cas de texture rugueuse et mate de ce type a pu être observé. Le contraste est assez évident et le poli est très brillant, à l'exception du poli à texture rugueuse et mate. Une topographie à micro-trous ou plate avec des comètes, est typique du contact avec l'os (voir à ce propos Van Gijn 1990, 33). L'émoussé du fil du bord actif est toujours remarquable.

Les traces développées pendant le traitement des poissons sont assimilables à celles produites pendant la boucherie d'animaux terrestres où le tranchant entre en contact avec les os. En revanche, une fois que le poisson est écaillé on obtient des stries de polis qui sont une caractéristique spécifique de cette activité, la seule vraiment indicative du traitement des poissons au niveau archéologique (voir, à ce propos, Van Gijn 1986).

3.1.2 Les macro-traces

La moitié environ des tranchants ayant accompli une activité de boucherie ne montre aucun enlèvement. Cette donnée témoigne du peu de pression exercée par des matières tendres, telles que les tissus charnus, sur les tranchants utilisés ce qui limite le développement des macro-traces. Les bords actifs montrant des enlèvements, ont eu un contact avec les parties les plus résistantes des tissus (les parties cartilagineuses, les tendons) et avec les os.

Ces enlèvements ont une distribution (*tableau 8*) "contiguè-régulière" (18%) associée à des actions de coupe. Il y a aussi des cas où la distribution superposée des enlèvements (13%), n'est liée à aucune action en particulier. Ils se développent surtout sur le fil tranchant en face ventrale bien qu'il y en ait un certain pourcentage positionné sur les faces ventrale et dorsale avec un développement plus intensif sur cette dernière.

La morphologie des enlèvements (*tableau 9*) est fine (13%) ou en "gradin-avec charnière" (22%), ce qui souligne ainsi le degré de résistance plutôt faible de la matière travaillée. Il faut néanmoins signaler quelques cas où la morphologie des enlèvements est réfléchie ou en gradin/réfléchie (une morphologie typique du contact avec de la matière plutôt dure). Ceux-ci sont surtout associés au traitement des poissons. Paradoxalement, en enlevant la tête, les nageoires et la queue des poissons, les outils entrent bien plus nettement en contact avec des parties résistantes que lors d'une activité de boucherie sur un gros herbivore. Des enlèvements dus à une forte pression (enlèvements droits) ont également été observés sur des tranchants utilisés pour le dépeçage d'un herbivore de petite taille. Dans ce cas également, le contact avec des

	scintillation	zones saillantes	taches isolées	fil long du bord	bande long du bord	fil plus bande long du bord	bande loin du bord	en roseaux	scint./zones saillantes	scint./ taches de polis	total tranchants
boucherie	3	7	2	16	3	6	2	_	4	1	44
peau fraîche	_	1	1	5	2	1	1	_	_	_	11
peau humide	1	2	1	3	3	5	3	1	_	_	19
peau	_	_	_	3	_	_	_	_	_	_	3
peau seche	_	1	_	3	1	3	5	_	_	_	13
végétaux	_	_	_	_	_	_	3	_	_	_	3
bois	1	10	2	9	12	3	1	4	_	_	42
bois de cervidés	_	4	1	4	3	1	_	_	_	_	13
bois/bois de cervidés	_	_	_	_	_	_	_	1	_	_	1
coquille	_	_	_	_	_	_	_	_	_	_	_
pierre	_	_	_	_	_	_	_	_	_	_	_
Total tranchants	5	25	7	43	24	19	15	6	4	1	149

	scint/ fil long du bord	scint./bande long du bord	scint./bande loin du bord	zones saill./taches	zones saill./fil long du bord	zones saill./bande loin du bord	zones saill./stries de polis	fil long du bord/taches	bande long du bord/taches	fil long du bord/stries de polis	bande long du bord/en roseaux	indéterminée	total tranchants
boucherie	4	_	1	_	5	_	_	1	1	1	2	13	28
peau fraîche	4	_	_	_	3	_	_	1	_	_	_	1	9
peau humide	_	_	_	_	2	1	_	_	_	_	_	1	4
peau	_	_	_	_	_	_	_	_	_	_	_	_	_
peau seche	_	_	_	_	_	_	_	1	_	_	_	_	1
végétaux	_	_	_	_	_	_	_	_	_	_	_	_	_
bois	_	1	_	1	2	2	1	_	_	_	1	_	8
bois de cervidés	_	_	_	1	_	2	_	_	_	_	_	1	4
bois/bois de cervidés	_	_	_	_	_	_	_	_	_	_	_	_	_
coquille	_	_	_	_	_	_	_	_	2	_	_	_	2
pierre	_	_	_	_	_	_	_	1	_	_	_	_	1
Total tranchants	8	1	1	2	12	5	1	4	3	1	3	16	57

Tableau 6 Distribution des polis expérimentaux.

cartilages très résistants (comme ceux qui lient les côtes au sternum) a été très intense. Le tranchant utilisé n'étant pas suffisamment résistant pour accomplir cette tâche s'est cassé en développant des enlèvements droits bien qu'il ait maintenu un bon degré d'efficacité pendant toute l'activité de boucherie.

La largeur de ces enlèvements (*tableau 10*) diffère selon le mouvement qui a été fait. La plus faible est liée à une activité de coupe (0.39mm en moyenne). Elle est suivie par la larguer des enlèvements produits au cours d'actions mixtes (0.58mm en moyenne). Enfin, le raclage est associé à des macro-traces plutôt larges (0.98mm en moyenne) (*fig. 8f*).

La direction des enlèvements est presque exclusivement diagonale. Le travail en coupe est associé à la direction diagonale, dans un sens ou dans les deux sens. Les actions transversales ont produit aussi bien des enlèvements perpendiculaires que diagonaux dans un seul sens.

Le nettoyage du *periostium* n'a pas provoqué d'enlèvements sur les tranchants utilisés. Cela est probablement dû à leur stabilité. Bien qu'ils s'agisse de portions de corniches de plans de frappe de nucléus, ils ont en effet les mêmes caractéristiques de solidité que les tranchants retouchés (angle du taillant de 80° en moyenne).

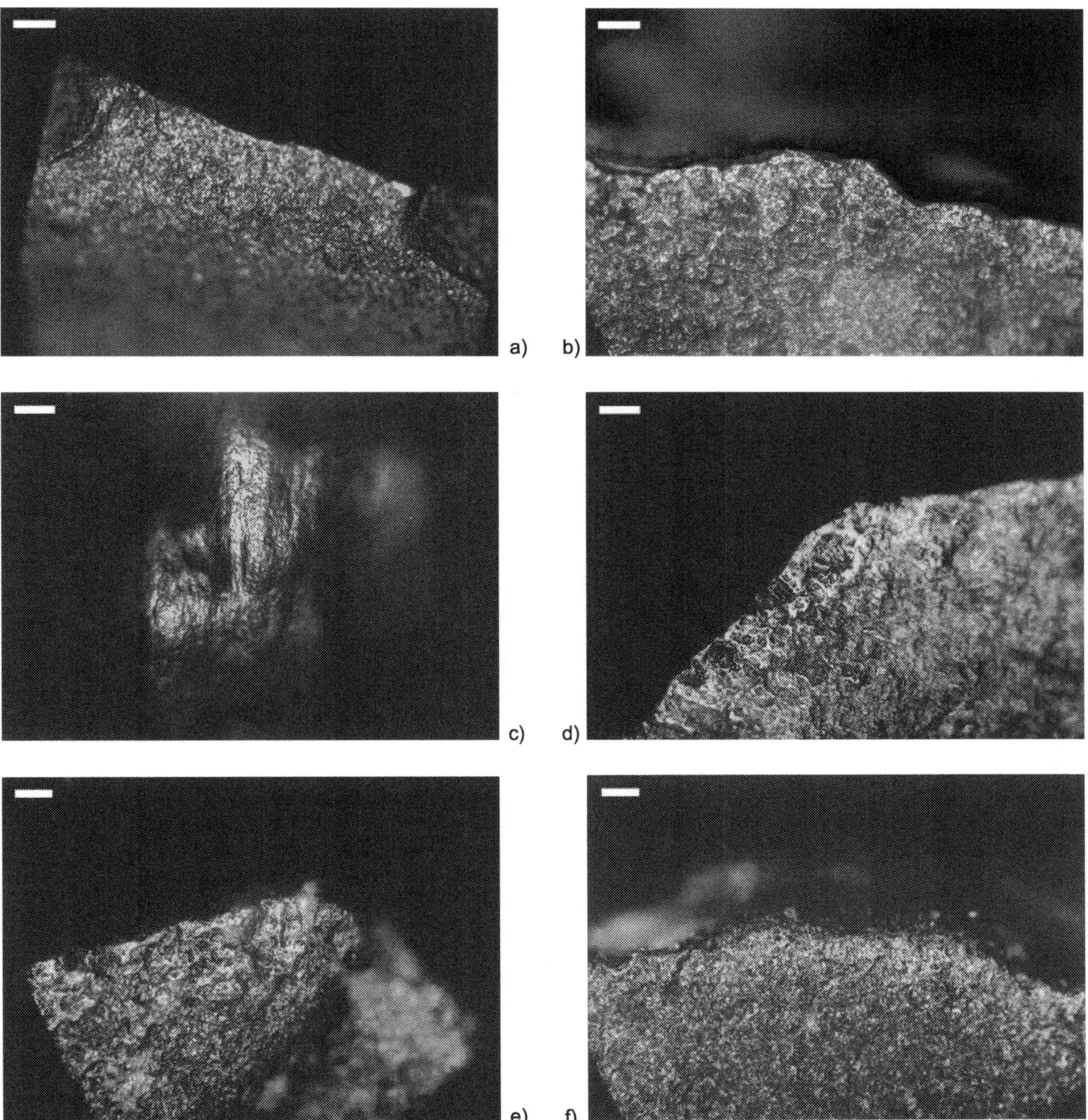

Fig.7 Photomicrographies de polis expérimentaux: (a-c) travail d'une peau à l'aide de répliques expérimentales d'outils de Grotta Breuil, a) exp.154 raclage en coupe positive d'une peau humide (200x), b) exp.156 raclage en coupe négative d'une peau humide (200x), c) exp.14 raclage en coupe négative d'une peau humide-sèche (200x); d) exp.256 polis développés lors de la réalisation de petites incisions (boutonnières) sur une peau écharnée, en appui sur un galet calcaire plat (150x), e) exp.265 nettoyage en coupe de la fleur d'une peau humidifiée à la cervelle (150x), f) exp.257 raclage en coupe négative de la fleur d'une peau après épilage, à l'aide de répliques expérimentales de pièces lithiques de La Combette (150x). Les échelles métriques correspondent à 50µ.

La combinaison de la distribution en fil ou en bande le long du tranchant et en scintillation, la texture rugueuse et grasse et les taches de polis à texture lisse et brillante (dans le cas où il y a eu un contact avec les os) est une combinaison caractéristique de l'activité de boucherie. Son identification sur certaines catégories de vestiges lithiques permet d'en tirer des conclusions applicables à un ensemble archéologique. Cette combinaison caractéristiques est en outre toujours associée à des bords tranchants faiblement émoussés ou pas du tout (à l'exception des zones émoussées par les taches de polis d'os).

L'expérimentation réalisée permet de distinguer les différentes étapes d'une activité de boucherie au niveau des macro- et micro-traces d'usage. Cette démonstration expérimentale nous permet d'affirmer qu'il est possible d'atteindre un niveau d'analyse aussi fin sur du matériel archéologique pourvu que celui-ci soit dans un état de conservation satisfaisante. L'analyse fonctionnelle réalisée à La Combette et à Grotta Breuil le démontrera (voir *le travail des matières animales* en *5.2.1.1*, *5.2.3.1*, *5.2.5.1* et en *6.3.1.2*, *6.3.2.2*).

	absent	léger	prononcé	indéterminé	total tranchants
boucherie (tissus charnus et os)	27	23	8	14	72
peau fraîche	9	6	5	_	20
peau humide	3	6	13	1	23
peau	2	1	_	_	3
peau seche	2	2	10	_	14
végétaux	_	1	2	_	3
bois	18	8	22	2	50
bois de cervidés	7	3	4	3	17
bois/bois de cervidés	_	_	1	_	1
coquille	_	_	2	_	2

Tableau 7 Emoussement du fil du bord actif des tranchants expérimentaux.

Comparée à une activité de décarnisation, la désarticulation des carcasses provoque toujours un contact plus intensif avec les cartilages et les os (bien qu'il s'agisse toujours d'un contact minimal) en développant plus de taches de polis d'os qu'une activité de décarnisation. La manière dont les polis se distribuent ainsi que l'aspect des enlèvements associés plus nombreux et plus larges (voir *3.1.2*), permettent de faire la distinction entre l'enlèvement des restes de tissus charnus par raclage des os et les actions en coupe véritables (voir *3.1.1*). Il ne peut pas être confondu avec le raclage du *periostium* qui produit des polis d'os aux caractéristiques très marquées. Le rapport étroit mis en évidence entre des enlèvements causés par une forte pression et des enlèvements réfléchis ou en gradin/avec charnière, ou droits (voir *3.1.2*) devrait en théorie permettre de distinguer un travail de boucherie effectué sur de petits herbivores ou sur des poissons. Néanmoins, il nous faudra effectuer d'autres expérimentations sur ce sujet pour vérifier si ce critère peut être un élément discriminant de l'activité de boucherie de différentes catégories d'animaux (grands mammifères, petits mammifères, poissons).

3.2 Le traitement de la peau

Une attention particulière a été donnée au travail de la peau car il constitue une part très importante du bilan fonctionnel ressortant de l'analyse des industries lithiques des sites archéologiques étudiés. Différentes étapes du traitement de la peau ont été reproduites expérimentalement (voir *appendice II* pour une liste des fonctions accomplies) pour vérifier si les traces qui se développent possèdent des caractéristiques propres telles que l'on puisse les reconnaître au niveau archéologique (voir la *discussion* à la fin de ce paragraphe)[9]. Parmi ces étapes, des traitements particuliers de la peau ont été exécutés (utilisation de la cendre de bois). Ils visent à la conservation d'un matériau périssable au cas ou le processus de tannage ne peut être effectué dans l'immédiat. Cette démarche expérimentale trouve sa justification dans la vérification de l'hypothèse selon laquelle les homme préhistoriques auraient eu dans certains cas à se déplacer rapidement d'un site à l'autre, sans avoir le temps de traiter complètement les peaux des proies abattues (voir *3.3.2* et *3.3.2.1*).

Différents types de peaux ont été travaillés expérimentalement: peaux de petits animaux (lapins, lièvre), d'herbivores domestiques de petite taille (chèvre) (*fig. 5b*) et celles d'herbivores de grande taille (cheval, vache). L'expérimentation a montré que la forte épaisseur du *corium* (partie intérieure de la peau au-dessous du *subcutis*) des animaux de plus grande taille nécessite un processus de tannage plus long. Un trempage et un malaxage insuffisants, suivis d'une phase d'assouplissage trop hâtive, provoquent en effet une agglutination des fibres. Ceci empêche l'obtention d'un produit final souple et pliable. Pendant nos expériences, nous avons ravivé à l'eau des peaux brièvement tannées qui, par conséquent, étaient restées raides après séchage. L'agglutination étant un processus irréversible, nous avons ainsi pu diminuer la raideur du produit final en le rendant utilisable bien qu'il n'ait jamais atteint une bonne flexibilité.

Pour résumer: nous dirons que le temps qu'il faut pour travailler différentes catégories de peaux et pour aboutir à un certain type de produit fini, varie considérablement. Ceci nous amène à réfléchir sur le temps que les hommes préhistoriques ont pu accorder à cette activité. Pour rendre la peau des petits animaux à fourrure (lièvre, lapin, petits carnivores) utilisable, il est nécessaire d'ôter le *subcutis* (couche de tissus charnus et de gras qui couvre le *corium* et qui est enlevée pendant la première étape du traitement de la peau, l'écharnage) qui est mince et d'assouplir légèrement leur *corium* très fin. Pour arriver à produire du cuir à partir de la peau d'un petit herbivore, qui n'a pas un *subcutis* et un *corium* très épais, deux jours sont nécessaires au déroulement du processus complet. Sa bonne exécution suppose qu'à des moments ou la peau est travaillée, succèdent de longs moments durant lesquels elle doit être obligatoirement laissée au repos (Plisson/Lemorini, in Texier 1994). Ce processus se déroule en une succession d'étapes à respecter de manière impérative pour arriver à un produit de qualité satisfaisante: à la première étape d'écharnage au silex, fait suite le rasage de l'épiderme, toujours au silex, le trempage et le malaxage à la cervelle, le corroyage au silex, le foulonnage et le palissonage au silex et à l'aide d'objets ligneux. Ce processus est basé sur des méthodes des Indiens américains, caractérisées par une série d'étapes plus simples que celles mises en oeuvre au cours des traitements de tannage artisanal des époques historiques (Plisson 1992). Pour les distinguer de ces derniers, on leur donne la définition de traitements de proto-tannage. Il sont aisément accomplis avec des moyens très rudimentaires. Des pièces lithiques ainsi que de simples objets ligneux (pour les étapes de foulonnage et de palissonage) sont seulement nécessaires, en utilisant des substances qui peuvent venir directement des animaux dont la peau a été écorchée (gras, cervelle, foie). Cette simplicité du travail, qui peut néanmoins donner des produits finis de bonne qualité (Plisson/Lemorini, in Texier 1994; Lemorini 1999), justifie l'hypothèse selon

9 Pour réaliser cette expérimentation je me suis inspirée de certaines expériences faites par d'autres chercheurs (Hayden 1990; Van Gjin 1990, 26-28; Van Gijn *comm. pers.*; Plisson 1992; Plisson *comm. pers.*) et de quelques descriptions ethnographiques des processus de proto-tannage (Hayden 1990).

laquelle des processus semblables ont pu être effectués pendant le Paléolithique.

3.2.1 L'écharnage

Vingt tranchants ont été utilisés pour cette activité. L'écharnage a été pratiqué aussi bien en coupe (onze cas) que par du raclage en coupe négative (six cas) et également avec un mélange des deux actions (deux cas). On constate ainsi que pour nettoyer soigneusement la peau des tissus charnus, il faut les enlever en coupe et, immédiatement après, ôter les petites fragments restant par une action de raclage. Commencer par le raclage de la peau nécessite beaucoup plus d'efforts et de temps. Pour étendre la peau écharnée sur un cadre, une action de perçage et des actions de coupe ont été effectuées pour créer des "boutonnières" où faire passer les lacets de tension. De petites incisions ont notamment été pratiquées en appuyant la peau écharnée sur un galet calcaire plat remplissant parfaitement son rôle de plan d'appui (*fig. 7d, fig. 9f;* voir aussi, pour une comparaison archéologique, *6.3.1.4, figs. 42d-e*).

Des angles de taillant variés ont été choisis en fonction du type d'action réalisée. Les tranchants utilisés en coupe ont des angles du taillant plutôt aigus (43% en moyenne). Ceux utilisés pour racler présentent au contraire des angles de taillant beaucoup plus ouverts (70% en moyenne).

Pour effectuer efficacement l'écharnage, il faut des tranchants à l'angle du taillant plutôt aigu, une morphologie en plan, convexe ou rectiligne, une morphologie en section plano-plane ou plano-concave de préférence et une morphologie en profil rectiligne de préférence.

3.2.1.1 Les micro-traces

Les polis développés lors de l'écharnage ont une texture (*tableau 2*) fondamentalement rugueuse (30%) ou bien rugueuse et à l'apparence grasse 20%). Le poli présente néanmoins une texture lisse (25%) dans un bon nombre de cas, liée au contact avec une peau qui commence a perdre du liquide.

Les polis sont peu contrastés, à l'exception de quelques cas se rapportant à une texture lisse. Leur brillance est bonne mais il y a aussi des cas où ces polis ont un aspect mat.

La topographie (*tableau 5*) est rare (25% des cas seulement). Ce défaut de topographie est probablement lié au développement limité de ces polis. Dans les quelques cas où on peut la distinguer, elle est bombée, et présente des micro-trous ou des cratères.

Le poli est essentiellement distribué (*tableau6*) en fil le long du tranchant (65%) bien qu'il y ait quelques cas de bande parallèle au bord et de scintillation, typique celle-ci du contact léger avec les tissus charnus (voir *3.1.1*). Il y a aussi un cas de bande située loin du bord comparable à ce que l'on obtient par raclage en coupe négative.

L'émoussé du fil du bord actif est généralement prononcé ou léger (55% du total) (*tableau 7*). C'est selon nous un bon critère de discrimination entre les polis produits pendant l'écharnage et ceux produits pendant une activité de boucherie où le fil du bord actif s'émousse moins facilement, à l'exception des cas où il y a eu contact avec l'os.

3.2.1.2 Les macro-traces

L'écharnage n'est pas souvent responsable d'enlèvements sur le fil du bord actif. Le peu de résistance de la matière travaillée ne crée pas en effet de pressions suffisamment fortes pour détacher des micro-éclats. Néanmoins, la présence de rares enlèvements peut être la conséquence de l'utilisation de nombreux tranchants retouchés.

	contiguë-réguliêre	contiguë-irréguliere	éspacée-reguliere	éspacée-irréguliere	superposée	contiguë-éspacée réguliere	contiguë-éspacée irréguliere	éspacée réguliere/superposée	indéterminée	total tranchants
boucherie (tissus charnus et os)	13	3	1	4	9	_	_	_	42	72
peau fraîche	6	1	_	_	_	_	_	_	13	20
peau humide	6	2	_	1	1	_	_	1	12	23
peau	1	_	_	_	_	_	1	_	2	3
peau seche	3	1	_	_	_	_	_	_	9	14
végétaux	_	1	_	_	_	_	_	_	2	3
bois	19	7	1	6	3	1	_	_	13	50
bois de cervidés	3	_	_	1	7	_	_	_	6	17
bois/bois de cervidés	1	_	_	_	_	_	_	__	_	1
coquille	_	_	_	1	1	_	_	_	_	2
pierre	_	_	_	_	1	_	_	_	_	1
Total tranchants	52	15	2	13	22	1	1	1	99	206

Tableau 8 Distribution des enlèvements expérimentaux.

La retouche donne en effet plus de résistance au fil du bord actif et diminue ainsi la possibilité du développement des macro-traces. De plus, la retouche limite la possibilité de lecture de ces stigmates d'usage. Elle constitue en effet un "bruit de fond" qui, dans certains cas, empêche la reconnaissance des enlèvements.

33% seulement des tranchants attribués à cette étape du traitement des peaux, montrent des enlèvements d'usage. Ceux-ci se rapportent toujours à des actions de coupe ou à des actions mixtes.

Ces enlèvements se placent aussi bien sur le bord en face ventrale que sur le bord en face dorsale. Ils sont alors la conséquence d'une action de coupe. Leur distribution est surtout "contiguè-régulière" (30%) (*tableau 8*) et leur morphologie (*tableau 9*) est surtout "fin-avec charnière" (15%). La morphologie "fin-avec charnière" s'accorde bien avec le travail d'une matière peu résistante. La morphologie droite souligne au contraire une pression plutôt forte sur le fil d'un bord actif trop aigu qui se casse en créant ce type d'enlèvements. La largeur de ces enlèvements est très faible (0.46mm en moyenne), témoignant ainsi du contact avec une matière peu résistante.

La direction des enlèvements a été reconnue en association avec la seule action de coupe. Il s'agit d'une direction diagonale, et, en particulier, diagonale dans un seul sens.

3.2.2 Le traitement après écharnage

Différentes étapes du processus de traitement de la peau ont été accomplies avec 40 tranchants. Le tannage a été réalisé en raclant de la graisse, de la cervelle ou de l'alun sur la fleur de la peau écharnée. De la peau humide a été assouplie ainsi que de la peau ravivée à l'eau après avoir été conservée quelques jours à l'aide d'une application de cendre. Des peaux, humides ou séchées puis ravivées à l'eau après avoir été préservées par un traitement préalable à la cendre, ont été épilées. Quelques actions de coupe et de perçage de peau sèche ont également été réalisées. Des peaux sèches ré-humidifiées à l'eau ont été épilées. Le traitement de la peau écharnée a été accompli à l'aide de tranchants à l'angle du taillant plutôt ouvert (70° en moyenne).

L'accomplissement des différentes étapes du traitement de la peau nécessite des morphologies de tranchant spécifiques et variées. En effet, pour épiler une peau ou pour la nettoyer soigneusement des restes des pellicules charnues, il faut employer des tranchants coupants avec une morphologie en plan convexe et une morphologie en section préférablement plano-concave. Au contraire, pour assouplir en raclage une peau humide ou sèche, il faut des tranchants à l'angle du taillant plutôt épais, à la morphologie en plan convexe et à la morphologie en section préférablement plano-convexe ou plano-plane.

3.2.2.1 Les micro-traces

La texture (*tableau 2*) des polis créés au cours du traitement de la peau après écharnage est parfois rugueuse, ou plutôt rugueuse et à l'apparence grasse ou encore rugueuse et mate (45% au total), plutôt que lisse, surtout lisse ou bien lisse et mate (50% au total). Il faut souligner que les polis à texture rugueuse sont liés au travail de la peau sèche sans adjonction d'aucun additif ou au travail d'une peau humide, qui a commencé son processus de séchage. Au contraire, le contact avec la face intérieure d'une peau traitée avec des additifs ou qui a été ravivée à l'eau, produit un poli lisse. Il faut ajouter que le contact avec la cendre produit un poli plutôt mat à l'apparence légèrement métallique, dont on n'a jamais retrouvé la correspondance au niveau archéologique. Il est évident que la présence de liquide ou de certaines substances

	fine-cône	fine-bending	fine-indéterminée	gradine-cône	gradin-bending	gradin-indéterminée	réfléchie-bending	réfléchie-indéterminée	droite	droite-bending	fine/gradin-bending	fine/gradin-indéterminée	gradin/réfléchie-bending	réfléchie-cône/bending	fine/droite-bending	gradin/réfléchie-indéterminée	diverses	indéterminée	total tranchants
boucherie	_	5	1	1	5	1	1	1	4	1	3	_	1	1	_	5	_	42	72
peau fraîche	_	3	_	_	1	_	_	1	1	_	_	_	_	_	_	_	_	14	20
peau humide	_	2	2	1	1	1	_	_	2	_	1	_	_	_	_	_	1	12	23
peau	_	_	_	_	_	_	_	_	1	_	_	_	_	_	_	_	_	2	3
peau seche	1	_	_	_	1	_	_	_	2	_	_	1	_	_	_	_	_	9	14
végétaux	_	_	_	_	1	_	_	_	_	_	_	_	_	_	_	_	_	2	3
bois	_	4	2	1	4	5	2	3	2	3	2	1	2	_	1	3	_	15	50
bois cervid.	_	1	_	_	1	1	2	1	_	_	1	1	1	_	_	1	1	6	17
bois/b.cervid.	1	_	_	_	_	_	_	_	_	_	_	_	_	_	_	_	_	_	1
coquille	_	1	_	_	_	_	_	_	_	_	1	_	_	_	_	_	_	_	2
pierre	_	_	_	_	1	_	_	_	_	_	_	_	_	_	_	_	_	_	1
Total tranch.	2	16	5	3	15	8	5	6	12	4	8	3	4	1	1	9	2	102	206

Tableau 9 Morphologie des enlèvements expérimentaux.

lubrifiantes joue un rôle très important dans la formation d'une texture lisse (voir à ce propos, *3.4.1* et *3.5.1*). Le contraste du poli est assez bon, aussi bien dans le cas de polis lisses que dans celui de polis rugueux. C'est en revanche, la brillance qui diffère. Le poli à texture lisse est brillant à très brillant, tandis que le poli à texture rugueuse est souvent mat.

Une topographie présentant des cratères (*tableau 5*) (28%) est le cas le plus fréquent. Cette topographie est étroitement associée à une texture de poli rugueuse. Ces deux caractéristiques se rapportent au travail de la peau sèche. Au contraire, le poli qui se développe lors du travail d'une peau avec des additifs ou de la peau ravivée à l'eau, présente, dans un bon nombre de cas, une topographie associée à des micro-trous, et comme nous l'avons déjà signalé, à une texture lisse. Les stries sont très rares (cinq cas seulement). La distribution du poli (*tableau 6*) est surtout en fil le long du tranchant ou en bande parallèle au bord. Il y a aussi un bon nombre de cas de distribution en bande loin du bord, liée surtout au raclage en coupe positive qui met une plus grande portion du tranchant en contact avec la matière travaillée.

L'émoussé du fil du bord actif est un caractère dominant (58%) des tranchants qui ont travaillé la peau non fraîche. 77% des tranchants présentent, pour la plupart, un émoussé très évolué essentiellement en relation avec des mouvements transversaux du raclage.

Au niveau des micro-traces d'usage, il est possible de faire quelques distinctions entre les différentes étapes du traitement de la peau (voir à ce propos les considérations faites par d'autres auteurs, discutées en Hayden 1990, 94). Ainsi nous avons pu reconnaître sur le matériel archéologique, les principales étapes du traitement de la peau (voir à ce propos, *le travail de la peau* en *5.2.1.1*, *5.2.3.1*, *5.2.3.1* et *6.3.1.3*, *6.3.2.3*). Même si leur distinction dans le détail n'est pas envisageable, il est cependant possible de reconnaître le traitement de la peau humide (en cours de séchage), de celui de la peau sèche, ou de celui de la peau ravivée à l'eau, ce qui permet de vérifier si des processus très grossiers ont étés employés (nettoyage du *subcutis* uniquement, *stage 1* décrit en Hayden 1990) ou bien si des processus plus élaborés ont été mis en oeuvre. La combinaison entre la texture et la topographie est plutôt un caractère distinctif de certains états de cette matière. L'écharnage des tissus charnus produit un polis à texture rugueuse (surtout rugueuse et grasse), ne produit pas de topographie distincte, et est associé a un faible ou assez bon émoussé du fil du bord actif. L'ablation des tissus charnus au moment où la peau a commencé à sécher (peau dans un état humide) produit un polis à texture lisse dépourvu de topographie et associé à un émoussé assez bon ou fort. On obtient le même résultat lorsque l'on ajoute, à la peau humide, des agents de tannage comme, par exemple, de la cervelle ou de la graisse, ou lorsque l'on travaille de la peau sèche ravivée à l'eau. Lorsque la peau est travaillée sans adjonction d'additif et qu'elle se trouve dans un état de séchage avancé ou bien lorsqu'elle est tout à fait sèche, le poli qui se développe a une texture rugueuse, une topographie très caractéristique avec des cratères, tandis que le fil du bord actif présente un fort émoussé.

3.2.2.2 Les macro-traces

Le traitement de la peau après écharnage provoque rarement la production d'enlèvements d'utilisation (42% des cas seulement). Ce résultat pourrait avoir été influencé par le fait que beaucoup de tranchants utilisés sont retouchés (voir *3.3.1.2* pour une discussion de cette évidence négative). Dans les cas où des enlèvements ont été observés, leur position sur le fil du bord actif est surtout dorsale ou ventrale. La distribution (*tableau 8*) de ces enlèvements est majoritairement "contigüe-régulière". Leur morphologie (*tableau 9*) présente des terminaisons aussi bien fines qu'en gradin tandis que leur partie initiale est variée. Il y a aussi quelques cas de morphologie droite. La largeur des enlèvements observés est de 0.64mm en moyenne et, en particulier, en ce qui concerne les actions transversales de 1mm pour la peau humide et 0.9mm pour la peau sèche.

Leur direction aussi bien en ce qui concerne les actions transversales que longitudinales est diagonale, et surtout, diagonale dans les deux sens.

Selon les données de cette expérimentation, les enlèvements d'usage ne semblent pas être un caractère distinctif d'une activité de traitement de la peau aussi bien pendant l'écharnage que pendant le traitement qui lui fait suite. Cette absence de caractère macroscopique est inversement proportionnel au fort degré d'émoussé du fil du bord actif qui est au contraire un indice important de cette activité (à ce propos voir aussi les considérations de Van Gijn 1990, 28).

Ces résultats suggèrent que la combinaison entre le manque d'enlèvements et la présence d'un émoussé assez évident peut être un bon témoignage du travail de la peau. Sur le plan archéologique, il apparaît donc, que même dans le cas où l'analyse des micro-traces est impossible, on peut avoir de bonnes présomptions du travail de cette matière en évaluant la combinaison entre enlèvements et émoussé.

3.3 Le travail du bois

50 tranchants ont été employés au travail expérimental du bois. Une grande diversité d'actions a été accomplie dans ce domaine. Ces actions ont pu être effectuées par les hommes préhistoriques pour créer des objets simples ou pour exploiter les propriétés particulières de certains bois ou, encore, pour collecter des branchages. Ainsi avons nous effectué des raclages en coupe négative et positive, du rainurage, du perçage, du rabotage, de la coupe et du sciage en utilisant différents types de bois (voir *appendice II*). Ceux-ci pouvaient faire partie de la végétation adaptée au climat tempéré froid présente aussi bien à La Combette qu'à Grotta Breuil, du moins pendant les phases finales de sa fréquentation. Du bois a été écorcé: l'écorce pouvait être utilisée pour confectionner des objets, des médicaments ou des agents de tannage. Des bâtons à fouir ont été préparés ainsi que des manches et des piquets pour étendre et travailler la peau. Les manches ont été faits en certaines variétés de bois dont nous avons un

témoignage archéologique de l'utilisation (Egloff 1987). Il s'agit de bois plutôt tendres et très élastiques que l'on peut travailler aisément aussi bien frais que trempé à l'eau, mais après séchage (Iovino *comm. pers.*).

Le bois a donc été travaillé frais, sec mais surtout après trempage. Ainsi avons nous pu vérifier qu'il est presque impossible de travailler du bois compact et dur après séchage. On doit au contraire nécessairement le travailler frais ou après trempage. Il faut néanmoins souligner que les pièces lithiques ne peuvent pas rivaliser avec des outils en métal comme ceux qui sont utilisés par les menuisiers actuels et qu'ils ne sont pas particulièrement fonctionnels pour traiter des bois durs même s'ils sont travaillés frais. Pendant l'expérimentation, nous n'avons pas toujours pu traiter du bois frais. Aussi l'avons nous trempé pour en faciliter le travail. Le trempage lui redonne plus au moins les mêmes caractéristiques de douceur et d'élasticité que celles du bois frais. Il faut cependant répéter plusieurs fois cette opération au cours du travail car, même après un long trempage, l'eau n'est absorbée que par les couches superficielles du bois.

3.3.1 Les micro-traces

Une grande partie des polis développés par le travail du bois ont une texture (*tableau 2*) lisse (64%) étroitement liée aux actions de coupe et de rabotage. Les autres polis liés à cette activité sont au contraire, rugueux, ou particulièrement rugueux et gras, ou encore rugueux et mat et généralement en relation avec des actions transversales. Si l'on observe la combinaison entre la texture et l'état dans lequel le bois a été travaillé, on remarque que le bois frais et le bois sec présentent une texture aussi bien rugueuse que lisse. Nous pensons que c'est probablement la consistance du bois et son contenu en eau qui détermine la texture. Le bois blanc par exemple, tend à développer sur les silex, un poli à texture lisse (*fig. 6c*) contrairement à des bois plus résistants.

En revanche, le bois trempé, aussi bien tendre que résistant, développe presque toujours une texture lisse (*figs. 6a-b*). Cette donnée laisse supposer que c'est le surplus d'eau présent dans les couches ligneuses enlevées pendant le travail, qui provoque le développement de cette texture. Elle est donc surestimée par rapport à la texture qui se crée pendant le travail du bois frais ou sec. Par conséquent, on peut supposer qu'au niveau archéologique, on retrouvera moins de polis de bois à texture lisse, pour la simple raison que les hommes préhistoriques pouvaient facilement se procurer du bois frais ou humide à travailler. A Grotta Breuil en particulier, les données de l'analyse fonctionnelle ont notamment mis en évidence qu'un nombre élevé de polis de bois avaient une texture rugueuse.

En ce qui concerne le contraste et la brillance du poli, le poli à texture lisse est bien contrasté et brillant. A contrario, le poli à texture rugueuse est beaucoup moins contrasté et possède, dans 50% des cas, une brillance discrète ou mate. Cette dernière se rapporte à des polis rugueux et gras. Ajoutons à cela, que les polis à texture rugueuse sont moins développés que les polis à texture lisse. Cela fait supposer (voir à ce propos *3.5.1* pour des considérations pareilles à propos du poli du bois de cervidés) que le développement du poli et sa texture lisse est surtout en rapport étroit avec la quantité de liquide présent dans la matière travaillée.

La topographie (*tableau 5*) associée au poli du bois est surtout bombée (36%), mais on a aussi un assez bon nombre de cas de topographie présentant des micro-trous ou des stries étroites et profondes très semblables aux comètes. On peut également trouver ces morphologies en association, bombées et en micro-trous (*fig. 6a*) ou bombées avec des comètes. Notons enfin un pourcentage très réduit, et, donc, peu significatif, de topographies planes (*fig. 6b*).

Ajoutons que la topographie bombée est uniquement associée à la texture lisse tandis que la texture rugueuse est associée à une topographie à micro-trous ou à comètes. Par rapport à la texture lisse, la texture rugueuse présente un pourcentage élevé de polis ne possédant pas de topographie distincte. Cette donnée est à associer au faible développement du premier type de poli. En ce qui concerne le poli du bois tout au moins, la topographie n'est en effet évidente qu'à partir du moment ou le poli est assez bien développé.

Outre les stries en comète, d'autres stries sont associées aux polis de bois. 26 tranchants présentent cette évidence (stries en comète et d'autres morphologies de stries). Cela concerne 52% des tranchants, un pourcentage assez bon qui doit faire partie de l'ensemble des caractéristiques propres du polis de bois. Ce résultat diffère de ce que d'autres chercheurs ont observé au cours de leur expérimentation où peu de stries se sont développées. Etant donné qu'il n'y a pas de différences significatives de la matière travaillée, cette discordance pourrait être déterminée par le type de matière première utilisée pendant l'expérimentation (voir à ce propos les considérations faites à *3.5.1* pour les polis du bois de cervidés). Le grain différent du silex des pièces employées pourrait être l'une des causes qui détermine le degré élevé de variabilité des micro-traces du bois soulignée par plusieurs tracéologues et fortement remarquée au cours du *blind test* de Tubinga (Unrath *et alii* 1986). Pendant mon expérimentation, j'ai pu personnellement constater que des outils réalisés dans différentes variétés de silex (dans mon cas, il s'agissait d'un silex à grain fin, de la Plaine Pontine et d'un silex à grain moyen et grossier, venant de la Dordogne) produit des polis de bois aux caractéristiques très différentes. Si je n'avais pas fait d'expérimentations à ce sujet, j'aurais sûrement eu des difficultés à reconnaître ce polis, très semblable aux polis de peau produits avec des pièces en silex de la Plaine Pontine.

Le poli du bois se distribue (*tableau 6*) en bande parallèle au bord (28%) et en fil le long du tranchant (22%). Cette donnée montre que le bois ne crée pas un polis très étendu mais, se maintenant au contraire dans une zone toujours proche du fil du bord actif. Quelques cas de distribution en réseau ont été observés mais ils ne peuvent pas être considérés comme significatifs. Cette donnée confirme les remarques que d'autres chercheurs ont faites à propos du rapport entre la distribution en réseau et la structure de la matière première des pièces avec lesquelles ont été effectuées les expérimentations.

Le travail du bois trempé produit un émoussé prononcé du fil tranchant. Au contraire, le poli du bois frais peut produire un émoussé prononcé à assez prononcé (44% en total) tandis que celui du bois sec ne produit pas d'émoussé. Il faut ajouter que les tranchants avec lesquels des actions de coupe ont été effectuées, présentent principalement un émoussé prononcé, tandis que les tranchants avec lesquels des actions transversales aussi bien que du rabotage ont été accomplies, présentent différents degrés d'émoussé.

3.3.2 Les macro-traces

Les enlèvements produits pendant le travail du bois ont une distribution généralement localisée aussi bien sur le fil du tranchant en face dorsale que sur le fil du tranchant en face ventrale sans aucune préférence par rapport à l'action faite.

La distribution (*tableau 8*) est "contigüe-régulière" dans 38% des cas. On note également quelques cas de distribution "espacée-irregulière" et superposée. Contrairement aux autres distributions qui n'ont aucun rapport particulier avec l'action réalisée, la distribution superposée est uniquement associée au perçage et à la coupe.

Pour ce qui concerne la morphologie de ces enlèvements (*tableau 9*), ceux-ci ont une partie initiale surtout avec charnière (36%) (*fig. 8e*) tandis que leur terminaison est variable. Cette variabilité est due à la consistance variable des bois travaillé. En effet, le bois sec est associé à un plus grand pourcentage de terminaisons réfléchies tandis que le bois frais aussi bien que le bois trempé sont associés à des enlèvements à la terminaison en gradin ou fin.

La largeur de ces enlèvements (*tableau 10*) est plutôt importante (1.11mm en moyenne) probablement parce qu'elle est due à un contact avec une matière résistante qui a exercé une forte pression le long du fil du bord actif, ce qui a provoqué l'ablation de macro-traces envahissantes. Plus particulièrement, les enlèvements associés à des actions de coupe et d'amincissement sont les moins larges (respectivement, 0.68mm et 0.61mm en moyenne). Les actions de raclage et de rainurage génèrent au contraire des macro-traces plutôt envahissantes (1.36mm en moyenne). Enfin, le perçage provoque des enlèvements les plus larges dans l'absolu (1.8mm en moyenne).

La direction des enlèvements est surtout perpendiculaire, en association à des actions transversales. Les actions mixtes sont aussi bien perpendiculaires que diagonales, dans un sens et dans les deux sens. Les actions longitudinales présentent quelques enlèvements de direction perpendiculaire, bien que la plupart d'entre eux soit diagonale, surtout dans un sens.

3.4 Le travail du bois de cervidés

Pour parler de mon expérience, il ne m'a jamais été possible de travailler cette matière immédiatement après la chute des andouillers ou immédiatement après l'abattage ou la mort d'un animal. J'ai toujours utilisé des morceaux d'andouillers secs fréquemment trempées dans l'eau avant et au cours de l'expérimentation. D'autres chercheurs ont constaté que le trempage permet de mieux travailler le bois de cervidé (Van Gijn 1990, 33). Néanmoins, un aspect négatif de ce processus, dont j'ai pris conscience au cours de cette expérimentation, est la nécessité d'humidifier continuellement le bois pour en maintenir l'état optimal. Son séchage est très rapide car l'eau ne pénètre seulement que sur une épaisseur de quelques dixièmes de millimètre tandis que la partie intérieure n'absorbe pas le liquide. Pour lui redonner de la souplesse il faut s'interrompre fréquemment ce qui ralenti considérablement le travail. L'expérimentation effectuée avec du bois de cervidé sec a montré que son travail ne présente pas de différences notables par rapport à celui du bois trempé. En effet, en utilisant des tranchants suffisamment robustes, nous avons pu effectuer, de façon optimale aussi bien du raclage en coupe positive que du rainurage de cette matière qui n'est pas trop dure pour être travaillée (à l'exception, peut-être du bois de cervidés très vieux qui n'a pas été utilisé pendant mes expérimentations).

Dix-sept tranchants ont été utilisés pour accomplir des actions qui ont contribué à la création d'objets. Il s'agit d'actions de perçage, de raclage en coupe négative et positive, d'actions de sciage et de rainurage. Cette dernière action a été finalisée par l'obtention d'aiguilles.

Vu la résistance de la matière travaillée, des tranchants à l'angle de taillant plutôt fort ont été utilisés. Les angles du taillant les plus aigus ont été ceux utilisés pour des actions longitudinales (47° en moyenne) tandis que pour les actions

	actions longitudinales	actions transversales	actions mixtes	perçage
boucherie (tissus charnus et os)	0.39mm	0.98mm	0.58mm	_
peau fraîche	0.46mm	_	_	_
peau humide	0.45mm	1mm	_	0.1mm
peau seche	_	0.9mm	_	0.75mm
bois	0.68mm	1.36mm	0.62mm	1.8mm

Tableau 10 Largeur en mm. des enlèvements expérimentaux.

transversales et les actions mixtes, le travail a été effectué avec des tranchants à l'angle du taillant atteignant des valeurs moyennes respectives de 62° et 65°.

3.4.1 Les micro-traces

On peut faire une distinction nette entre les traces produites lors du travail du bois de cervidés trempé à l'eau et celui du bois de cervidés travaillé sec. En effet, la texture (*tableau 2*) des polis développés lors du travail de la matière trempée est surtout lisse (*figs. 8b-c*) tandis que la texture des polis développés lors du travail du bois sec est rugueuse. La présence et l'absence de l'eau joue un rôle fondamental dans la formation de ces deux types de texture. La diminution du liquide semble provoquer un passage progressif à la texture rugueuse. On l'a constaté en observant les traces développées sur deux tranchants ayant travaillé du bois trempé une seule fois au début de l'expérimentation. A la fin du travail, on a obtenu une texture rugueuse qui témoigne de la perte d'eau pendant l'expérimentation.

La texture pourrait donc être liée au temps de travail et la texture rugueuse serait en particulier associée a un travail

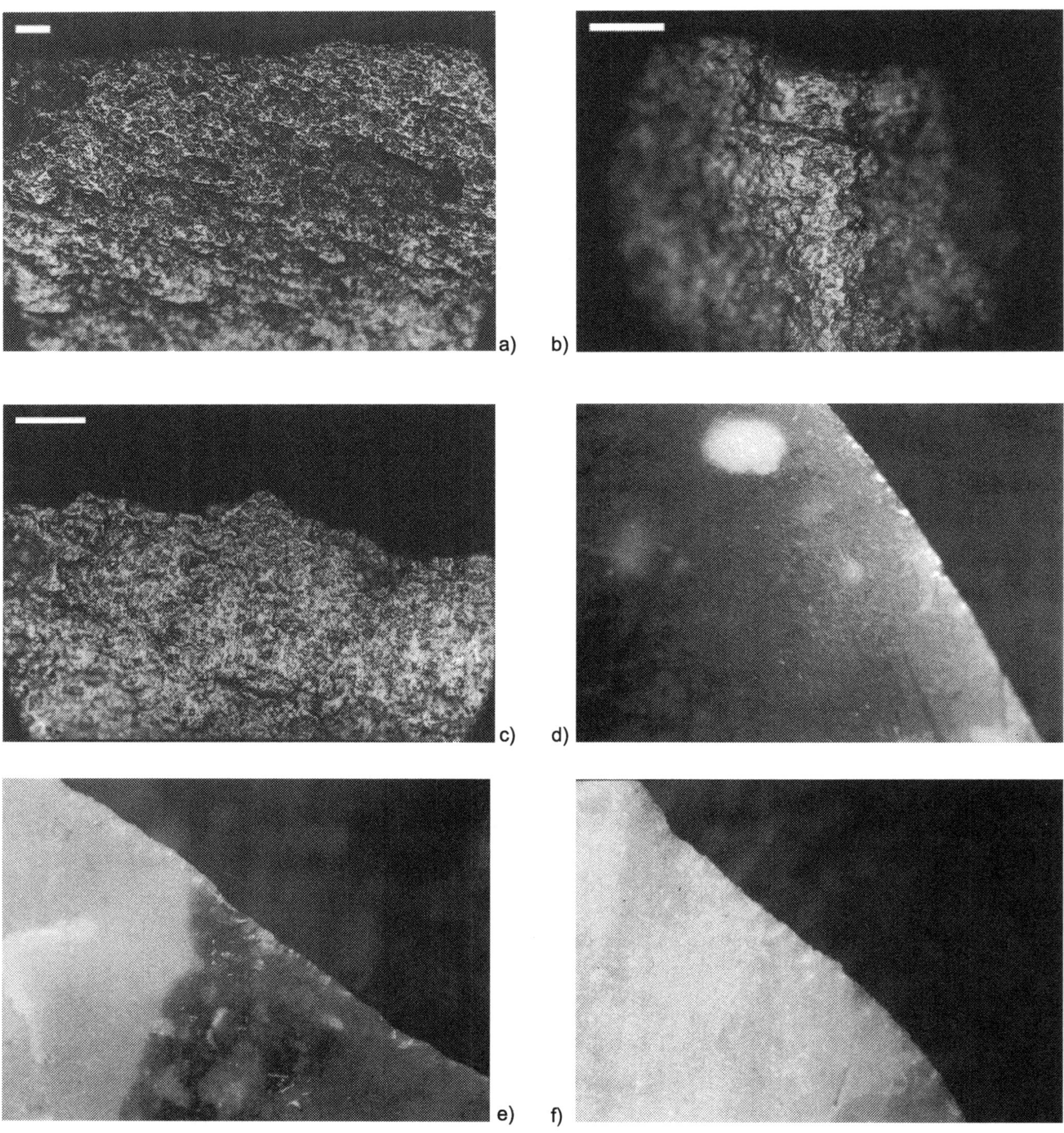

Fig.8 Photomicrographies de polis expérimentaux: a) exp.70 coupe des plantes siliceuses et (b-c) travail d'un bois de cervidé (150x), b) exp.138 sciage (300x), c) exp.141 sciage et rainurage (300x). Les échelles métriques correspondent à 50µ. Photomicrographies d'enlèvements expérimentaux: d) exp.70 travail de matières tendres (grossissement 4.3), e) exp.94 travail de matières semi-dures (grossissement 36), f) exp.93 travail des matières dures (grossissement 2.75).

bref et, par conséquent, à un poli peu développé. Il a ainsi pu être mis en évidence, aussi bien pour des actions effectuées en quelques minutes que pour des actions prolongées pendant plus d'une heure, que la texture est lisse si le bois de cervidés est trempé, ou rugueuse si le bois est sec. Il faut cependant remarquer que le poli associé au bois trempé se développe différemment selon le temps de travail tandis que le poli associé au travail du bois sec est toujours peu développé. Pour cette matière donc, la présence de l'eau est importante non seulement par rapport à la morphologie de la texture mais par rapport à son développement.

D'autres caractéristiques distinguent ces deux polis, ce sont le contraste et la brillance. Le poli du bois trempé en même temps que lisse est, dans la plupart des cas, bien contrasté et brillant. Au contraire, le poli rugueux est peu contrasté et souvent mat.

La distinction entre la texture associée aux actions transversales et celle associée aux actions longitudinales, observée par Keeley, n'a pas été confirmée par cette expérimentation qui n'a démontré aucune relation apparente entre la texture du poli dû au travail du bois de cervidé et le mouvement fait (voir, à ce propos, Van Gijn 1990, 35).

Dans la plupart des cas, le poli créé en travaillant le bois de cervidés trempé, possède une topographie distincte (*tableau 5*) tandis que plus rarement, le poli lié au bois de cervidé sec a une topographie appréciable. Cette considération souligne ainsi le fait que la topographie est étroitement liée au degré de développement du poli. La topographie est majoritairement plane (29%), parfois associée à des stries courtes et étroites très semblables à des comètes. Dans un cas seulement une topographie plane est associée à des micro-trous. On note également quelques cas où le poli est ondulé et toujours associé à de petites stries. D'autres chercheurs ont observé des caractéristiques légèrement différentes, aussi bien en ce qui concerne le type de topographie que la présence ou l'absence des stries (voir à ce propos, Van Gjin 1990, 35). Les différences de qualité des silex avec lesquels ces expérimentations ont été effectuées a pu influencer le développement des caractéristiques distinctes de ce poli.

Outre les comètes, le poli de bois de cervidés peut également être associé à des stries. 41% des tranchants portant des polis créés par le travail du bois de cervidé présentent des stries. C'est un pourcentage important qui diffère de manière significative des résultats obtenus par d'autres chercheurs (voir Van Gijn 1990, 35). Dans ce cas aussi, on pourrait supposer un rapport entre le développement des stries et le type de matière première utilisée pour la confection des supports des pièces expérimentales. Le poli produit avec le bois de cervidés ne s'étend pas beaucoup à l'intérieur du fil du tranchant. En effet, sa distribution (*tableau 6*), même dans les cas où du raclage en coupe positive a été réalisé, arrive rarement à être une bande située loin du bord du fil tranchant. Elle se maintient en effet en bande parallèle près du bord du fil tranchant ou en fil le long du tranchant (47% en total). Cela signifie que la matière travaillée est résistante et qu'elle ne permet pas une forte pénétration du tranchant.

Dans la moitié des cas environ, l'émoussé du bord actif n'a pas eu lieu. Il faut ajouter que l'absence d'émoussé est étroitement liée au développement des enlèvements d'usage. Emportant le fil du bord actif, ils ne permettent plus un contact suffisamment prolongé avec la même portion du tranchant qui s'émousse donc difficilement. Les tranchants présentant un faible émoussé ou un émoussé un peu plus fort, ont eu en majorité un contact avec du bois de cervidés trempé. Cette donnée pourrait indiquer qu'outre la friction entre le fil du bord actif et la matière travaillée, la présence ou l'absence d'eau peut aussi influer sur le développement de ce paramètre.

3.4.2 Les macro-traces

Les enlèvements d'usage associés au travail du bois de cervidés ont une distribution (*tableau 8*) qui varie peu. On note essentiellement une distribution superposée (41%), suivie par quelques cas de distribution "contigüe-régulière" et par un seul cas de distribution "espacée-régulière", liée à une action de sciage. Il n'y a aucune corrélation préférentielle entre la distribution et le type de mouvement effectué. La présence d'un nombre consistant d'enlèvements superposés est probablement liée à la résistance de la matière travaillée qui a causé le développement de nombreux enlèvements.

La position de ces enlèvements est en face ventrale et dorsale bien que dans un certain nombre de cas les enlèvements ne sont distribués que sur le fil du bord actif en face dorsale.

La terminaison des enlèvements (*tableau 9*) qui, dans la plupart des cas, est en gradin (35%) et réfléchie (29%) atteste de la résistance du bois de cervidé. Les rares terminaisons fines, qui soulignent le contact avec de la matière plus tendre, sont toujours en association avec du bois trempé et avec des actions de sciage ou mixtes (rainurage et sciage).

La largeur des enlèvements (*tableau 10*) provoqués par le travail du bois de cervidé est très élevée, conséquence de la forte pression exercée par ce matériel sur le tranchant utilisé. Des macro-traces très envahissantes ont ainsi été détachées. Elles mesurent 1.34mm en moyenne. Les enlèvements associés aux actions mixtes (0.87mm en moyenne) sont les plus petits. Ils sont suivis par les enlèvements liés au rainurage (1.41mm en moyenne) et au raclage (1.50mm en moyenne). Enfin, ceux associés à la coupe et au sciage sont les plus larges (1.75mm en moyenne). Il faut ajouter que les enlèvements se rapportant au travail du bois de cervidé sec ont une largeur plus grande (1.41mm en moyenne) que ceux associés au travail du bois du cervidé trempé (0.64mm en moyenne). Ceci est évidemment dû au fait que cette matière séchée exerce une pression plus forte sur le fil du bord actif comparée à la pression exercée par le bois de cervidés trempé qui a moins de consistance.

En ce qui concerne les actions mixtes, la direction des enlèvements est variée. Les actions longitudinales sont diagonales dans les deux sens tandis que les actions transversales sont perpendiculaires. Le perçage est associé aux enlèvements perpendiculaires ou diagonales.

3.5 La préhension

Parmi les pièces qui ont été utilisées avec une manuelle directe (115 cas), quinze (13%) présentent des traces produites par le frottement des doigts sur leur surface. La plupart de ces pièces ont été utilisées pour travailler des matières animales pendant des activités de boucherie ou du traitement de la peau. Les particules de ces matières, restant collées à la surface des pièces et aux doigts de l'utilisateur facilitent probablement la création des traces de préhension.

Le pourcentage assez élevé de traces causées par la prise manuelle directe confirme les résultats d'autres chercheurs (Owen *et alii* 1989). Ces résultats réfutent l'idée préconçue de certains chercheurs selon laquelle ce type de préhension n'est pas reconnaissable parce qu'elle développerait des traces trop faibles et dépourvues de caractéristiques propres. L'expérimentation a démontré que les traces du frottement des doigts sont vraiment distinctives. De plus, leur développement assez évident permettrait de les distinguer au niveau archéologique sur des pièces à la surface suffisamment conservée (voir, à ce propos, *5.2.1.4*; *5.2.3.4*, *5.2.5.4*).

En quelques cas, la préhension a été effectuée en plaçant entre la main et l'outil, un enrobage de peau (neuf cas). A mon avis, l'addition de cet enrobage n'améliore pas l'efficacité de l'outil. Dans certains cas, elle paraît même la diminuer car elle le fait encore plus glisser dans la main. La présence d'un enrobage favorise évidemment le développement des traces de préhension: dans deux cas (22%), des indices du contact avec la peau des doigts ont été observés.

Des activités variées (voir *appendice II*) ont été faites à l'aide de simples manches en bois (24 cas). Les pièces ont été introduites par pression dans les manches et, éventuellement, fixées par des liens de cuir. Une colle obtenue en mélangeant de la résine de pin avec de la cire d'abeilles a été utilisée dans quelques cas pour fixer les pièces utilisées. Certaines actions ont également été réalisées en utilisant de simples manches "en pince" (*figs. 9d-e*) (Anderson-Gerfaud/Helmer 1987; Vuillemey 1987; morini 1993). Etant donné qu'aucun contact avec le bois et aucune friction n'ont eu lieu pendant l'usage, les outils emmanchés avec de l'adhésif ne présentent aucune trace. Les mêmes observations ont été faites par d'autres auteurs (Anderson-Gerfaud/Helmer 1987).

Les emmanchements sans adhésif ont produit de petites traces à six reprises (25%). Le manche en bois avec des liens de cuir a notamment développé des traces dues au frottement léger entre les liens de cuir et le support introduit (un cas), tandis que dans un autre cas se sont développées des traces dues au contact avec le bois.

Un manche en bois de cervidé a été utilisé à une seule reprise. Un outil de silex y a été fixé pour assouplir de la peau sèche. Cette pièce fut introduite par pression dans le manche sans ajout de lacet ou d'adhésif. L'outil était fonctionnel, même s'il a bougé légèrement mais continuellement dans son manche. Cela a provoqué la création d'enlèvements localisés le long de la zone de contact entre la pièce et le manche. C'est l'unique cas de notre expérimentation où il s'avère que des enlèvements sont la conséquence de l'emmanchement. Leur distribution se distingue de celle des enlèvements développés pendant l'utilisation d'un tranchant. C'est une distribution "en petite encoche" de quelques millimètres de diamètre qui pourra être un indice de la présence d'un manche.

3.5.1 Les micro-traces et les macro-traces

Les polis développés par la friction des doigts (*figs. 9a-b*) sur la surface de la pièce ont une texture (*tableau 3*) surtout rugueuse ou rugueuse et grasse bien qu'il y ait quelques cas de texture lisse. Les polis se rapportant au contact avec un enrobage de peau sont rugueux et ont aussi une apparence grasse. Cette texture a un bon contraste. Elle n'est pas brillante, à l'exception de la texture lisse qui, dans quelques cas, est très brillante. Ces polis ont une topographie (*tableau 4*) plane mais il y a aussi des cas ou la topographie présente des micro-trous, et des comètes. Des stries différentes de celles des comètes ont été aussi observées. La direction du poli varie. Elle peut être parallèle, perpendiculaire, ou tout à fait aléatoire, probablement en raison de petits changements de position de la pièce pendant le travail. La distribution du poli est surtout en taches isolées. Dans les cas où les doigts appuient sur un bord, le poli peut également avoir une distribution en fil ou bande parallèle au bord du tranchant.

Les polis développés par la friction des manches en bois sont aussi bien lisses que rugueux (*tableau 3*). Ils ne présentent cependant presque jamais une texture rugueuse et grasse. De plus, l'unique cas de ce genre est attribuable au contact avec les liens de cuir plutôt qu'au contact avec le bois. Le contraste de ces polis est assez évident ou fort. Seul le poli à texture lisse possède une brillance tandis qu'il est mat dans tous les autres cas. La topographie (*tableau 4*) est plane ou en micro-trous mais il y aussi un cas où des comètes se sont développées. D'autres stries ont été observées associées à deux autres polis. Le poli n'a de direction fixe. Cette caractéristique du poli pourrait être rapportée aux mouvements de la pièce qu'aucune colle ne fixe dans son manche. Sa distribution se divise en taches de polis - plus petites que celles produites par la préhension à la main - et en fil le long du tranchant. Les distributions sont associées, respectivement, au poli qui se développe à l'intérieur de la surface de la pièce et au poli causé par la friction du manche avec les bords de la pièce.

Il faut remarquer que l'examen des deux outils emmanchés "en pince" montre qu'ils ont développé deux types de polis différents. Sur les zones de la surface où le contact a été le plus fort, la texture est lisse, très brillante et à topographie plane (*fig. 9c*), tandis que sur les zone où les traces sont moins développées, le poli est rugueux ou lisse, mat, et la topographie n'est pas plane.

Pour résumer, les polis causés par la préhension à la main et par la préhension avec un manche en bois, où la pièce bouge légèrement, sont très semblables. Quelques caractéristiques peuvent cependant permettre de les distinguer. Le poli provoqué par la prise manuelle a généralement une texture plus souvent rugueuse et grasse ainsi qu'une distribution en taches dispersées le long de la surface de prise. Inversement,

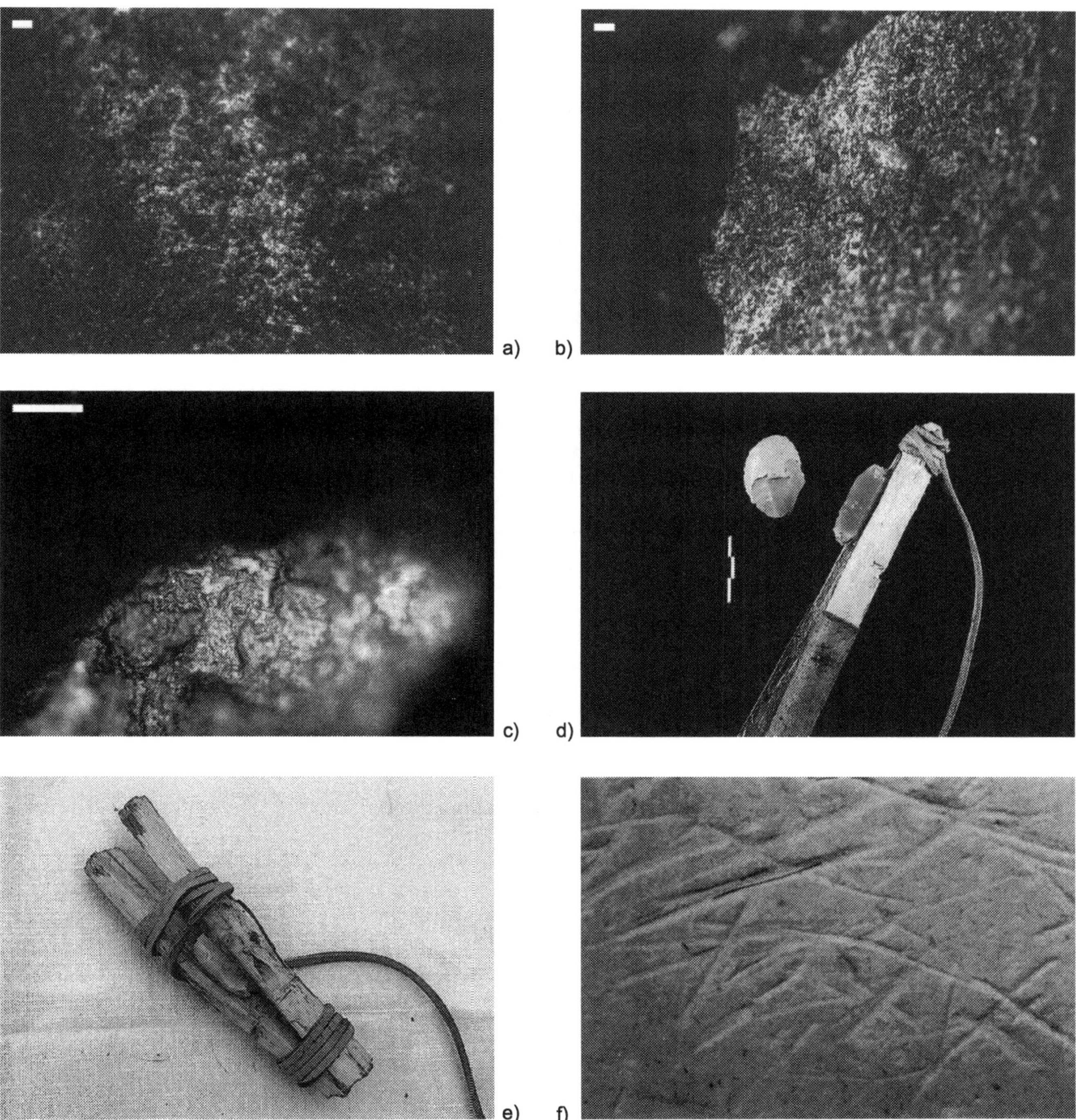

Fig.9 Photomicrographies de polis expérimentaux: a) exp.172 (100x) et b) exp.173 préhension manuelle directe; contact des doigts avec la surface de la pièce utilisée (100x), c) exp.162 préhension par manche interposé; contact entre un manche «en pince» et la surface emmanchée (300x); (d-e) exemples d'emmanchements expérimentaux «en pince», f) stries produites sur la face plate d'un galet calcaire par la partie pointue d'un éclat expérimental utilisé pour pratiquer de petites incisions (boutonnières) dans une peau fraîche, en appui sur le galet.

les taches provoquées par un manche sont plus isolées et localisées car elles se rapportent évidemment uniquement à certaines zones où la friction manche-pièce a été la plus intense. L'utilisation du manche peut également être déduite par la présence diffuse d'un poli sur les pointes saillantes - les crêtes, le bulbe - de la pièce qui est de surcroît, l'objet d'un fort émoussé. Ces caractéristiques, liées aux emmanchements sans adhésif, sont confirmées par les résultats que d'autres chercheurs ont obtenu en faisant des expérimentations aussi bien avec des "pinces" que par fixation de la pièce sur le manche au moyen de liens où d'enrobages (Anderson-Gerfaud/Helmer 1987).

L'unique cas d'emmanchement au bois de cervidés a produit des polis différant de ceux obtenus par la friction avec les manches en bois. Il s'agit d'un poli à texture rugueuse et grasse, peu contrastée mais très brillante. Sa topographie est en micro-trous. Le poli se distribue en taches à direction perpendiculaire. En ce qui concerne les enlèvements provoqués par le frottement de la pièce contre son manche, ils sont très localisés. Ils forment une petite encoche de quelques millimètres de diamètre, à morphologie "fin-avec charnière" dont la largeur est d'environ 0.4mm. Le développement de ces macro-traces par rapport à la présence d'un manche doit être considéré comme une exception à la règle parce qu'aucun enlèvement n'a été produit dans tous les autres cas où un léger frottement s'est vérifié.

3.6 Conclusions

L'importance de l'expérimentation comme base méthodologique de l'analyse fonctionnelle a été confirmée encore une fois par ce travail. Ce sont avant tout les caractéristiques du poli par rapport aux types de silex utilisés qui ont été mises en lumière (voir, en particulier, *3.4.1* et *3.5.1*). Cette évaluation est fondamentale si l'on ne veut pas prendre le risque de faire des fautes d'interprétation en utilisant les mêmes paramètres de distinction des polis pour toutes sortes de matières premières (le silex, dans le cas présent). L'expérimentation a également montré que des distinctions peuvent être effectuées entre les traces se rapportant à différentes étapes d'une même activité. En ce qui concerne la boucherie, il a été possible de souligner, par une activité expérimentale très méticuleuse, les caractéristiques propres de la désarticulation et de la décarnisation, du nettoyage des os des tissus charnus et du *periostium* (voir *3.1* et, en particulier, la *discussion*). En ce qui concerne le traitement de la peau, il a été possible de vérifier qu'il y avait des différences significatives entre l'écharnage, le travail de la peau humide, de la peau sèche et de la peau ravivée à l'eau (voir *3.2* et, en particulier, la *discussion*), ce qui vient confirmer les observations faites par d'autres chercheurs au cours de leurs propres expérimentations. Ces distinctions ont été reconnues au niveau archéologique et ont permis d'en tirer des déductions fonctionnelles de toute première importance pour l'interprétation du comportement de l'Homme de Néandertal aussi bien à Grotta Breuil qu'à La Combette où ces deux activités ont tenu un rôle prioritaire.

Enfin, en utilisant des répliques expérimentales des pièces archéologiques, il a été possible de tirer des conclusions très importantes quant à leur pouvoir fonctionnel. Il s'agit d'un autre aspect qui rend l'expérimentation indispensable pour effectuer l'analyse fonctionnelle d'une industrie lithique. En reproduisant moi même les différentes activités, j'ai pu apprécier le potentiel des tranchants des petits outils de Grotta Breuil et le comparer à celui des grands tranchants des pièces de La Combette (voir, en particulier, *3.1*) et dans certains cas, j'ai pu évaluer avec précision, les limites fonctionnelles des pièces et le moyen de les surmonter (voir, en particulier les expériences de désarticulation décrites en *3.1*). On ne peut donc pas se passer de l'expérimentation dans ce domaine. Elle est en effet bien plus qu'une base méthodologique pour reconnaître les traces d'utilisation. L'expérimentation est le moyen fondamental pour arriver à comprendre le comportement fonctionnel des hommes préhistoriques et à distinguer de façon plus précise leurs gestes et leurs enchaînements.

4 LES PROCESSUS D'ALTÉRATION DES INDUSTRIES LITHIQUES

4.1 Introduction

Ce chapitre propose aussi bien un panorama des phénomènes d'altération des industries lithiques du Paléolithique moyen ayant fait jusqu'à présent l'objet d'une analyse tracéologique, qu'une description précise des phénomènes d'altération intéressant le gisement de Grotta Breuil. Outre la description de différentes situations que les chercheurs ont rencontrées, ce panorama vise à souligner le degré d'attention qu'ils ont porté à ce sujet et à indiquer si ce phénomène a été pris en considération au moment de l'évaluation des données fonctionnelles obtenues.

Comme on pourra le voir, la question du degré et du type d'altération des industries étudiées a souvent été traitée de façon plutôt superficielle et, évasive par la plupart des auteurs. A mon avis une description détaillée du niveau de conservation des industries lithiques traitées et des altérations qui éventuellement les affectent, est au contraire particulièrement importante. Cette description permet en effet de juger ce qui s'est passé après le dépôt des pièces et d'estimer le niveau de fiabilité des déductions fonctionnelles qui ont été faites. C'est pour cela ce sujet a été abordé couche par couche, dans l'étude des ensembles lithiques de Grotta Breuil ayant fait l'objet d'une analyse tracéologique.

4.2 Les phénomènes d'altération

De nombreux travaux ont été publiés décrivant les altérations des industries en silex et cherchant à identifier leurs causes et leur façon d'agir sur la structure du silex pour la modifier (Levi-Sala 1986, 1988, 1993; Plisson/Mauger 1988; Prost 1988; Rottländer 1975*a, b*; Stapert 1976) il n'est donc pas nécessaire d'aborder dans le détail les résultats de ces travaux.

Nous proposons ci-dessous, une synthèse des caractéristiques des phénomènes d'altération qui se présentent le plus souvent dans les dépôts archéologiques, de leurs causes possibles et de leurs dynamiques de développement.

4.2.1 *White patina, bluish patina* et d'autres phénomènes de dissolution de la surface du silex

La *white patina* et la *bluish patina* se manifestent à l'oeil nu comme une pellicule blanchâtre ou bleuâtre qui n'intéresse au commencement que les crêtes et les bords de la pièce mais qui s'étend à toute sa surface quand elle se développe. Dans ce dernier cas, la patine peut se manifester comme un voile légèrement transparent mais dans les cas les plus graves elle peut évoluer en une espèce de "peinture" blanche opaque cachant complètement la couleur originelle de la pièce.

A l'observation microscopique, la surface affectée par cette patine révèle un processus de dissolution. Elle perd progressivement son apparence homogène et plate en se modifiant en une surface présentant un nombre croissant de creux et de trous de dissolution qui la rendent rugueuse et causent une dispersion de la lumière réfléchie, responsable de l'apparence blanchâtre ou bleuâtre de la pièce.

Ce phénomène d'altération a toujours été reproduit en laboratoire en utilisant des solutions chimiques alcalines mais il a été observé sur des pièces archéologiques venant aussi bien de sédiments alcalins que de sédiments acides (Stapert 1976, 12). Il s'agit donc d'une altération qui a des causes chimiques se rapportant à la présence de solutions basiques ou acides circulant dans le sédiment (solifluxion, percolation de l'eau etc.).

Le voile blanchâtre se forme en particulier lorsque l'industrie est exposée aux rayons du soleil pendant un certain temps (Stapert 1976). On peut citer comme exemple le gisement de Barbas (Dordogne) où des phénomènes d'érosion du dépôt ont mis au jour temporairement l'industrie lithique acheuléenne de la couche C'3 et ont provoqué l'évolution d'un voile blanchâtre sur la face des pièces exposées à la lumière (Boëda 1994).

Ce type de patine, même dans les cas les moins développés, change si dramatiquement la microstructure de la surface des pièces qu'aucun micro-polis ne peut survivre à son attaque. Les pièces montrant cette altération sont toujours rejetées *a priori* par les tracéologues parce que leur potentiel fonctionnel est nul, exception faite des cas où se sont également développées des ébréchures d'usages.

Les séries du gisement du Belvédère (Pays Bas) (voir *4.3*) ont été affectées par une dissolution de la surface du silex comparable à celle produite par la *white patina*, bien qu'elle ne présente pas le voile blanchâtre ou bleuâtre caractéristique mais un changement de couleur qui passe du gris au beige. La dissolution a également détruit la plupart des polis d'usage, ce qui a réduit dans des proportions considérables le potentiel fonctionnel de cette industrie (Van Gijn 1989).

4.2.2 *Glossy appearence*

Lorsque cette altération atteint un degré de développement remarquable elle devient visible à l'oeil nu sous forme d'une sorte de "peinture" très brillante de la surface des pièces. Quand son degré de développement est inférieur, elle ne peut pas être distinguée facilement à l'oeil nu mais à l'observation microscopique elle se révèle par une forte luminosité qui peut intéresser toute la surface de la pièce ou seulement quelques-unes de ses parties. Quand il s'agit des bords de la pièce, elle peut donner la fausse impression que des polis d'usage sont présents (Van Gijn 1990, 53).

Selon les auteurs, cette altération est attribuée à des causes chimiques (dans ce cas on utilise la définition de *glossy patina*) ou mécaniques (dans ce cas on utilise la définition de *soil sheen*) sans définir s'il s'agit de phénomènes distincts mais de même apparence, ou s'il s'agit du même phénomène dont les causes possibles sont évaluées séparément. Nous préférons donc proposer (à la suite de Van Gijn) une définition générique de *glossy appearence* soulignant seulement son aspect et ne portant pas de jugement implicite sur la cause du phénomène observé.

L'observation au microscope électronique à balayage montre que la surface des pièces ayant subi ce type d'altérations possède un aspect plat et homogène. Selon de nombreux auteurs, cela est dû au remplissage de ses zones déprimées par des *silica* dérivant de la dissolution chimique des parties élevées de la surface ou apportés par l'eau pénétrant dans le sédiment (Röttlander 1975*a, b*; Stapert 1976). Des observations faites sur des silex archéologiques et sur les caractéristiques chimiques des sédiments où elles ont été plongées, paraissent suggérer qu'un milieu acide favorise la formation de cette patine.

Une cause mécanique a aussi été proposée pour expliquer l'évolution de cette surface lumineuse. Levi-Sala (Levi-Sala 1986), Plisson et Mauger (Plisson/Mauger 1988) ont réussi a reproduire ce type d'altération sur la surface de pièces ayant subit un mouvement prolongé dans des sédiments imbibés d'eau. Même si les mouvements provoqués artificiellement dans un laboratoire sont toute autre chose que ceux que les pièces archéologiques ont éventuellement subit, il paraît néanmoins vraisemblable que des phénomènes d'abrasion associés à des phénomènes d'altération chimique, puissent avoir produit la *glossy appearence* sur des industries lithiques archéologiques.

Cette patine cache complètement toute sorte de polis quand elle est très évoluée. Néanmoins, selon certains auteurs (Plisson/Mauger 1988) il est toujours préférable de vérifier la présence de polis éventuels sur les pièces présentant une surface faiblement altérée. D'autres chercheurs sont plus intransigeants et jugent inutilisables les pièces affectées par cette altération qui selon eux, détruirait les vrais polis en en reproduisant d'autres pouvant être confondus avec des traces d'usage.

4.2.3 *Friction gloss* ou *bright spots*

Il s'agit de taches de polis très lumineuses, à la texture homogène et à la topographie généralement plate pouvant se développer sur n'importe quelle partie de la surface d'une pièce, aussi bien à l'intérieur que sur les bords. Ces polis peuvent aussi présenter une topographie ondulée et avoir l'apparence des polis très développées du bois ou des végétaux (Levi-Sala 1986, 231, *ph. b*). A notre avis, ce dernier type de *friction gloss* peut être presque toujours reconnu sans risque d'une fausse interprétation fonctionnelle. En effet, comme les autres *bright spots,* il peut se situer dans des zones "fonctionnellement anomales" de la pièce, car il est très souvent associé aux *bright spots* plats qui signalent clairement la présence d'altérations, et car il a toujours une distribution en tache différant de la distribution des vraies polis d'usage.

Selon les données expérimentales de Levi-Sala (Levi-Sala 1988, 241), ces *friction gloss* paraissent avoir été produites, en présence d'eau, par un frottement silex contre silex et, plus généralement, silex contre une autre pierre dure. Il s'agirait donc de la conséquence d'une abrasion mécanique ayant lieu quand les pièces se déplacent dans le sédiment ou pendant des phénomènes de piétinement. L'évaluation des *friction gloss* comme des phénomènes d'altération mécanique paraît concorder avec les observations que nous avons faites en étudiant certains gisements paléolithiques français. En effet, la présence assez importante de ces *friction gloss,* à topographie aussi bien plane que bombée, sur les industries lithiques que nous avons analysées - qui viennent de la couche acheuléenne C'3 de Barbas (Dordogne, France) et du gisement du Paléolithique moyen de l'abri du Musée (Dordogne, France) - est toujours associée à une abrasion importante de la surface des pièces.

Outre l'hypothèse du frottement, les *frictions gloss* pourraient être la conséquence du dépôt secondaire localisé des *silica* présents en solution dans le sédiment (Stapert 1976). Il a également été démontré expérimentalement (Moss 1987), que le frottement localisé entre une pièce et son manche peut être à l'origine de la production de *bright spots* qui, peuvent donc acquérir une signification fonctionnelle dans des cas très particuliers.

4.2.4 Les enlèvements d'altération

Les enlèvements d'altération peuvent être provoqués par des impacts contre des surface dures (d'autres silex ou d'autres pierre dures) ou par le piétinement (Flenniken/Haggerty 1979; Prost 1988; Stapert 1976) ou encore par des phénomènes de compression des sédiments où elles se trouvaient. Les premiers sont facilement identifiables car ils sont généralement isolés et ont une morphologie surtout droite (*snap*) ou réfléchie (*hinge*) (Hayden 1979). Au contraire, selon de nombreux chercheurs, plus liés cependant à une tradition de *high-power approach* et qui connaissent beaucoup moins le *low-power approach*, les seconds peuvent avoir d'étroites similitudes avec des enlèvements d'utilisation. Notre expérience nous permet cependant d'affirmer qu'elles ont rarement une aussi grande régularité, aussi bien en morphologie qu'en distribution, que celle présentée par les enlèvements d'utilisation. Les enlèvements naturels se distribuent tout au long du périmètre des pièces qu'ils affectent et se trouvent surtout sur les bords les plus fragiles auxquels ils donnent un aspect caractéristique "grignoté". De plus, ils sont souvent associés à de petites encoches (environ un centimètre de diamètre) qui sont elles-aussi des indices de piétinement (Prost 1988).

Dans un cas seulement nous avons observé des enlèvements très semblables à de petites retouches que nous avons reproduites expérimentalement en nettoyant à l'eau des éclats dans un tamis métallique où elles étaient mélangées à du sédiment et à des pierres. Cet exemple est l'occasion pour rappeler que plus que les agents post-dépositionnels, c'est le nettoyage au tamis métallique qui peut induire le plus de problèmes de "pollution" des enlèvements d'usage en compromettant sérieusement leur potentiel informatif.

4.2.5 Les phénomènes d'abrasion

Les expériences de laboratoire ont démontré que le mouvement des pièces dans des sédiments où la fraction sablonneuse est importante, effacent complètement les polis les plus résistants aux attaques chimiques comme ceux produits par le contact avec l'os (Levi-Sala, 1986, 1988; Plisson/Mauger, 1988). Les surfaces des pièces qui ont subi ce traitement peuvent évoluer de la *glossy appearence* mais peuvent également, avoir un aspect apparemment frais. Nous avons probablement rencontré des cas d'altération identiques lors de l'analyse de l'industrie de deux sites de la Dordogne, un site en plein air cryoturbé, Barbas (Boëda 1994) et un abri sous roche, l'abri du Musée (Bourguignon 1992). Dans les deux cas, les pièces paraissaient bien conservées - néanmoins, des *friction gloss* étaient présents - mais il ne subsistait que quelques restes de polis essentiellement à l'intérieur des retouches. Tous ces indices nous ont amené à supposer que des phénomènes d'abrasion ont effacé les polis d'usage qui ont été préservés dans les recoins le plus protégés tels que dans le creux des retouches. Les mouvements de ces pièces dans des sédiments riches en fraction sableuse ainsi que le passage des eaux dans ces sédiments, dont les particules en suspension ont elles-aussi un effet abrasif, peuvent avoir contribué de façon importante à la production de ces phénomènes d'effacement du polis (Levi-Sala 1986).

4.3 Les altérations des industries lithiques des gisements du Paléolithique moyen

Les industries lithiques anciennes qui ont été exposées pendant la longue période de leur enfouissement, présentent toujours des altérations des surfaces.

Ces industries peuvent avoir subi des processus de désilicification causés par des solutions chimiques circulant dans le sédiment (Texier 1974), ou encore, évoluer une *glossy appearence* ou une *white patina* comme conséquence de l'attaque par les agents chimiques présents en solution dans le dépôt. Dans d'autres cas, le mouvement des pièces dans des sédiments particulièrement abrasifs, tels que ceux dont la fraction sableuse est élevée, ou bien lors du contact continuel avec les particules abrasives en suspension dans l'eau qui circule dans le sédiment, peut aboutir à une abrasion mécanique de leur surface qui, dans les cas les plus graves, efface les traces d'usage sans montrer d'altération visible à l'oeil nu. Les études fonctionnelles effectuées jusqu'à présent sur des industries lithiques du Paléolithique moyen ont dû presque toujours aborder le problème des altérations plus ou moins évoluées de leur surface. Ce n'est que très rarement que des assemblages très peu altérés peuvent être étudiés. C'est le cas notamment de deux sites en plein air du Nord de la France, Biâche-Saint Vast et Riéncourt-lès-Bapaume (Beyries 1988, 1993). Dans tous les autres cas, les phénomènes d'altération ont été simplement signalés bien qu'une discussion précise des types d'altérations observées dans l'industrie étudiée ne soit pratiquement jamais été abordée, à l'exception du gisement du Belvédère (Van Gijn 1989).

En ce qui concerne les recherches effectuées sur les sites de l'Est européen, le décompte des pièces impropres à l'analyse, donc, vraisemblablement altérées, est souvent donné même si les types d'altération identifiés ne sont jamais discutés. Néanmoins ce manque de précision pourrait être simplement dû au fait que ces données sont présentées comme des synthèses de travaux plus complets où une discussion plus spécifique de ce thème pourrait avoir été abordée.

Les échantillons lithiques des assemblages venant des sites moustériens de la Plaine Russe, du Caucase et de la Crimée (Plisson 1988, 1993) étudiés fonctionnellement, présentent à l'observations microscopique un pourcentage toujours supérieur à 40% de pièces altérées. Ces industries comptent également une quantité variable de pièces dont la surface est apparemment fraîche mais qui ne montrent pas de traces d'usage.

Dans les industries où un grand nombre de pièces altérées est visible à l'oeil nu, dans l'industrie de la grotte Sakaja et dans l'industrie de la grotte de Monach où elles dépassent 75% de l'ensemble lithique par exemple, la présence du travail du bois est prépondérante (respectivement 55% et 75% des traces identifiées). Dans tous les autres cas où l'altération est moins importante, la présence d'un éventail de matières travaillées - bois, peau, os, bois de cervidé - est attestée dans la plupart des cas.

De même, le travail de différentes matières a pu être identifié dans les gisements européens et levantins où l'altération a légèrement attaqué les pièces, comme pour l'industrie de La Cotte de Saint Brelade (Frame 1986), de l'abri de La Combette (Lemorini, en Texier 1994) et des grottes du Mont Carmel[10] (Shea 1993). C'est également le cas des gisements où l'industrie est bien préservée, comme pour les échantillons de l'industrie de Riencourt-lès-Baupaume et de Biâche-Saint Vaast analysés fonctionnellement.

Le travail du bois domine en revanche, dans tous les cas où une forte altération de l'industrie est présente. Il s'agit de tous les sites français qui ont fait l'objet de la thèse de Beyries (Beyries 1987) et de la thèse de Anderson (Anderson-Gerfaud 1981).

Pour Pech de l'Azé I et II et pour Corbiac une évaluation quantitative des altérations observées n'a pas été faite. Un pourcentage élevé de pièces rejetées a seulement été signalé (*a priori* ou après examen au microscope?) pour leur très mauvais état de conservation. Il est par contre, possible de déterminer le degré d'altération caractérisant les industries analysées des autres sites.

Dans tous les sites étudiés par Beyries on note toujours qu'une bonne quantité de pièces ont été écartées de l'analyse après une première observation à l'oeil nu, car présentant dans la plupart des cas, de la *white patina* et dans un seul cas, à Corbehem, de la *glossy appearence.* Le pourcentage des pièces altérées peut atteindre 90% de l'industrie et ne descend pas en dessous de 50%, à l'exception de la série du site de Marillac qui est apparemment mieux conservée. Après cette sélection *a priori,* l'ensemble de l'industrie restante, qui ne représente donc plus qu'une partie minimale de l'ensemble étudié, montre aussi bien des pièces présentant des traces d'usage que des pièces totalement dépourvues de traces. Ces résultats qui se basent sur l'analyse d'une très petite partie de l'industrie lithique se rapprochent de la faible représentativité fonctionnelle des résultats obtenus pour la grotte Sakajia et pour la grotte de Monach. Dans ce cas de figure et comme pour les sites étudiés par Anderson, le type de matière identifiée dont le pourcentage le plus élevé est toujours le bois.

Le rapport étroit entre des industries très altérées et une certaine présence du travail du bois fait soupçonner - comme a souligné Beyries à propos du degré de représentativité fonctionnelle des industries anciennes (Beyries 1991) - que les phénomènes d'altération pourraient être tenus pour responsables de la surestimation du travail de ce type de matière. Ce soupçon est aussi renforcé par le fait que d'après les données expérimentales intéressant les processus d'altération (Plisson/Mauger 1988), le bois n'est pas l'une des matières les plus résistantes aux attaques des agents d'altérations. Par conséquent sa présence importante dans un contexte altéré est une donnée ambiguè, à utiliser avec prudence.

Un autre contexte du Paléolithique moyen où l'altération de l'industrie lithique a été très importante, est celui du Bélvèdere (Pays Bas) (Van Gijn, 1989, 1990). Sur les 182 pièces dont la surface était apparemment bien conservée à l'oeil nu, seules 55 se sont révélées suffisamment fraîches à l'observation microscopique. Les pièces restantes avaient subit un processus d'altération qui, certaines fois, était encore en cours et visible à l'observation microscopique. Parmi les pièces à la surface bien conservée, seules sept d'entre-elles présentaient des traces d'usage diagnostiques. Le type d'altération qui paraît toucher la plupart des pièces de cette industrie est une sorte de *greasy lustre* qui dans son état moins développé est limité aux bords et aux crêtes des pièces et dans son état plus évolué est répandu sur toute leur surface. Cette altération crée aussi une dissolution comparable à celle qui est normalement observée sur une surface affectée par la *white patina.* L'auteur de cette recherche a justement fait preuve de prudence en soulignant que lorsque le *greasy lustre* en est à son commencement, il est très comparable au poli laissé par le travail de la peau fraîche. Par conséquent, il faut toujours tenir compte des distorsions possibles que dans chaque contexte, les agents d'altération peuvent introduire dans les données fonctionnelles, particulièrement quand un pourcentage important des pièces présente le même type de traces.

Le même auteur suggère qu'une abrasion mécanique provoquée par les petits mouvements des pièces dans les sédiments sableux du gisement, pourrait être l'une des causes du *greasy lustre* tandis que, des agents chimiques expliqueraient mieux le phénomène de la dissolution de surface. Ces agents chimiques pourraient avoir pour origine les solutions alcalines dont la présence est attestées par le PH des sédiments du gisement. Une information particulièrement intéressante pouvant expliquer comment débute le processus de dissolution du silex a été obtenue lors de la fouille d'une des unités lithostratigraphiques du gisement, l'unité IV-C site K. Au moment de leur dégagement, les pièces de cette unité apparaissaient tout à fait fraîches, aussi bien à l'oeil nu qu'à l'observation microscopique. Le processus d'altération débutait au bout de quelques minutes seulement, et se manifestait par un changement de couleur. La surface de la pièce devenant noir-bleuâtre à jaune-brunâtre. A l'observation microscopique cette surface présentait des trous et des creux indiquant qu'une dissolution avait eu lieu. Le processus d'altération pouvait être arrêté si la pièce était maintenue mouillée et protégée de la lumière. Cela a fait supposer que la déshydratation associée à l'exposition aux rayons du soleil amorçaient les phénomènes de dissolution.

Cette inventaire des phénomènes d'altération touchant les industries lithiques du Paléolithique moyen n'a pas pu nous permettre d'établir un bilan quantitativement précis des altérations présentes dans les industries étudiées. Il ne nous est malheureusement pas possible de disposer d'une description qualitative des types d'altération affectant les industries de cette période, pour la bonne raison que les auteurs de leur étude n'ont abordé le sujet que de manière très superficielle.

10 Les grottes du Mont Carmel, dont les industries lithiques du Paléolithique moyen ont fait l'objet de l'étude fonctionnelle de Shea sont: les unités 9-13 de la grotte de Kebara, les unités 1, 2; 9 de la grotte de Tabun, le niveau E de la grotte de Hayonim, les unités 15, "1a-24" du "vestibule" de la grotte de Qafzeh, le niveau C de l'abri de Tor Faray.

La description détaillée des altérations est au contraire selon nous, un aspect très important de l'analyse tracéologique de tous les sites de n'importe quelle époque et plus particulièrement, des sites se rapportant aux périodes les plus anciennes, les plus affectés par les attaques des agents d'altération. Dans le cas où un pourcentage très élevé du travail d'une seule matière a été identifié, on pourrait ainsi toujours exercer une sorte de contrôle sur la validité des résultats fonctionnels obtenus. Une description précise et une bonne statistique pourraient également permettre d'évaluer les types d'altérations qui se développent dans des contextes différents tels que les sites en grotte, en abri, ou en plein air.

4.4 Les phénomènes d'altération à Grotta Breuil

4.4.1 Introduction

En ce qui concerne le gisement de Grotta Breuil, l'état de conservation de toutes les pièces des couches étudiées satisfaisant aux critères de sélection (*chapitre 2*) a été ponctuellement décrit.

Sur un total de 1.264 pièces aux *PUA*, 295 (23%) ont été rejetées *a priori* en raison de leur degré élevé d'altération, appréciable à l'oeil nu (*tableau 11*). L'observation microscopique a cependant permis de retenir 659 (68%) pièces sur lesquelles les altérations présentaient généralement un degré de développement faible à moyen permettant un certain niveau de lecture des polis (*tableau 12*). L'industrie de la couche XX, la plus ancienne, est celle qui a subi les altération les plus fortes qui ont beaucoup limité la lecture des micro-traces.

D'une manière générale, les patines les plus fréquentes sont aussi bien la *glossy appearence* (*figs. 10a-b*) qu'une patine provoquant une dissolution de la surface des pièces semblable à celle produite par la *white patina* (*fig. 10c*) qui ne peut pratiquement être identifiée que par observation microscopique. La surface touchée par cette altération est apparemment bien conservée (une légère augmentation de sa porosité est visible dans quelques cas rares) tandis qu'elle est caractérisée à l'observation microscopique par des trous et des creux témoignant d'une dissolution qui ne paraît pas avoir toujours eu le même développement. Une estimation qualitative de la présence des trous et des creux a permis de distinguer trois degrés de développement, faible, moyen et fort. Dans quelques cas, associée à une micro surface fortement altérée, une ligne de *white patina* se présente sur le périmètre et sur les crêtes des pièces. Cette ligne témoigne d'un premier degré de développement de la patine dont le commencement pourrait être en rapport avec le degré élevé de dissolution de leur surface. L'hypothèse selon laquelle la dissolution, évaluable seulement à l'aide du microscope, est le "préambule" de la *white patina* visible à l'oeil nu, pourrait être étalée par le fait que, dans l'unité K du Belvédère IV (Van Gijn 1989), le changement de couleur de la surface des pièces (processus de *white patination*) se manifeste après qu'un processus de dissolution de la micro-surface ait eu lieu.

Dans l'industrie de Grotta Breuil, il y a aussi, mais très rarement, des cas où la *white patina* se développe sur toute la surface de la pièce. Dans ces cas ainsi que dans les cas où la *white patina* commence seulement à se développer, ces supports ont été rejetés *a priori* car leur degré élevé d'altération rendait impossible une lecture de tout poli et leur bords, rendus fragiles par l'altération, ne se prêtaient pas d'enlèvements d'usage à l'analyse. Inversement, l'observation microscopique des pièces présentant une altération faible ou moyenne, a permis d'identifier des polis d'usage diagnostiques car le processus de dissolution n'en était que dans sa phase initiale et n'avait modifié que très légèrement la structure de la surface de ces pièces. Il faut cependant remarquer que cette altération peut avoir affecté la visibilité des traces les plus faibles, par exemple celles produites par le contact avec des tissus charnus ou par une utilisation très brève des pièces, alors beaucoup plus sensibles aux effets des altérations.

En ce qui concerne la *glossy appearence,* les cas les plus développés sont détectables à l'oeil nu car ils présentent une sorte de pellicule brillante visible sur la surface des pièces concernées présentant de surcroît un certain émoussé des bords et des crêtes. Même dans ces cas-ci les pièces ont été rejetées *a priori* à l'exception de celles présentant des enlèvements diagnostiques d'une utilisation. Dans tout les autres cas, les pièces altérées par la *glossy appearence* ont été identifiées sous le microscope. Elles présentent alors toutes une surface très plate et brillante. Nous n'avons relevé aucun cas où certaines zones seulement avaient été touchées par la patine. Cette altération peut avoir différents degrés de

	couche XX	%	couche 6	%	couche 3	%
fort brulée-craquelée	8	63%	57	93%	47	48%
glossy appearence fort développée	51	37%	_	_	21	22%
white patina fort developpée	_	_	_	_	14	15%
enlevements non intentionnels	_	_	4	7%	7	7%
polis non intentionnels	_	_	_	_	8	8%
total PUA	137	100%	61	100%	97	100%

Tableau 11 *PUA* rejetés *a prori* à cause de leur altération, évaluable à l'oeil nu.

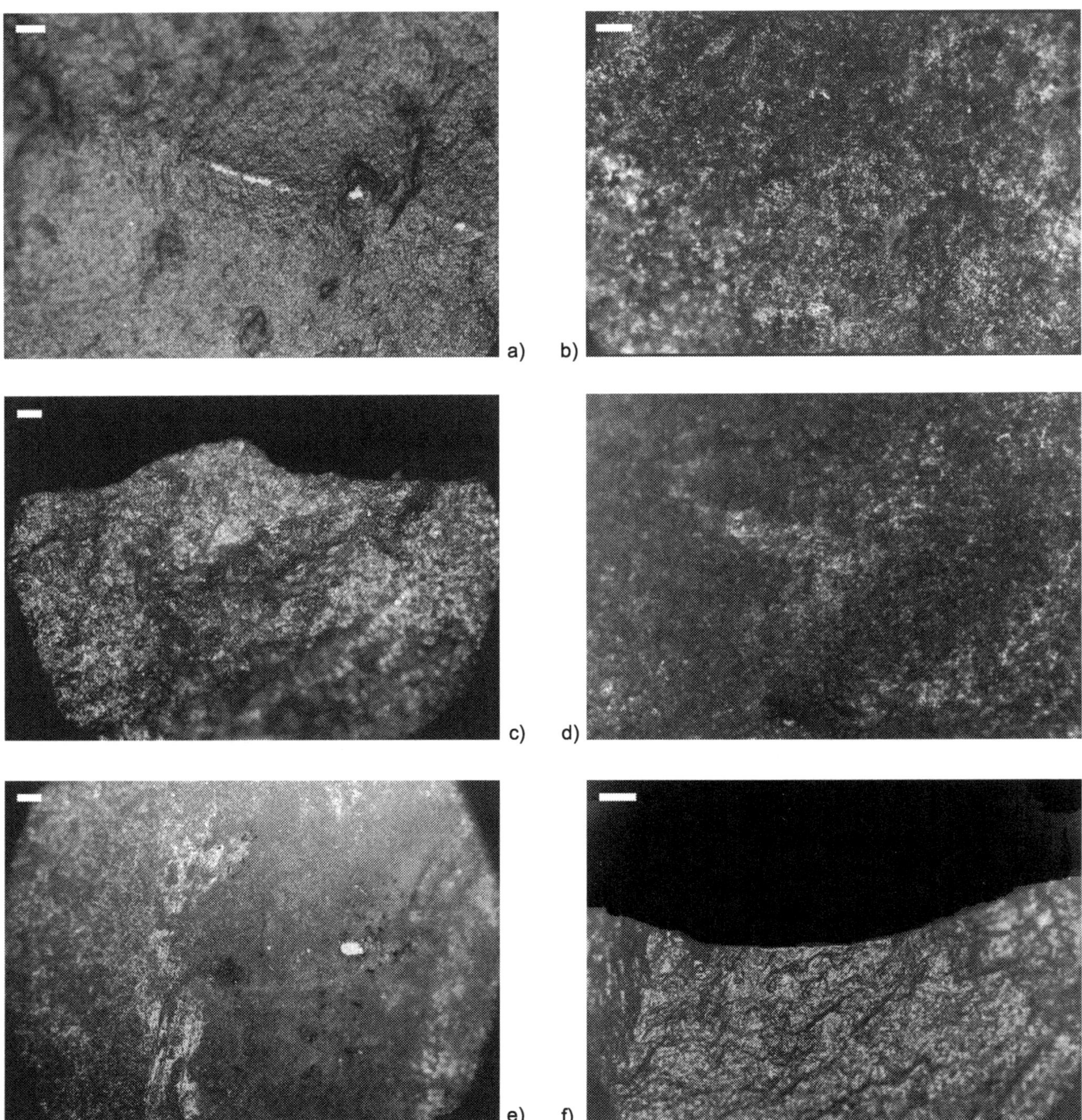

Fig.10 Photomicrographies des principales altérations observées sur la surface des pièces de l'industrie de Grotta Breuil (a-e) et de La Combette (f): a) E2XII 37 (48) *glossy appearence* (150x), b) F6XX 278 *glossy appearence* (150x), c) F6XX 166 *white patina* (100x), d) F6XX 195 (100x) et e) F6XX 245 stries de polis (150x), f) L15A3 37 *glossy appearence* (150x). Les échelles métriques correspondent à 50µ.

développement qui ont été distingués qualitativement en degré faible, moyen et fort. Sur les surfaces présentant une *glossy appearence* au développement faible ou moyen, des polis suffisamment diagnostiques ont été observés à plusieurs reprises. Il s'agit aussi bien de polis d'os, que de polis de bois, ou de polis de peau humide-sèche qui peuvent être identifiés en dépit d'une certaine brillance. En effet, les caractéristiques distinctives de la texture, de la topographie et de l'émoussé du fil tranchant se maintiennent, bien que le contraste entre le polis et le reste de la surface des pièces diminue. Au contraire, les polis qui témoignent du travail des matières animales tendres liés à l'activité de boucherie, n'ont jamais été identifiés sur des surface présentant de la *glossy appearence*. Comparés aux autres types de polis, ils sont le résultat d'un faible changement de la micro-structure du silex, ce qui explique qu'ils sont probablement les plus facilement effacés. Il faut aussi remarquer que ces polis se développent plutôt lentement (Van Gijn 1990). Les expérimentations de Plisson et Mauger ont aussi montré que les polis de viande sont plus rapidement détruits que tous les autres par les attaques chimiques (Plisson/Mauger 1988). Il faut souligner que dans les cas où la *glossy appearence* a un certain développement, les polis diagnostiques se présentent comme des taches localisées conservant les caractéristiques indicatives de la matière travaillée mais n'ayant gardé aucun indice de leur distribution d'origine. Il n'est donc plus possible de déterminer les mouvements faits. Ils ressemblent à des restes de polis bien évolués, probablement les parties les plus développées, qui ont mieux résisté aux agents d'altération, et qui ont donc maintenu leur caractéristiques d'origine.

Dans l'industrie lithique de Grotta Breuil, l'émoussé des crêtes et des bords qui, comme nous avons vu, peut être rapproché d'une *glossy appearence* très évoluée, a aussi été identifié sur des pièces dont le reste de la surface est apparemment intact. Ces émoussés sont déjà visibles à la loupe binoculaire. Ils sont moins accentués cependant que ceux qui ont été identifiés par Stapert sur des pièces du nord des Pays Bas et qui ont subi des *stress* importants dus à des phénomènes de cryoturbation et de gélifraction (Stapert 1976, 14). Les émoussés coïncident toujours avec une bande lumineuse qui, au microscope métallographique, se signale comme un polis aux caractéristiques semblables à celles de la peau fraîche-humide. Même si sa texture est plus homogène que celle du poli développé par le travail de la peau, sa topographie est plane et sa luminosité a un aspect "métallique". Le risque d'une fausse interprétation fonctionnelle de ces polis et de ces émoussés est limité par les anomalies morphologiques qu'ils présentent. Ajoutons qu'il ont toujours été identifiés sur les bords et sur les crêtes ou seulement sur les crêtes des pièces, ce qui diminue aussi le risque d'une fausse interprétation due à leur présence sur des tranchants. Les autres phénomènes d'altération se présentant toujours en très faible pourcentage sont les stries de poli que l'on trouve dispersées sur la surface de quelques pièces (*figs. 10d-e*). Il peut s'agir également de frottements silex contre silex, brefs et localisés (ou une autre pierre dure) ou silex contre des particules abrasives, ou encore de quelques écaillures dues à des impacts localisés; et enfin, d'une légère altération thermique causée par le feu ainsi que quelques cas de *colour patina*.

Le fait que les pièces analysées ne présentent jamais de bords "grignotés" par des ébréchures naturelles - les enlèvements *a,b,y* (Prost 1988) ou de très petites encoches (Prost 1988) - indique que des phénomènes de piétinement n'ont pas eu lieu dans les couches analysées ou, s'ils ont eu lieu, que les sédiments peu compacts et pauvres en gravier n'ont pas permis la production d'enlèvements naturels. Les *friction gloss* sont pratiquement absents de la surface des pièces, ce qui indique que les phénomènes d'abrasion mécanique dus au déplacement des pièces dans les sédiments ont été très réduits dans ces couches à l'exception de quelques cas observés dans l'industrie de la couche XIII. Cette dernière est caractérisée par la présence de pierres aux angles aigus dont le frottement avec les pièces lithiques est probablement à l'origine des quelques cas de *friction gloss* observés.

Pour chaque couche de Grotta Breuil ayant fait l'objet d'un étude fonctionnelle, les altérations pouvant affecter la surface des pièces analysées ont été discutées en détail et ont été confrontées avec les données fonctionnelles identifiées.

4.4.2 La couche XX

L'action importante des agents chimiques dans les sédiments de cette couche est soulignée par le degré remarquable de décomposition que les restes osseux ont subi et qui les a rendus impropres à l'analyse.

Cette observation nous permet de supposer que même l'industrie lithique de cette couche a été attaquée et fortement altérée par ces agents chimiques.

Une première observation à l'oeil nu des 541 pièces présentant des *PUA* en a fait rejeter *a priori* 25% en raison d'une forte altération thermique ou d'une *glossy appearence* évidente (*tableau 11*). Les 404 autres pièces (*tableau 12*) apparemment bien conservées ont donc ont été observées au microscope. Leur examen a montré que dans 20% des cas, ces pièces ont une surface effectivement préservée. Néanmoins, un

	couche XX	%	couche 6	%	couche 3	%
indéterminée	48	12%	12	7%	33	8%
préservée	79	20%	92	52%	141	36%
brulée-surface rosée	68	17%	6	3%	13	3%
patine colorée	_	_	_	_	2	1%
enlevemments non intentionnels	6	1%	7	4%	13	3%
polis non intentionnels	23	6%	2	1%	8	2%
glossy appearence tres développée	3	1%	9	5%	54	14%
white patina tres dévelppée	36	9%	3	2%	27	7%
glossy appearence développée	48	12%	16	9%	41	11%
white patina développée	58	14%	8	5%	25	6%
glossy appearence légere	13	3%	12	7%	23	6%
white patina légere	22	5%	8	5%	10	3%
total PUA	404	100%	175	100%	390	100%

Tableau 12 Etat de conservation, à l'évaluation microscopique, des *PUA* sélectionnées pour l'analyse venant des échantillons lithiques de Grotta Breuil.

pourcentage important d'entre-elles présente une *glossy appearence* (16%) et de la dissolution (28%). Dans la plupart des cas, ces deux patines ont un degré de développement moyen ou fort. D'autres types d'altération sont présents mais le pourcentage bas ne les rend pas significatives.

Ce bilan, confirme bien l'importance de l'activité des agents chimiques qui, dans cette couche, ont pratiquement détruit tous les restes fauniques. La patine de dissolution et la *glossy appearence* peuvent être considérées comme des indices évidents de cette activité qui n'a pourtant pas été aussi destructive pour le silex que pour les vestiges osseux. Les différents degrés de développement de la patine pourraient aussi bien être dus à des attaques différenciées des solutions dans les sédiments qu'au type de texture du silex, généralement moyen ou fin, qui devrait être plus résistant aux attaques chimiques qu'un silex à texture grossière (Stapert 1977).

La 6 présence significative d'altérations présentant un niveau de développement assez évident, peut bien expliquer le faible pourcentage de pièces présentant des traces d'usage. Il s'agit en définitive de 95 pièces, soit 24% des 404 pièces étudiées au microscope. En dépit de cela, il s'avère que les résultats fonctionnels obtenus sur cet ensemble réduit de pièces, n'ont pas été pollués par l'altération généralisée de cette industrie. Le tableau fonctionnel ne montre pas en effet de prédominance particulière du travail d'une matière sur les autres pouvant faire soupçonner une distorsion des données. Le pourcentage des matières travaillées (voir *5.2.1.1*) (*tableau 14*) se distribue de façon équilibrée entre les matières animales liées à l'activité de boucherie (17%), le travail de la peau (19%), du bois (16%) et, pour le reste, le travail de matières dures (14%) et semi-dures (17%) détectables par l'analyse des enlèvements. A l'équilibre présenté par ces résultats fonctionnels vient s'ajouter le fait que les pièces ayant fait l'objet d'un processus d'altération très fort ont été écartées *a priori*, ne représentent qu'une partie relativement peu importante de l'ensemble des pièces. Cela ne permet cependant pas de faire l'amalgame entre l'industrie lithique de la couche XX de Grotta Breuil et certaines industries très altérées de gisements français et de l'Est Européen où le travail du bois domine très largement parmi les quelques pièces étudiables.

Il faut, enfin, souligner que parmi les pièces ne présentant pas de traces d'usage (ni polis ni enlèvements), un faible pourcentage (14%) d'entre elles a une surface apparemment parfaitement conservée. Cela pourrait signifier que ces pièces n'ont pas été utilisées. Il pourrait aussi s'agir de pièces n'ayant pas développé de traces parce que les fonctions effectuées ont été trop brèves pour produire des polis. Cela peut se produire en particulier lorsque l'on travaille des matières développant lentement les traces fonctionnelles (par exemple, celles produites par le contact avec les tissus charnus).

4.4.3 La couche 6

Contrairement à la couche XX, les restes de faune de la couche 6 sont bien conservés ce qui laisse supposer que les agents chimiques n'y ont pas atteint le pouvoir d'attaque de ceux qui ont affecté la couche XX.

Une part moins importante des phénomènes d'altération n'est pas indiquée par le pourcentage de pièces rejetées *a priori* en raison de leur forte patine (*tableau 11*). En effet, parmi les 236 pièces sélectionnées présentant des *PUA*, 27% ont été écartées car elles présentaient pour la plupart une surface fortement brûlée ou, dans quelques cas, de l'altération mécanique. Il s'agit dans ce cas d'ébréchures très localisées dues à des impacts ou à des pressions très localisées ayant intéressé les bords des pièces et qui pourraient avoir été causées par le contact avec les pierres présentes dans le sédiment (voir *5.1.1*)

Les 175 autres pièces (*tableau 12*) qui ont fait l'objet de l'analyse microscopique ont en revanche une surface préservée dans 52% (92 pièces) des cas. C'est un pourcentage élevé qui témoigne de la plus grande fraîcheur de cet ensemble lithique par rapport à celui de la couche XX (23%; *4.4.2*). La patine dont la présence est la plus significative est la *glossy appearence* (21%) qui possède généralement un degré de développement moyen ou faible. Dans cette couche la *white patina* n'est pas très répandue. Elle atteint 12% et son degré de développement est généralement faible ou moyen.

La présence plutôt élevée de la seule *glossy appearence* suggère que les processus d'altération les plus consistants qui affectent malgré tout faiblement l'industrie lithique, pourraient avoir été causés par des agents chimiques acides associés à des phénomènes d'abrasions mécaniques.

Le bon état de conservation de l'industrie lithique de la couche 6 se reflète évidemment sur les résultats fonctionnels. 45% des pièces analysées présentent des traces d'usage, contre 24% dans la couche XX. Le fait qu'un pourcentage important de celles-ci concerne le contact avec des tissus charnus (28%) (*tableau 23*) est une autre preuve de la fraîcheur de cet ensemble lithique car ce type de traces est rapidement effacé par des altérations post-dépositionnelles.

En ce qui concerne la couche 6, un dernier résultat à souligner est le pourcentage élevé de pièces bien conservées ne présentant aucune trace d'usage. Elles représentent un total 34% des pièces analysées. L'importance du travail des matières tendres identifié dans cette couche fait supposer que ces pièces sans traces d'usage auraient pu avoir été utilisées lors de brèves interventions sur des matières tendres n'ayant développé aucune stigmate d'usage.

4.4.4 La couche 3

Cette couche dans laquelle les restes osseux sont également préservés, possède une industrie apparemment très bien conservée. Parmi les 487 pièces ayant des *PUA*, 97 seulement (20%) ont été rejetées *a priori* (*tableau 11*) car elles étaient fortement brûlées ou présentaient de la *glossy appearence* ou encore de la patine de dissolution très développée. Dans les quelques cas restant figurent des exemples d'altération mécanique.

D'une manière générale, des 390 pièces analysées (*tableau 12*), 141 d'entre elles (36%) ont une surface bien conservée.

Néanmoins, un nombre assez élevé d'entre elles présente de la *glossy appearence* (31%) dans un état de développement moyen/fort. On note également la manifestation plus discrète de phénomènes de dissolution présentant un degré de développement moyen (16%). La présence importante de la *glossy appearence* dans cette couche témoignerait de l'activité d'agents chimiques acides et peut-être aussi de l'intervention d'agents d'abrasion mécanique dont la fraction sableuse du sédiment (voir *5.1.1*) est probablement responsable.

Dans cette couche comme dans la couche 6, le pourcentage des pièces dont la surface est apparemment préservée et dépourvue de traces d'usage est plutôt élevé (49%). Dans ce cas, nous ferons les mêmes réserves que celles formulées pour les autres couches.

Pour conclure, le degré de conservation des l'industries de Grotte Breuil peut être considéré comme assez bon dans son ensemble. La comparaison avec le degré de conservation d'autres ensembles lithiques du Paléolithique moyen montre qu'ils entrent dans le standard des industries permettant un bon niveau de déductions fonctionnelles même si elles ont subi des phénomènes d'altération. En général, les altérations du silex de ce gisement sont surtout d'origine chimique et leur activité a été plus déterminante dans la couche la plus ancienne du dépôt. Quelques formes d'abrasion mécanique dues aux mouvements des pièces dans le sédiment pourraient avoir favorisé la formation de la *glossy appearence* qui est d'une manière générale, l'altération la plus répandue parmi les ensembles lithiques analysés. Elle change légèrement son niveau de développement dans chaque couche, ce qui suggère que les agents d'altération qui l'ont produite n'ont pas eu le même pouvoir d'attaque. L'analyse a montré que ce pouvoir n'est pas forcément proportionnel à l'âge d'enfouissement de l'industrie. La couche qui a été le moins affectée par les phénomènes d'altération est la couche 6 qui est une couche plutôt ancienne.

La présence significative de la *glossy appearence* permet de supposer qu'à l'exception de la couche XX où les phénomènes d'altération sont plus complexes, les autres couches étudiées ont été probablement intéressées par des solutions acides dont la présence pourra être vérifiée par les analyses sédimentologiques en cours. L'absence d'enlèvements douteux sur les bords des pièces de Grotta Breuil implique que des phénomènes de piétinement ou des phénomènes de compression des sédiments n'ont pas eu lieu dans le dépôt. Ce risque de pollution se trouvant écarté, le degré de fiabilité des données fonctionnelles tirées des enlèvements d'usage en est augmenté d'autant. Le fait que le pourcentage des pièces bien conservées mais dépourvues de traces d'usage augmente quand l'état de conservation de l'ensemble étudié est meilleur, pourrait être un bon argument pour suggérer la présence de pièces non utilisées dans l'industrie lithique. Il faut cependant souligner que quand les ensembles lithiques sont suffisamment préservés, la possibilité d'identifier des situations que les agents d'altération effacent d'ordinaire, augmente de manière significative. Dans cette optique, la présence de pièces présentant une surface fraîche et sans traces pourrait faire partie des évidences liées au travail de matières très tendres pouvant laisser des indices, détectables dans ces industries bien conservées, ou pouvant ne produire aucune trace en laissant les tranchants apparemment non modifiés.

4.5 Les phénomènes d'altération à La Combette

La relative modestie des ensembles lithiques mis au jour à La Combette a permis de procéder à une étude fonctionnelle globale du matériel sans avoir recours à un échantillonnage. Néanmoins, les pièces présentant des patines superficielles évidentes à l'oeil nu ont été écartées a priori. Il s'agit pour la plupart de pièces qui ont été retrouvées au dehors de la ligne de surplomb de l'abri et ont donc été les plus fortement soumises à des phénomènes d'altération lesquels sont responsable du développement d'une patine blanchâtre bien visible.

Les pièces retrouvées sous l'abri présentent généralement une surface fraîche permettant un premier tri à l'oeil nu. Dans quelques cas cependant, une forte altération, brillante (*glossy appearence*) (*fig. 10f*), n'a pas permis de passer au stade de l'analyse microscopique. Seules les macro-traces d'usage ont alors pu être observées. En définitive, ce sont 192 pièces qui ont été retenues pour l'analyse. Cette sélection comprend des éclats retouchés en racloir mais aussi des éclats bruts ainsi que quelques éclats de ravivage de tranchants.

Comme cela se produit fréquemment dans le cas des industries anciennes, des supports apparemment frais peuvent présenter à l'observation microscopique, des surfaces imparfaitement préservées. Parmi les 192 pièces analysées, 17% seulement d'entre-elles présentent une surface totalement conservée. Dans 30% des cas, les micro-surfaces présentaient les traces d'une légère dissolution et un éclat "gras", indice du début d'un processus d'altération lié à la formation de la patine blanchâtre (Van Gijn 1989).

Les micro-surfaces présentant une légère brillance homogène (52% des cas), ont été interprétées comme l'indice d'un début de formation de *glossy appearence*. Dans 1% des cas seulement, des enlèvements ont été attribués à une altération d'origine mécanique. Des traces diagnostiques d'une utilisation ont été retrouvées sur 48% des pièces. Le reste n'a livré aucune trace. Si l'on ne peut totalement exclure l'hypothèse selon laquelle l'absence de traces peut-être synonyme d'absence d'utilisation, il paraît plus justifié de supposer qu'une utilisation peu prolongée et donc associée à des micro-traces très peu développées, peut avoir été masquée par les phénomènes d'altération.

5 GROTTA BREUIL

5.1 Le site

A partir des années '30 les nombreuses grottes et les abris qui s'ouvrent dans le promontoire du Mont Circé (Latium-Italie) ont fait l'objet de recherches systématiques ayant le but d'étudier les vestiges préhistoriques qui en caractérisaient les gisements (Blanc/Segre 1953). Néanmoins, quelques-unes de ces cavités ont subit seulement des investigations préliminaires parce que leur accès était particulièrement problématique. La Grotta Breuil fait partie de ces gisements. L'accès par la mer à toujours découragé des programmes de fouille qui ont été remplacés par quelques sondages qui ont intéressé la partie superficielle du dépôt (Taschini 1970). Des fouilles programmées ont eu lieu à partir de 1986 sous le patronage de l'Istituto Italiano di Paleontologia Umana (Alhaique *et alii* 1995; Bietti *et alii* 1990-1991). Elles sont actuellement en cours.

5.1.1 La stratigraphie

Introduction

Le Mont Circé (*fig. 11a*) se penche à l'Ouest dans la Mer Thyrrénienne et il est entouré, des autres côtés,par la Plaine Pontine d'où il se dresse isolé entre la plaine et la mer. Dans le calcaire du Lias dont il est constitué, Grotta Breuil s'ouvre à environ 2-3 mètres au dessus du niveau de la mer dans une falaise à pic qui ne permet aucun accès par voie terrestre. La grotte (*fig. 11b*) comprend une grande cavité inférieure où il y a le dépôt témoignant les fréquentations humaines et une cavité supérieure plus petite dont le remplissage est un cône de déjection stérile qui provient probablement d'une ouverture de la voûte fermée dans les temps anciens. La grande cavité inférieure se penchait vers la mer plus qu'actuellement. La partie extérieure de la voûte s'est effondrée anciennement et ses vestiges sont témoignées par de grands blocs de calcaire plongés dans la mer en face de son ouverture. Des trous de lithodomes visibles aussi bien sur les parois qu'au niveau de base de l'accès de la grotte témoignent de différents épisodes de transgression de la mer. Les lignes de lithodomes visibles respectivement à environ 13.7 et 8.3 mètres se relient probablement à la première et à la deuxième transgression Tyrrhénienne (stades isotopiques 5e et 5c) tandis que la ligne la plus basse, placée à 3.2m, pourrait correspondre au stade 5a ou même à l'interstadial Würm I-II du stade 4. De nouveaux résultats des datations absolues (ESR) placent les dernières fréquentations du site à 33.000±4.000 B.P. (Schwarcz *comm. pers.* et Alhaique *et alii* 1995), en accord avec les datations précédentes qui proposaient une date de 36.600±2.700 (Schwarcz *et alii* 1990-1991). Il s'agit, donc, de moments particulièrement récents, pratiquement contemporains aux premières manifestations culturelles du Paléolithique supérieur de la péninsule (sites Aurignaciens au Nord et Uluzziens au Sud; voir, à ce propos, Mussi 1992; Palma di Cesnola 1993).

Le dépôt actuel de Grotta Breuil est le reste d'un plus ample gisement qui a été érodé probablement par la dernière transgression, la Versilienne (stade isotopique 1). Ce qui reste aujourd'hui est la partie interne, caractérisée par plusieurs couches en place partiellement recouvertes par un cône de déjection formé par le glissement des morceaux qui se trouvaient aux extrémités des couches supérieures. Pendant les campagnes de fouille 1986 et 1988, dans la déposition secondaire deux restes fossiles d'hominides ont été retrouvés (un fragment de pariétal et un molaire) qui peuvent être associés probablement à un individu adulte, âgé d'environ 30 ans. En 1989 un autre molaire a été découvert dans la couche 6. Il a été relié à un jeune Néandertalien, âgé d'environ 13-14 ans (Manzi/Passarello 1995).

Pendant les premières campagnes de fouille ('86-'89) des sondages ont été effectués (*fig. 11c*). Ils permettaient d'avoir une idée générale de la stratigraphie du dépôt et, au même temps, de résoudre des problèmes pratiques d'accès aux niveaux supérieurs (bâtiment d'échafaudages sur le cône de déjection et déplacement d'un grand bloc de calcaire plongé dans les trois premières couches supérieures). La séquence des couches témoignant des fréquentations humaines, découvertes au cours des sondages dans les carrés E2, F2 (X-XIX) et F6 (XX), a été provisoirement numerotée en chiffres romains (*fig. 11c*) dans l'attente de les rattacher à la séquence stratigraphique définitive et de vérifier le passage des couches X-XIX à XX. Dans le carré F6, la couche XX pose directement sur un niveau composée de blocs de calcaire, insérés dans

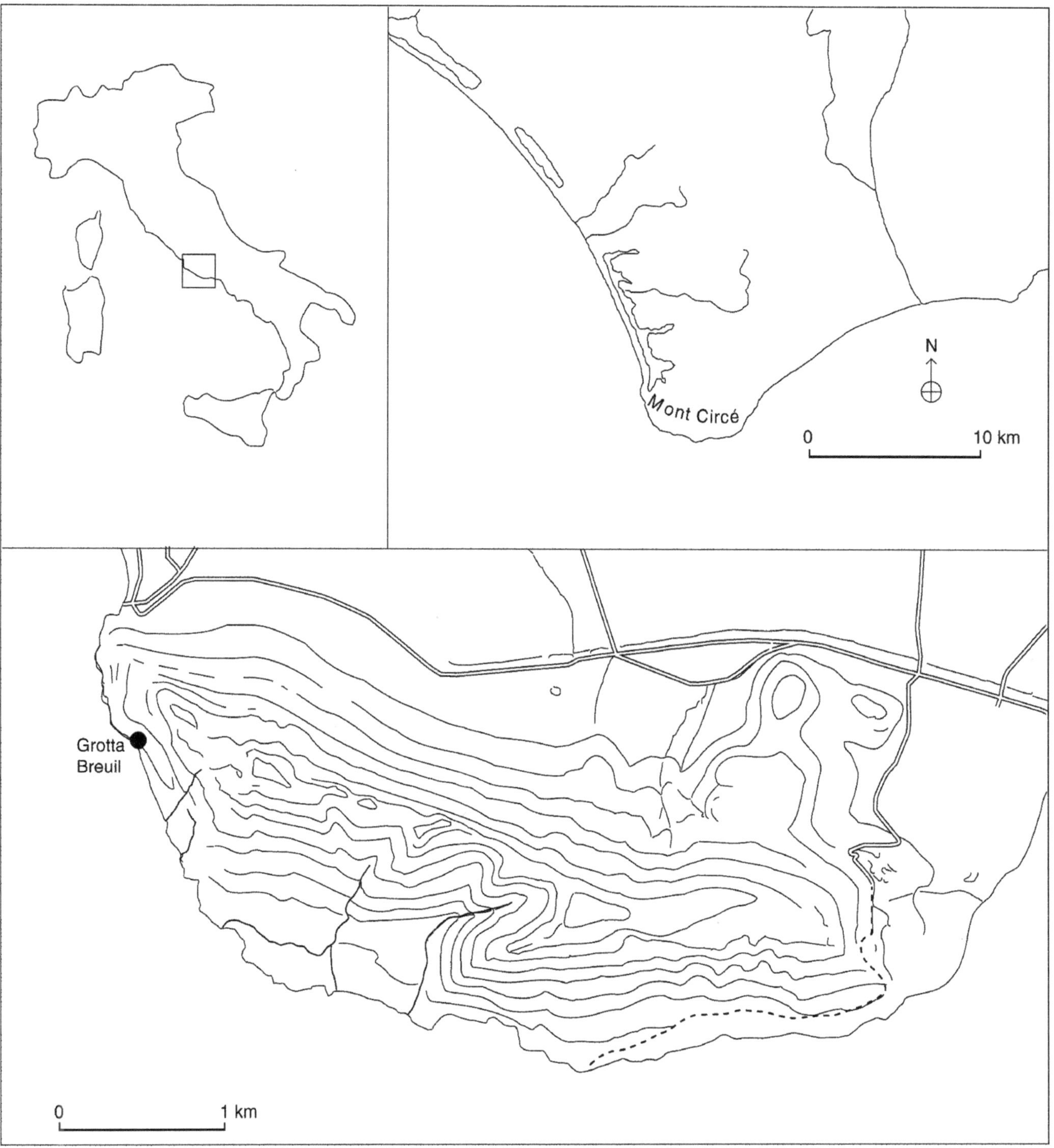

Fig.11a Grotta Breuil: localisation et topographique.

une matrice dissoute, qui est le plus récent des niveaux stériles qui constituent la base du dépôt. Par conséquent, la couche XX représente l'un des niveaux humains les plus anciens du dépôt correspondant à une *faciès* du Moustérien classique local, le Pontinien (voir *5.1.3*).

La fouille des couches supérieures a commencée en '88 dans une zone restreinte (carrés E0-E1 et F0-F1) (*fig. 11b*). Pendant les campagnes successives ('90 et suivantes), les fouilles extensives ont commencé à tracer la séquence stratigraphique définitive, numérotée en chiffres arabes (*fig. 12*). On a décapé intégralement les couches 1-6 (pour une description plus détaillée de la stratigraphie de dépôt, voir Alhaique *et alii* 1995). A l'exception des couches les plus superficielles (couche 1, couche 2) qui sont *quasi* stériles, les couches 3-6 ont livré beaucoup d'industries lithiques et de restes de faune.

Le choix des ensembles lithiques

L'analyse tracéologique a intéressé une partie de l'industrie lithique venant des fouilles '88-'90. Il s'agit de deux assemblages lithiques de la séquence provisoire (couche XX et couches XI/XII) et du commencement des fouilles extensives de la couche la plus récente présentant des témoignages des fréquentations humaines (couche 3). La campagne '95 a permis de rattacher les couches XI/XII provisoires à la couche 6 (voir *fig. 12*) de la séquence

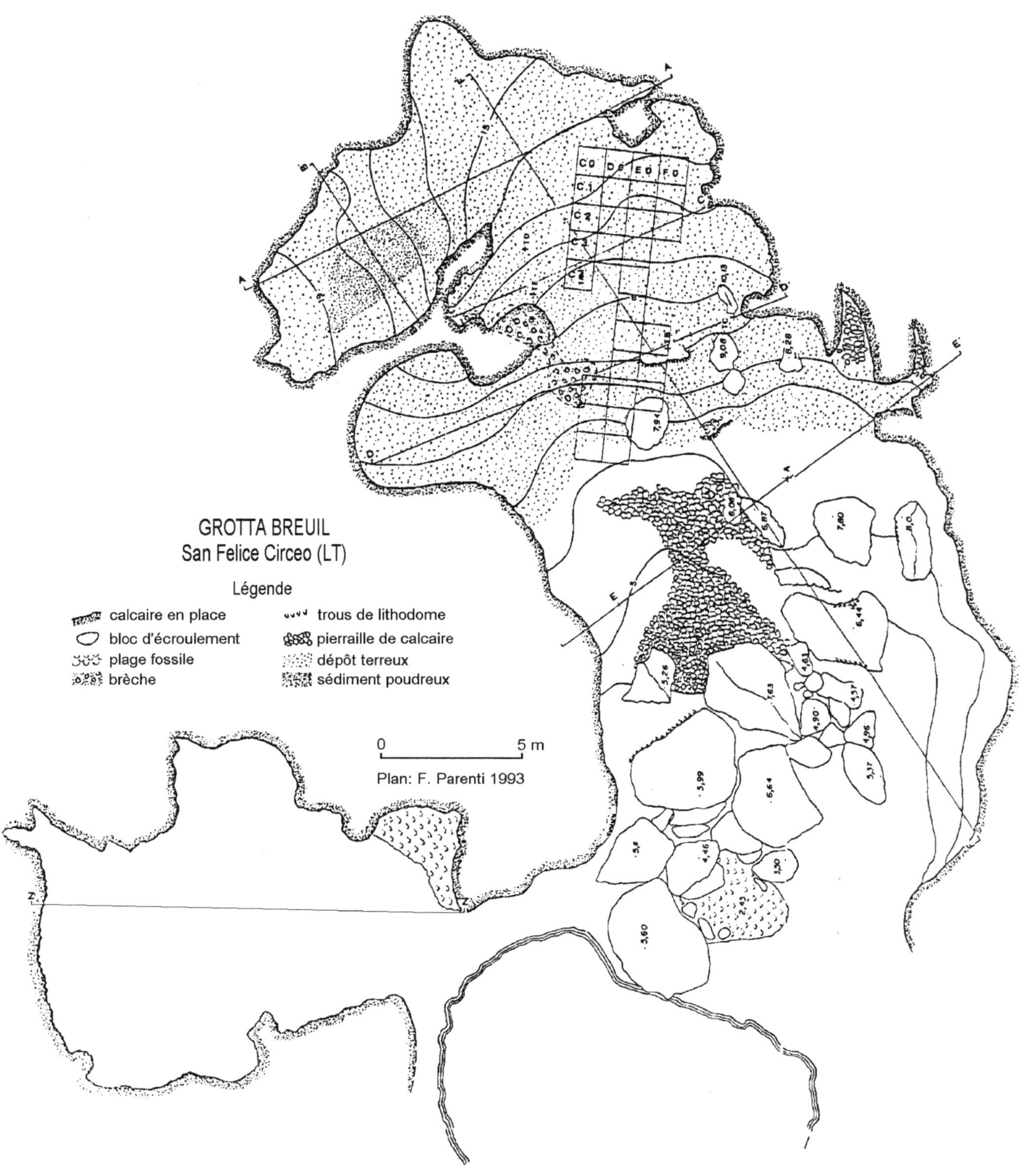

Fig.11b Grotta Breuil: planimétrie.

définitive. Cette deuxième dénomination sera utilisée tout au cours de la discussion de la recherche.

Ces ensembles viennent des fréquentations humaines les plus anciennes (couche XX) selon les données stratigraphiques (voir *introduction* dans ce paragraphe), et de deux exemples distingués des fréquentations plus récentes (couche 6 et couche 3), situés, selon les datations absolues, dans des moments finaux du Paléolithique moyen. Bien que grossières, ces distinctions temporelles satisfaisaient le tentative de ma recherche d'évaluer, à la grande échelle, des changements et des continuités au cours des fréquentations du site (voir à ce propos Villa 1983, 270) en termes de matières travaillées et des actions faites, en termes de potentiel fonctionnel des tranchants utilisés, en termes de rapport entre les choix techniques de taille et l'utilisation des pièces (voir, à ce propos, *1.2*). A mon avis les assemblages choisis (1021 supports, plus une centaine de nucléus pour la couche XX, 389 supports pour la couche 6 et 776 supports pour la couche 3; pour la composition en détail des ensembles voir *tableau 13*) peuvent être considérés des échantillons représentatifs des fréquentations associées aux couches de Grotta Breuil (voir, à ce propos, *1.2*).

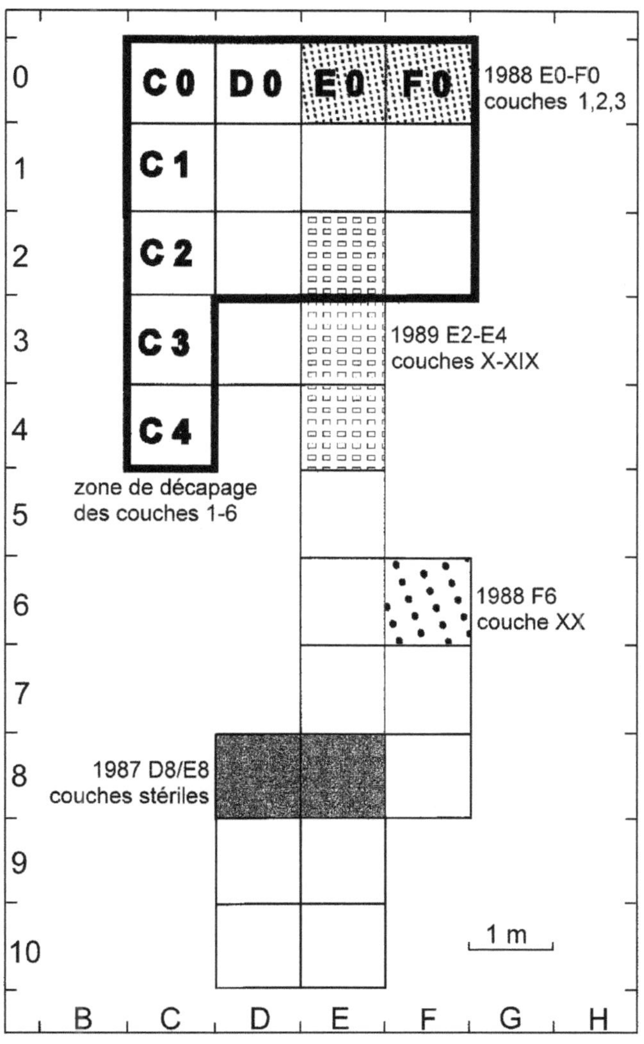

Fig.11c Grotta Breuil: emplacement des sondages effectués au cours des années '87-'89, et de la zone décapée actuellement.

La quantité des ensembles choisis (2.186 supports avec *PUA* et sans *PUA*) faisait supposer des temps de sélection (voir, en particulier, *2.6*) et d'analyse longs. Sur ces prémisses, leur intégration avec les industries mises en lumière au cours des fouilles suivantes a été jugée, non seulement non nécessaire pour la recherche mais aussi non compatible avec les temps préetablis pour sa réalisation. Vu le caractère d'approche méthodologique de cette étude, l'évaluation du pouvoir d'inférence de la méthode tracéologique par rapport à un site dense comme celui de Grotta Breuil pourra produire les bases des études futures des couches mises en lumière et intégralement fouillées.

Description schématique de la stratigraphie

Une description schématique de la séquence stratigraphique mise en lumière jusqu'à présent (*fig. 12*) est présentée ci-dessous. De plus, une brève description a été faite de la séquence des sondages anciens, pas encore rejoints par les fouilles systématiques. De cette façon il est possible de montrer respectivement la position stratigraphique et la portion de surface d'où viennent les assemblages analysés (couches et carrés soulignés en mis-gras).

- couche 1: humus et guano supérificiel d'épaisseur qui varie entre 1 et 2cm dans les carrés E et F et qui augmente progressivement dans les carrés C jusqu'à arriver à 30cm dans le carré C0.

- couche 2 (carrés D0-D1, E0-E1 et F0-F1): mince croûte stalagmitique qui atteint l'épaisseur maximale de 4cm dans les carrés E0 et F0.

- **couche 3** (carrés D0-D1, **E0-E1, F0-F1**): sédiments bruns-jaunes et rouges-jaunes, peu consistants, sablonneux, différemment concrétionnés, surtout dans les carrés E0 et F0. De petites pierres en calcaire (2-5cm environ) au périmètre émoussé sont plongées dans la matrice. Cette couche a une épaisseur importante qui atteint 38cm et ne descend pas au dessous de 15cm. Riche en faune et en industrie lithique.

- couche 4 (carrés C0-C4; D0-D3; E0-E2; F2): elle est absente dans les carrés F0-1 et commence à paraître dans le carré E0, augmente dans les carrés D et C pour atteindre l'épaisseur d'un mètre environ dans les carrés C1-4. Il s'agit d'un sédiment brun à fraction sablonneuse dans lequel sont plongées de nombreuses pierres en calcaire de dimensions variées (2-10cm). Il est caractérisé par des zones concrétionnées intercalées avec des zones de sédiment peu consistant. Une concrétion tenace constitue la partie

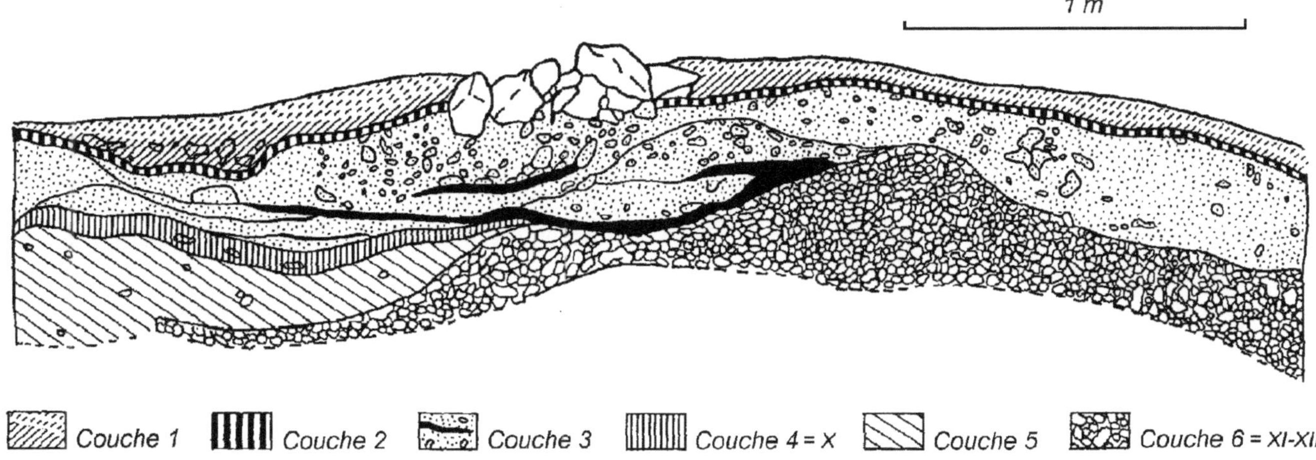

Fig.12 Grotta Breuil: coupe Nord-Sud (CO-FO) de Grotta Breuil, couches 1-6.

inférieure de cette couche. Riche en faune et en industrie lithique.

- couche 5 (carrés C0-4 et, partiellement, carrés D0-D3): cette couche possède une épaisseur limitée qui atteint 20-30cm maximum. Les sédiments dont elle est composée ont une couleur grise-brune. Leur matrice est particulièrement dissoute et elle est caractérisée par une fraction sablonneuse assez importante. Riche en faune et en industrie lithique.

- **couche 6** (carrés C1-C4; D0-D3; E0-**E2**; F0-**F2**): cette couche qu'on retrouve sur toute la surface de la fouille, à l'exception d'un petit morceau du carré C0, est caractérisée par un sédiment brun, à fraction sablonneuse importante, dans lequel sont plongées de nombreuses pierres de petites dimensions (2.5cm environ). Cette couche rejoint une épaisseur maximale d'environ 30cm. Riche en faune et en industrie lithique. Cette couche correspond à la date de 33.000±40.000 B.P. (Schwarcz *comm. pers.* et Alhaique *et alii* 1995).

Les couches XIV-XIX de la séquence provisoire (voir aussi Bietti et alii 1990-1991), qui atteignent une épaisseur d'ensemble de 1.50m, sont caractérisées par un sédiment sablonneux dessous et friable où sont plongées, à l'exception de la couche XIX, des pierres calcaires à arrêt aigu variables en dimensions (2-5cm jusqu'à 10-20cm) et en quantité selon la couche. Toutes ces couches sont riches en industrie lithique et en restes de faune. La **couche XX**, qui s'appuie directement sur une couche stérile a, dans le carré **F6**, une épaisseur maximale de 2m et est formée de sédiments noirs- brunâtres riches en matière organique qui, au moins en partie, peut dériver de la décomposition des restes osseux qui ont été probablement atteints par de forts processus d'altération chimique. Les sédiments présentent une matrice parfois compacte parfois dissoute et ils sont caractérisés par un pourcentage élevé de fraction sablonneuse. Ils sont intercalés par de petites lentilles de sédiments oxydés (D'Arpino 1991). A son intérieur, la grande épaisseur de la couche ne présente aucun niveau archéologique distinct. Seulement la fouille extensive et une analyse sédimentologique fine permettront de déterminer des césures éventuelles. L'analyse paléobotanique n'a pas pu donner d'informations climatiques parce que tous les restes des pollens ont été complètement détruits par de forts phénomènes d'oxydation.

5.1.2 La faune

Les couches supérieures du dépôt ont fait l'objet des études taphonomiques et zooarchéologiques effectuées jusqu'à présent. De premières analyses ont été faites par Stiner (1990-1991) qui a identifié peu de restes de carnivores et une forte présence d'herbivores où dominent le *Cervus elaphus* et la *Capra ibex*. Selon cet auteur, à Grotta Breuil l'homme effectuait une chasse sélective concentrée sur de jeunes adultes. Il fréquentait la grotte pendant les périodes froides de l'année (fin automne-début printemps) et y apportait la plupart des carcasses, où des stigmates de l'exploitation humaine (marques de boucherie, points d'impact) sont présentes (Stiner 1990-1991, 347). Récemment, Alhaique (Alhaique et alii 1995; Lemorini/Alhaique 1996) a repris les études de la faune de Grotta Breuil en se basant sur la séquence stratigraphique définitive et, en produisant une série de données faunistiques comparables, du point de vue des assemblages, à ceux qui viennent de l'analyse tracéologique proposée dans cette thèse. Ces données préliminaires seront vérificiées par des études intégrales futures de la faune de chaque couche. Pour l'instant, elles paraissent partiellement confirmer les résultats proposés par Stiner (1990-1991). La forte présence de l'exploitation humaine des carcasses par rapport à une très faible présence de l'action des carnivores (ours et hyène) est témoignée. De plus, l'apport de la plupart des parties anatomiques sur site est confirmé. Au contraire, comme l'étude taphonomique complète des faunes des fouilles récentes n'est qu'à un stade préliminaire, on n'a pas pu produire d'autres données à l'égard de la présence sur site d'une chasse sélective.

En ce qui concerne la couche 3 (carrés E0-E1, F0-F1) le cerf qui domine (54%) est associé au *Bos primigenius*, au cheval et au bouquetin (10%), et témoigne d'un climat relativement doux. En ce qui concerne les carnivores, le renard (un petit carnivore compatible avec la présence humaine sur site) devient l'espèce la plus importante (5%) tandis que les grands carnivores (*Crocuta crocuta, Canis lupus, Ursus arctos, Ursus spelaeus*) sont très peu représentés. Les traces des carnivores sur les os sont minimales (0.7%) tandis que les marques de boucherie et les points d'impact liés à l'extraction de la moelle présentent un assez bon pourcentage (6.5%). Les parties anatomiques du cerf, qui est l'espèce la plus fréquente, sont toutes représentées, témoignant que sa carcasse était apportée intégrallement sur site. En ce qui concerne la couche 6 (E2-F2), le tableau faunistique ne présente pas de grands changements. Le cerf domine toujours (71.8%) mais le bouquetin diminue (8.1%). Les grands carnivores sont presque complètement absents tandis que la présence du renard maintient un taux assez élevé (5.2%). La fréquence des traces des carnivores sur les os est inférieure à 1%. Il y a une diminution légère des traces d'action humaine (5%), mais il n'y a pas de différences significatives en ce qui concerne leur localisation sur les os. Les parties anatomiques du cerf, ont été toutes apportées sur site en soulignant que l'exploitation des carcasses était effectuée sur place.

5.1.3 Technologie et typologie des ensembles lithiques

Vu que la fouille intégrale du dépôt a commencé récemment, on n'a pas encore procédé a une étude techno-typologique exhaustive de chacun des assemblages distingués stratigraphiquement, à l'exception de celle qui regarde la couche 5 (voir Alhaique *et alii* 1995, 179-180). Jusqu'à présent, on a effectué l'étude de l'ensemble lithique du sondage de la couche XX (carré F6) et, étant donné leur homogénéité technologique, l'étude des ensembles lithiques des couches supérieures, mises au jour pendant le sondage et les fouilles de 1989-1990 dans les carrés E et F (Bietti et alii 1990-1991; Bietti/Grimaldi 1990-1991, 1993; Grimaldi 1995; Kuhn 1995; Rossetti/Zanzi 1990-1991).

La couche XX possède les caractéristiques typologiques d'une industrie Pontinienne typique, c'est-à-dire d'une industrie Charentienne de type Quina taillée sur de petits galets de silex local (Taschini 1979). Elle présente un pourcentage élevé de racloirs (85% du total des outils) et un pourcentage bas de débitage prédetérminé (*sensu Boëda* 1994; voir aussi Grimaldi 1995, 145) (seulement 8%). La reconnaissance des principales étapes des chaînes opératoires effectuées et la forte présence de nucléus permet d'argumenter que la taille des supports était intégralement accomplie sur site au moyen de chaînes de réduction continuelles adressées vers la réduction centripète. Cette séquence passait par des phases de transition, témoignées par la présence de nucléus protocentripètes (*cf.*Rossetti/Zanzi 1990-1991). En certains cas elles pouvaient devenir des phases d'abandon parce qu'il n'était pas possible, pour des contraintes liées à la matière première, d'aboutir à l'étape de réduction finale. Le grand pourcentage de taille centripète et protocentripète qui caractérise cette industrie justifie son attribution à une chaîne opératoire Levallois avec des caractéristiques locales associées à la matière première (voir *5.2.1.2; 7.4*)

En ce qui concerne les couches supérieures, elles-mêmes présentent des assemblages lithiques débités sur place au moyen des mêmes galets locaux. Néanmoins, les caractéristiques technologiques de ces industries diffèrent par rapport à celles présentées par la couche la plus ancienne. La plus grande quantité de nucléus pseudoprismatiques (semblables aux nucléus prismatiques du Paléolithique supérieur, présentant un plan de percussion lisse; *cf.*Rossetti/ Zanzi 1990-1991, 353) et unidirectionnels (nucléus qui présentent un ou plusieurs négatifs unidirectionnels sur leur surface de débitage et un plan de percussion préparé en détachant de petits éclats; *cf.*Rossetti/Zanzi 1990-1991, 352) par rapport à ceux centripètes et protocentripètes témoignant une tendance à la production de longs supports ou d'éclats laminaires. Comme il arrive dans d'autres ensembles lithiques aussi bien européens que du Proche Orient (Tuffreau/Revillion 1994), cette direction des chaînes de réduction observées à Grotta Breuil fait partie d'une conception de taille moustérienne où la réduction "protolaminaire", bien que prépondérante, est toujours associée à celles proto- et centripètes.

Les observations effectuées au moyen de la technologie expérimentale (Bietti/Grimaldi 1993) ont démontré que, au moyen des chaînes opératoires "laminaires", les possibilités d'erreur qui peuvent arriver pendant la taille sont beaucoup plus limitées qu'en utilisant des chaînes de réduction centripètes. Par conséquent, les techniques de taille les plus récentes appliquées à Grotta Breuil permettraient d'exploiter beaucoup mieux les petits galets qui constituaient la matière première utilisée sur site.

Aussi bien pour ces industries plus récentes que pour celles plus anciennes (couche XX), la forte présence des nucléus et le reconnaissance des principales étapes des chaînes opératoires mises en place justifient la supposition que tout le processus technique était effectué sur site. A contrario la production de supports laminaires identifiée à Grotta Breuil est accompagnée d' une diminution de la retouche par rapport à l'industrie la plus ancienne. De plus, le pourcentage relatif des produits prédéterminés augmente (voir, à ce propos, les données comparatives entre les couches XX, 6 et 3, *tableau 13*). La combinaison, dans les assemblages les plus récents, des supports laminaires, d'une petite quantité de tranchants retouchés et d'un pourcentage assez élevé de supports prédéterminés, paraît trouver sa justification dans une meilleure exploitation de la matière première et, au même temps, dans une exigence d'aboutir à des supports ayant un potentiel fonctionnel plus élevé (Grimaldi/Lemorini 1995). Dans l'étude fonctionnelle qui suit, le rapport entre choix techniques et potentiel fonctionnel des pièces produites sera développé ultérieurement. En particulier, seront évaluées les conséquences des différents comportements techniques (ensemble lithique ancien par rapports aux ensembles récents)

	supports bruts de retouche	supports bruts de retouche prédéterminés	supports retouchés	supports retouchés prédéterminés	total supports	nucléus	total échantillon
ensemble couche 3 (carrés E0-E1,F0-F1)	549	99	95	33	776	217	993
%	*71%*	*13%*	*12%*	*4%*	*100%*	*22%*	*100%*
ensemble couche 6 (carrés E2, F2)	250	56	71	12	389	175	564
%	*64%*	*15%*	*18%*	*3%*	*100%*	*31%*	*100%*
ensemble couche XX (carré F6)	631	54	307	29	1021	207	1228
%	*62%*	*5%*	*30%*	*3%*	*100%*	*17%*	*100%*

Tableau 13 Composition des ensembles lithiques des trois couches du dépôt de Grotta Breuil.

au niveau des possibilités fonctionnelles des pièces taillées (voir, en particulier, *5.2.3.2; 5.2.5.2; 7.4*).

5.2 L'analyse fonctionnelle

Les prochains paragraphes proposeront l'analyse fonctionnelle des trois assemblages lithiques choisis. Les assemblages seront présentés en succession chronologique, du plus ancien (assemblage de la couche XX, *5.2.1*) au plus récent (assemblage de la couche 3, *5.2.5*), en passant pour l'intermédiaire de l'assemblage de la couche 6 (voir *5.2.3*). Pour chaque ensemble lithique seront présentées seulement les pièces avec *PUA* (voir, à ce propos, *2.6*), préalablement distinguées des pièces sans *PUA* (voir *4.4.2, 4.4.3, 4.4.4* et *tableau 11*). Il y aura la présentation en détail des matières travaillées et des actions effectuées, de la morphologie des tranchants associés, des témoignages de la préhension à la main ou au moyen d'un manche, de la technologie des supports par rapport à leur fonction, de la typologie des supports par rapport à leur fonction. Les inférences fonctionnelles liées à chaque assemblage seront discutées séparément (*5.2.2, 5.2.4, 5.2.6*). De plus, elles auront une élaboration d'ensemble dans une discussion finale (*5.2.7*). Chacune sera structurée en plusieurs points de discussion. Il y aura l'évaluation des activités effectuées sur site et de leurs modalités d'accomplissement (voir, à ce propos, *1.1 les stratégies de subsistance*). Pour étudier des comportements d'anticipation du pouvoir fonctionnel des pièces (voir, à ce propos, *1.1 les processus de prévision*), ce sera le rapport entre les comportements techniques de taille et le potentiel fonctionnel des supports produits qui sera discuté. Et encore, l'efficacité du tranchant utilisé sera étudiée en termes du choix préalable d'une morphologie standardisée.

Par rapport aux assemblages venant de la couche 6 et 3, une tentative, tout à fait préliminaire, sera proposée pour tracer les modalités de fréquentation du site. Des inférences seront tirées de la comparaison des données tracéologiques avec celles de la zooarchéologie, de la technologie et de l'approvisionnement en matière première. Les résultats obtenus seront discutés critiquement, en tenant compte qu'une partie et non pas la totalité de la couche (67% pour la couche 3 et 15% pour la couche 6) a été étudiée, et que ces assemblages viennent de couches qui représentent plusieurs fréquentations non distinguées les unes des autres. A contrario, on n'a pas fait d'évaluation pareille sur l'assemblage de la couche XX, carré F6. Le manque de données précisant la nature de la couche aussi bien en termes d'extension que de distinction à son intérieur en niveaux éventuels (voir aussi, *5.1.1, description schématique de la stratigraphie*), prive de signification des tentatives de définition des modalités de fréquentation du site.

5.2.1 La couche XX (carré F6)

Parmi les 1021 pièces de retouche, aussi bien retouchées que brutes, qui constituent l'industrie lithique de la couche XX, 404 (40%), apparemment bien conservées à l'oeil nu, ont été sélectionnées selon les critères établis.

Sur les 404 pièces sélectionnées 669 *PUA* ont été reconnues dont 120 (18%) présentent des traces d'usage. Ces 121 *AUA* correspondent à 95 des pièces sélectionnées (24%). Il faut ajouter à celles-ci un éclat cortical qui ne montre aucune *PUA* mais qui présente une *AUA* qui a été insérée dans le décompte (voir *chapitre 2* pour une justification ponctuelle de l'exclusion des tranchants corticaux de la sélection qui a été faite).

5.2.1.1 Actions faites et matières travaillées

Les actions transversales dominent dans les 121 *AUA* (*tableau 14*) et rejoignant 67%. Dans une quantité inférieure, les actions longitudinales (23%) celles de perçage (3%) et une action mixte (1%) sont aussi présentes. En sept cas (6%)

	perçage	longitudinale	coupe	transversale	raclage coupe positive	raclage coupe négative	amincissement	indéterminée	total AUA	%
bois	_	1	_	4	1	7	5	1	19	16%
tissus charnus/os	_	_	7	3	_	7	_	3	20	17%
peau fraîche	_	_	3	1	6	2	_	2	14	11%
peau humide	_	_	_	_	1	1	_	_	2	2%
peau non fraîche	1	_	_	2	_	_	_	_	3	3%
peau seche	_	_	1	_	1	2	_	_-	4	3%
matiere semi-dure	_	7	_	9	1	1	3	_	21	17%
matiere dure	1	1	_	13	1	_	_	1	17	14%
indéterminée	2	4	_	9	2	3	1	_	21	17%
total AUA	4	13	11	41	12	24	9	7	121	100%
%	3%	11%	9%	32%	10%	20%	7%	6%	100%	

Tableau 14 Grotta Breuil, couche XX: matières travaillées et actions faites.

les actions effectuées n'ont pas été évaluables. En particulier, on a réussi à distinguer du raclage en coupe négative (20%), du raclage en coupe positive (10%), de l'amincissement (7%) et de la coupe (9%).

En ce qui concerne les matières identifiées, 16% des *AUA* présente des traces du travail du bois, 19% celles du travail de la peau pendant différentes étapes de son traitement, 17% se rapporte à l'activité de boucherie, 17% au travail des matières semi-dures et 14% à celui des matières dures. Sur le reste des *AUA* (17%) il n'a pas été possible de déterminer exactement les matières travaillées bien que des polis d'usage soient évaluables.

La quantité presque homogène des polis de peau, de tissus charnus et de bois qui caractérise l'industrie lithique de la couche XX est un bon indice que les phénomènes d'altérations n'ont pas pollué les traces observées (voir aussi *4.4.2*) parce que, dans le cas contraire, il y aurait eu une absence ou une surabondance de certains polis par rapport aux autres comme, par exemple, dans le cas de plusieurs industries lithiques des sites du sud-ouest de la France (Beyries 1991).

Les données proposées ci-dessus montrent que les tranchants actifs de la couche XX ont accompli un ensemble plutôt restreint d'actions presque toutes a associer aux actions transversales et, en particulier, au raclage. Cette spécificité pourrait avoir plus d'une clef de lecture. Par exemple, elle pourrait signaler une spécialisation fonctionnelle du site où seulement certaines activités étaient accomplies. Ou encore, elle pourrait indiquer un degré élevé d'exploitation des tranchants qui, après ré-affûtage, devenaient adaptés à des actions transversales plus que longitudinales. Ces dernières étaient mieux exécutées au moyen des tranchants bruts de retouche.

En ce qui concerne la première hypothèse, elle ne paraît pas confirmée par les données relatives aux matières travaillées qui, au contraire des actions accomplies, ne témoignent pas d'une spécialisation fonctionnelle. Donc, la spécificité des actions faites peut être mieux expliquée par un degré élevé de ré-affûttage qui parait être confirmé par le pourcentage élevé de *AUA* retouchées (voir *5.2.1.3*).

Le travail du bois

Dans la plupart des cas le bois (*figs. 16 a-c*) a été travaillé au moyen d'actions transversales qui ont été remarquées sur quatorze *AUA* (74%) tandis que sur quatre *AUA* (21%) seulement, des actions longitudinales ont été effectuées. En particulier c'est, surtout du raclage en coupe négative (37%) et de l'amincissement (*figs. 13 a-c*) (26%) qui ont été effectués (*tableau 14*).

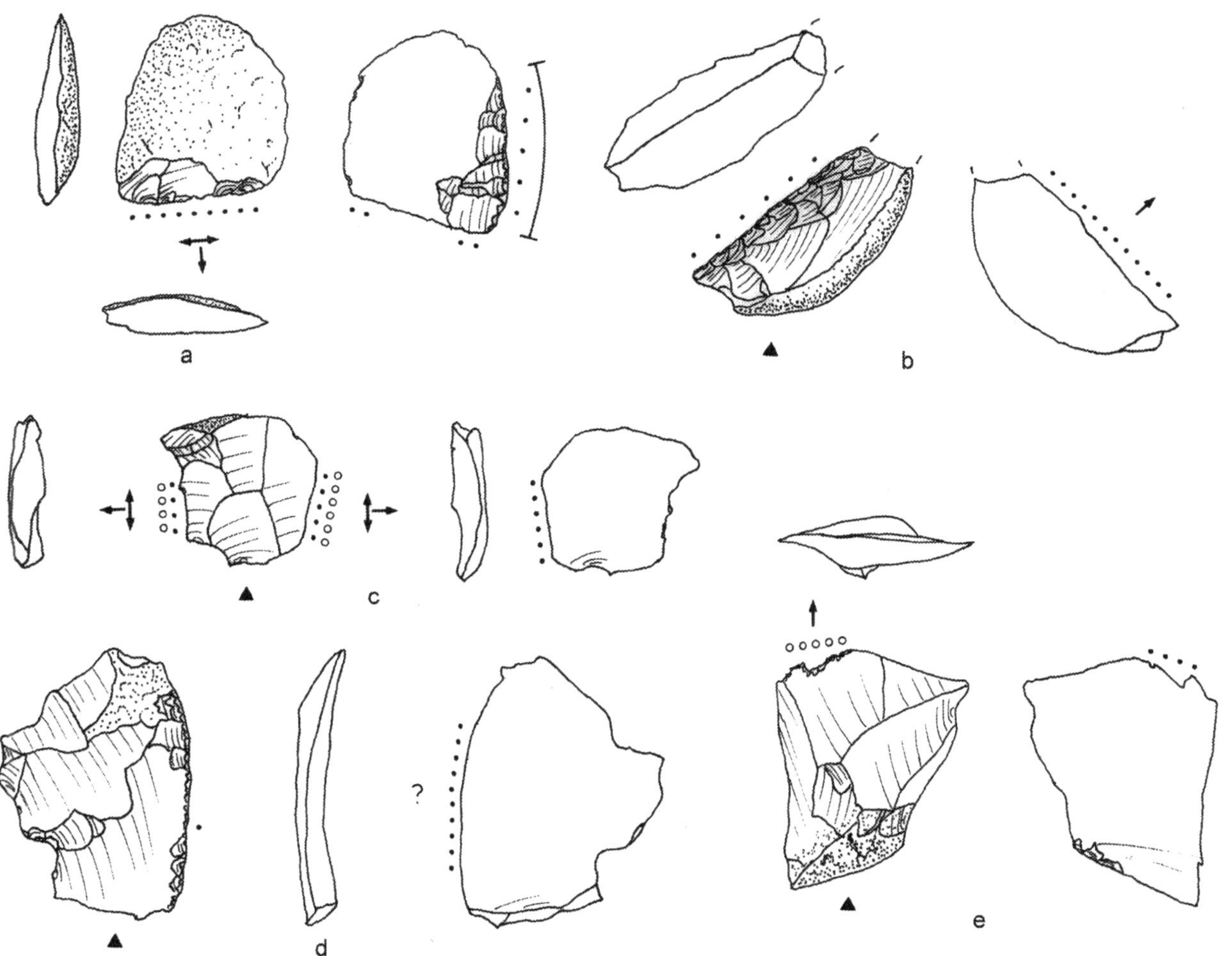

Fig.13 Grotta Breuil, couche XX: pièces présentant des traces de travail du bois: a) F6XX 104 pièce utilisée pour du rabotage et présentant des traces de préhension manuelle directe, b) F6XX 238 (*fig.16a*) et c) F6XX 54 (*fig.16b*) pièces utilisées pour du rabotage d) F6XX 44 (*fig.16f*) pièce utilisée pour racler en coupe positive, e) F6XX 168 pièce ayant effectué une action indéterminée. Echelle métrique 1:1.

	rectiligne	convexe	concave	pointue	indéterminée	total AUA	%
bois	5	10	4	_	_	19	16%
tissus charnus/os	9	5	6	_	_	20	17%
peau fraîche	4	6	2	_	2	14	11%
peau non fraîche	_	2	_	1	_	3	3%
peau humide	1	_	1	_	_	2	2%
peau seche	3	_	1	_	_	4	3%
matiere semi-dure	10	7	4	_	_	21	17%
matiere dure	8	1	7	1	_	17	14%
indéterminée	5	8	5	2	1	21	17%
total AUA	45	39	30	4	3	121	100%
%	37%	32%	25%	3%	3%	100%	

Tableau 15 Grotta Breuil, couche XX: morphologie en plan des tranchants et matières travaillées.

Ces données indiquent clairement que la production d'objets en bois était accomplie avec une série très limitée d'actions qui, par exemple, ne comprenait pas le sciage et le rainurage. En ce qui concerne le sciage, son absence est indiscutable; en effet, il est impossible de supposer que cette action n'ait pas été reconnue parmi des actions longitudinales indéterminées parce que toutes les actions longitudinales associées au travail du bois ont été attribuées à l'action d'amincissement. Au contraire, en ce qui concerne l'action de rainurage, les considérations à faire sont moins évidentes parce qu'il y a quatre cas d'actions transversales indéterminées qui pourraient masquer cette action.

Même si, donc, l'absence de cette action laisse des questions ouvertes, toutefois l'hypothèse que les plus anciens Néandertaliens de la Grotta Breuil n'effectuaient pas ces actions quand ils créaient leurs objets en bois pourrait correspondre à la réalité. En effet, pour obtenir des javelots, des bâtons à creuser, des piquets pour des tentes ou des cadres pour étendre la peau, il suffisait de casser des branches, de les redresser au feu, éventuellement de les écorcher et, s'il fallait, de les appointer en utilisant, dans ces deux dernières étapes, des actions de raclage, d'amincissement sans faire du rainurage ni du sciage. Ces deux dernières actions se rapporteraient plutôt à une finition des objets en bois qui probablement n'était pas effectuée pendant ces phases anciennes de fréquentation de la grotte et qui, au contraire, commencera à paraître seulement plus tard.

La morphologie des tranchants associés

En ce qui concerne la morphologie en section, les tranchants qui ont été utilisés pour travailler le bois présentent une morphologie très variée (*tableau 17*) qui peut être plano-convexe (32%) ou plano-plane (21%) ou convexe-concave (21%) ou plano-concave (16%). Il n'y a jamais de choix morphologique spécifique par rapport à l'action effectuée à l'exception du raclage en coupe négative qui a été effectué de préférence avec des taillants à la morphologie en plan plano-convexe.

	rectiligne	convexe	concave	irréguliere	indéterminée	total AUA	%
bois	6	2	10	_	1	19	16%
tissus charnus/os	9	3	4	1	3	20	17%
peau fraîche	4	6	3	_	1	14	11%
peau humide	1	_	1	_	_	2	2%
peau non fraîche	1	1	_	1	_	3	3%
peau seche	1	1	1	_	1	4	3%
matiere semi-dure	14	3	4	_	_	21	17%
matiere dure	4	3	7	2	1	17	14%
indéterminée	6	5	8	2	_	21	17%
total AUA	46	24	38	6	7	121	100%
%	38%	20%	32%	5%	6%	100%	

Tableau 16 Grotta Breuil, couche XX: morphologie en profil des tranchants et matières travaillées.

	plano-plane	plano-convexe	plano-concave	convexe-concave	concave-concave	indéterminée	total AUA	%
bois	4	6	3	4	1	1	19	16%
tissus charnus/os	5	8	2	4	_	1	20	17%
peau fraîche	3	3	1	6	_	1	14	12%
peau non fraîche	_	2	_	_	_	1	3	2%
peau humide	_	1	_	1	_	_	2	2%
peau seche	1	_	1	2	_	_		3%
matiere semi-dure	11	5	1	2	_	2	21	17%
matiere dure	6	5	2	2	_	2	17	14%
indéterminée	3	8	2	3	1	3	21	17%
total AUA	33	38	12	24	2	12	121	100%
%	27%	31%	10%	20%	2%	10%	100%	

Tableau 17 Grotta Breuil, couche XX: morphologie en section des tranchants et matières travaillées.

Au contraire, en ce qui concerne la morphologie en profil (*tableau 16*) il y a eu une certaine préférence pour les tranchants concaves (53%) aussi bien pour effectuer des actions transversales que pour effectuer des actions longitudinales. La morphologie en profil rectiligne est elle-aussi présente de façon significative (32%) surtout en rapport aux actions transversales. En particulier, l'amincissement est une action effectuée quasi exclusivement au moyen d'une morphologie concave tandis que le raclage en coupe négative se divise en tranchants à la morphologie aussi bien concave que rectiligne.

De même que pour la morphologie en profil celle en plan (*tableau 15*) montre plus de morphologie convexe (53%) même s'il y a une présence significative de morpphoogie rectiligne et concave (respectivement 26% et 21%). Ce sont les actions transversales, et le raclage en coupe négative en particulier, qui se rapportent à une morphologie convexe tandis que celles longitudinales ont plutôt une tendance à la morphologie concave. L'amincissement qui est une action fondamentalement mixte, a été accomplie aussi bien au moyen de tranchants rectilignes qu'au moyen de tranchants à morphologie concave. En ce qui concerne le travail du bois (*tableau 18*) les actions transversales effectuées sur cette matière présentent un angle de taillant plutôt élevé (73° en moyenne) tandis que les actions longitudinales sont associées à des angles de taillant beaucoup plus aigus (46° en moyenne). Parmi les actions faites, le raclage en coupe négative est relié à des angles de taillant épais (75° en moyenne) tandis que pour amincir on a utilisé des angles de taillant plus minces (50° en moyenne), bien adaptés à ce type d'action qui peut être considérée une particulière action de coupe.

Le travail des matières animales (tissus charnus et os)

Les polis des tissus charnus et les petites taches de polis d'os (*figs. 16 d-e*) qui ont été remarquées sur 20 *AUA* (*tableau 14*) acquièrent une signification très importante parce qu'elles sont le seul indice direct de l'activité de boucherie pour les périodes les plus anciennes de la fréquentation du site. En effet, tous les restes de la faune ont été presque totalement détruits par des processus d'altération.

Dans plusieurs cas les 20 *AUA* associées à l'activité de boucherie ont eu du contact avec les os outre qu'avec les tissus charnus (seize cas sur vingt). En plus, ces *AUA* témoignent le déroulement d'actions transversales (dix cas, 50%) et, en particulier, des actions de raclage en coupe négative (*figs. 14 c,e*), outre que d'actions de coupe (sept cas, 35%) (*figs. 14 b,d,f*). Ces données suggéreraient le nettoyage des restes des tissus charnus par raclage des os (voir l'expérimentation de raclage des tissus charnus, *3.1*)

	<20°	20°-39°	40°-59°	60°-79°	80°-99°	>100°
bois	_	3	7	5	4	_
tissus charnus/os	_	1	8	10	_	_
peau fraîche	_	_	5	3	4	1
peau non fraîche	_	_	_	5	1	_
peau seche	_	3	6	5	4	_
matiere semi-dure	_	9	7	4	_	_
matiere dure	_	1	7	6	_	_
total AUA	_	17	40	35	13	1

Tableau 18 Grotta Breuil, couche XX: angle du taillant des tranchants et matières travaillées.

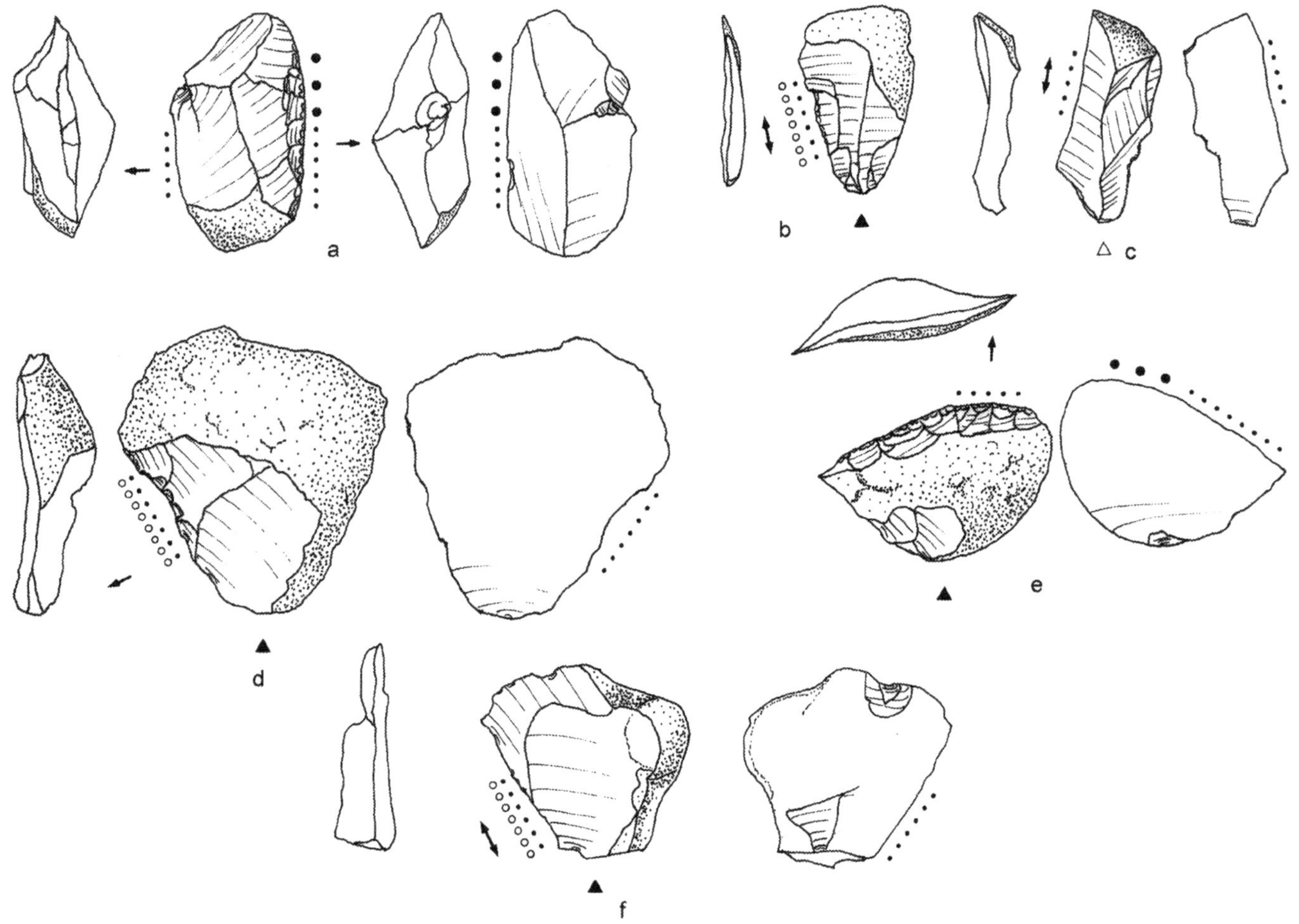

Fig.14 Grotta Breuil, couche XX, pièces présentant des traces de travail sur des matières animales (activité de boucherie): a) F6XX 53 pièces utilisées pour séparer les tissus charnus des os par raclage en coupe positive, b) F6XX 40 pièce utilisée pour séparer en coupe les tissus charnus des os, c) F6XX 170 pièce utilisée pour séparer les tissus charnus des os par raclage en coupe négative, d) F6XX 224 pièce utilisée pour séparer par une action de raclage en coupe négative, les tissus charnus des os, e) F6XX 46 (*fig.16d*) pièce utilisée pour séparer les tissus charnus des os par raclage en coupe négative, f) F6XX 7 pièce utilisée pour séparer en coupe, des tissus charnus des os. Echelle métrique 1:1.

qui ont une fréquence légèrement moins élevée que celle des activités de désarticulation et de décarnisation en coupe.

En observant les tranchants archéologiques, on n'a jamais trouvé des traces pareilles à celle produites pendant le nettoyage expérimental du *periostium* pour enlever la moelle (voir *3.1* et *fig. 6f*). Néanmoins, il faut souligner que, en ce qui concerne l'assemblage lithique de la couche XX, le manque du polis de cette activité pourrait être conditionné par des problèmes de lisibilité des traces sur certaines pièces particulières. En effet, les résultats expérimentaux (voir *3.1*) ont souligné que les planes de frappe des nucléus protocentripètes et centripètes étaient appropriés au raclage du *periostium*. On a, donc, analysé les planes de frappe des nucléus archéologiques (voir *fig. 15*) pour vérifier la présence éventuelle de ce type de traces. Malheureusement, on n'a pu obtenir aucune inférence fonctionnelle. En effet, au cours de la fouille, les nucléus n'ont jamais été considérés des pièces au potentiel fonctionnel. On les a donc conservés tous ensembles dans de grands sachets. Les frictions silex contre silex qui se sont produites ont abrasé leur micro-surface et ont développé des émoussements des zones saillantes et des stries de polis qui ont altéré la surface originale dont on n'a pas pu faire une analyse des micro-traces.

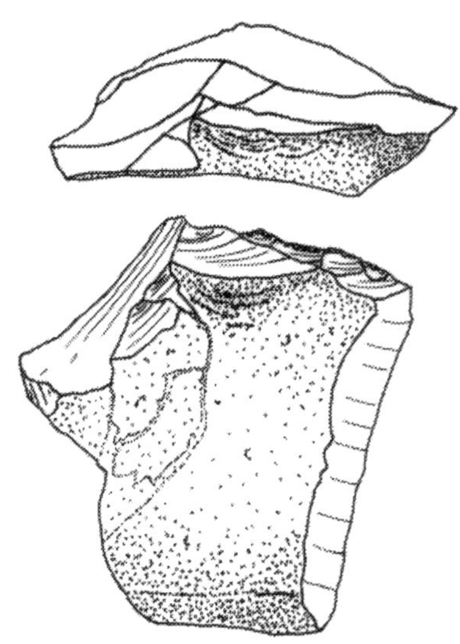

Fig.15 Grotta Breuil, nucléus F6XX 158. Echelle métrique 1:1.

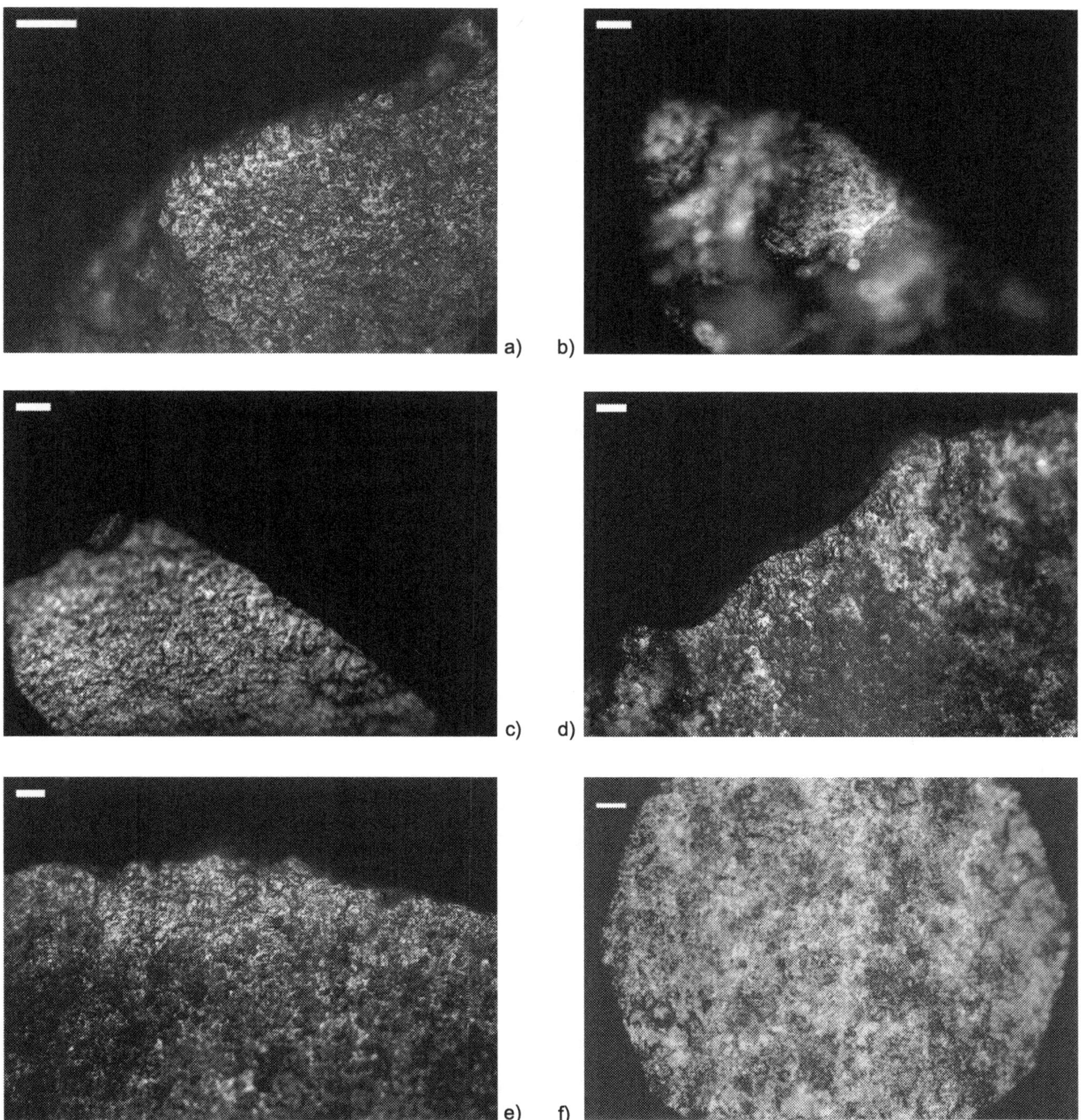

Fig.16 Grotta Breuil, couche XX, photomicrographies des polis associés au travail du bois (a-c) (*fig.13*), photomicrographies des polis associées au travail des matières animales (activité de boucherie) (d-e) (*fig.14*), photomicrographie des polis associés à la préhension manuelle directe (f) (*fig.17*): a) F6XX 238 amincissement (300x), b) F6XX 54 amincissement (150x), c) F6XX 44 raclage en coupe positive (150x), d) F6XX 46 raclage en coupe négative (150x), e) F6XX 115 action indéterminée (150x), f) F6XX 227 (150x). Les échelles métriques correspondent à 50µ.

La morphologie des tranchants associés

En général, la morphologie des tranchants qui ont été utilisés pour l'activité de boucherie est plutôt homogène et suggère un choix visé de la définition adaptée à ce type d'activité. En effet, la morphologie en section (*tableau 17*) est surtout plano-convexe (40%) même si elle est suivie d'une plus petite quantité de morphologie plano-plane (25%) et convexe-concave (20%). La morphologie en profil (*tableau 16*) est fortement adressée vers la rectiligne (45%) même si les actions de raclage ont été effectuées surtout au moyen de tranchants à morphologie concave. Le pourcentage de morphologie en plan (*tableau 15*) rectiligne est élevé (45%), bien que la morphologie concave (30%) et la convexe (25%) aient été, elles-aussi, utilisées de façon significative.

L'angle de taillant de ces *AUA* est plutôt fort (*tableau 18*). Il est compris entre 42° et 71° avec une moyenne de 59°. Il paraît en contradiction avec le travail accompli sur des matières tendres telles que les tissus charnus pour lesquelles on supposerait l'utilisation de taillants aigus. Néanmoins, l'épaisseur significative de ces tranchants peut être expliquée par le fait que l'activité de boucherie a été effectuée au moyen d'un nombre considérable d'actions transversales qui ont

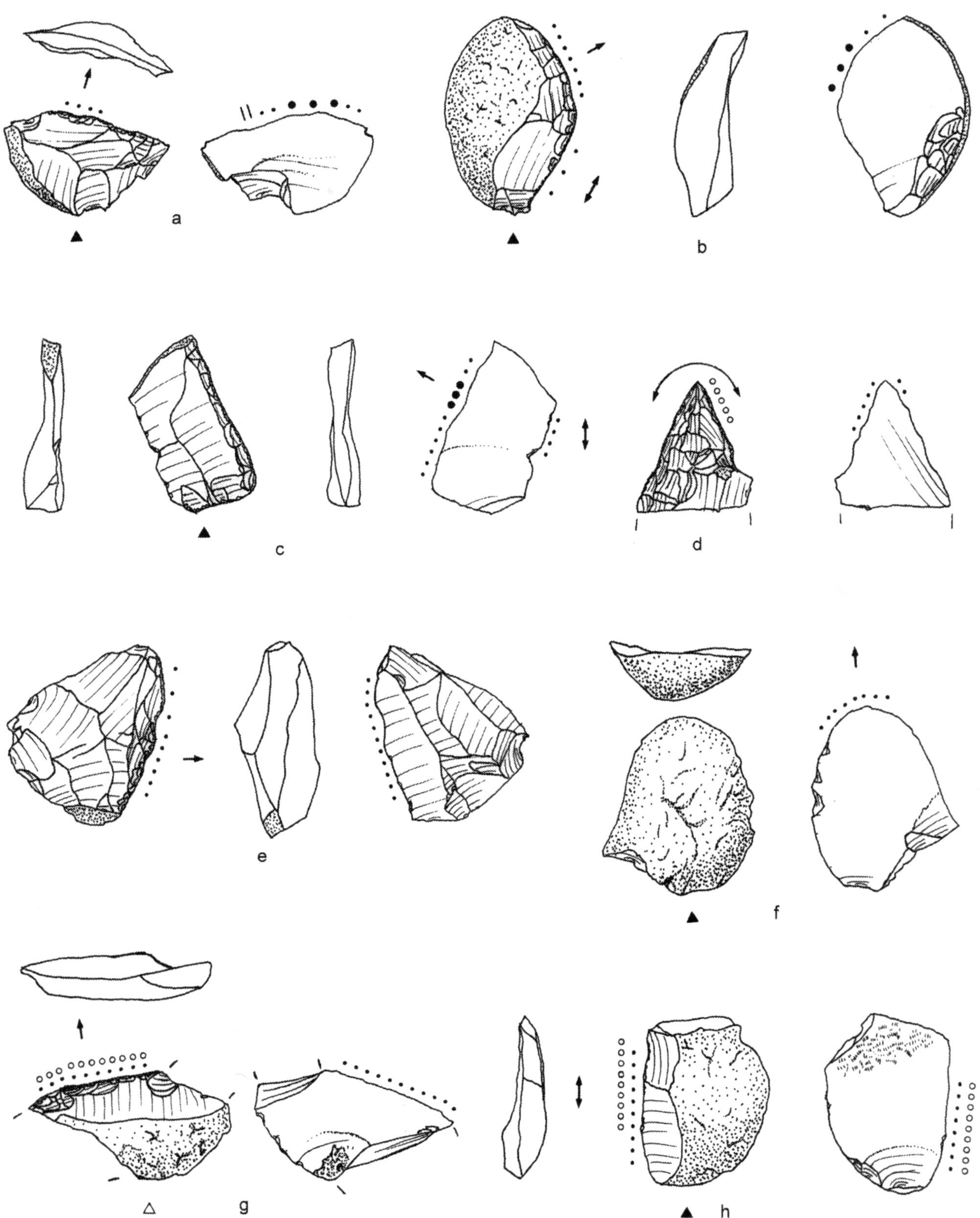

Fig.17 Grotta Breuil, couche XX, pièces présentant des traces du travail de la peau: a) F6XX 41 pièce utilisée pour écharner par raclage en coupe positive et présentant une interruption brutale du poli (évidence négative de préhension), b) F6XX 54 pièce utilisée pour écharner par raclage en coupe positive, c) F6XX 165 (*fig.18a*) pièce utilisée pour racler de la peau sèche en coupe négative, d) F6XX 126 pièce utilisée pour percer de la peau fraîche ou humide, e) F6XX 17 (*fig.18b*) pièce utilisée pour écharner par raclage en coupe positive et en coupe, f) F6XX 196 pièce utilisée pour racler de la peau non fraîche, g) F6XX 58 pièce utilisée pour racler la peau sèche en coupe négative, h) F6XX 227 pièce utilisée pour écharner en coupe et présentant des traces de préhension manuelle directe (*fig.16f*).
Echelle métrique 1:1.

requis des angles de taillant plus forts (64° en moyenne) que ceux appropriés pour la coupe (48° en moyenne).

Le travail de la peau

Les vingt-trois *AUA* liés au travail de la peau (*tableau 14*) sont associés surtout aux actions transversales (70%). En treize cas des actions spécifiques ont été reconnues et elles se divisent en raclage en coupe positive (huit cas) (*figs. 17 a-b,e*) et raclage en coupe négative (cinq cas) (*figs. 17 c,g*). Au contraire, les quatre *AUA* qui présentent des actions longitudinales (*figs. 17 h,e*) constituent seulement 17% des tranchants associés à cette matière. En outre, une action de perçage (*fig. 17d*) sur de la peau sèche a été effectuée avec une zone saillante.

La plupart du travail de la peau observé sur ces tranchants concerne la première partie du traitement c'est-à-dire l'élimination du *subcutis* de la face inférieure de la peau fraîche. Les *AUA* où cette activité a été remarquée correspondent à 61% du total des *AUA* tandis que le restant, 39%, se divise en peau humide, sèche et généralement non-fraîche.

Le travail de la peau fraîche pourrait avoir été légèrement surestimé parce que les polis de quelques tranchants utilisés pour l'activité de boucherie pourraient avoir été faussement rapportés à l'écharnage . Néanmoins l'importance de cette étape du traitement reste irréfutable. Vu que c'est surtout l'écharnage (*figs.17 a-b,e,h, fig. 18b*) qui a été accompli sur site, on pourrait supposer que le reste du traitement a été déplacé dans d'autres lieux ou, encore, qu'il a été effectué grossièrement au moyen seulement d'écharnage et de séchage (Hayden 1979, 1990). Néanmoins, une minorité de tranchants a été utilisée pour les étapes suivant l'écharnage aussi bien quand la peau était humide (*fig. 18d*) que quand la peau était sèche (*figs. 18 a,c*). Cela témoigne que du proto-tannage de la peau a été effectué, même si ce n'était que plus rarement.

La rareté de traitement après écharnage est aussi confirmée par le manque de fils du bord actifs très émoussés présents dans l'ensemble des matières semi-dures et dures. En effet, l'émoussé du fil du bord actif est un bon indice du travail des peaux humides ou sèches et il peut se maintenir même si les polis ont disparu (voir à ce propos Van Gijn 1989, 156). L'émoussé a été observé rarement sur les tranchants aux enlèvements d'usage. Cette absence pourrait témoigner de la rareté de traitement de la peau observée en analysant l'assemblage lithique de la couche XX.

La morphologie des tranchants associés

La morphologie en section (*tableau 17*) des tranchants qui ont travaillé la peau est plutôt variée et comprend aussi bien

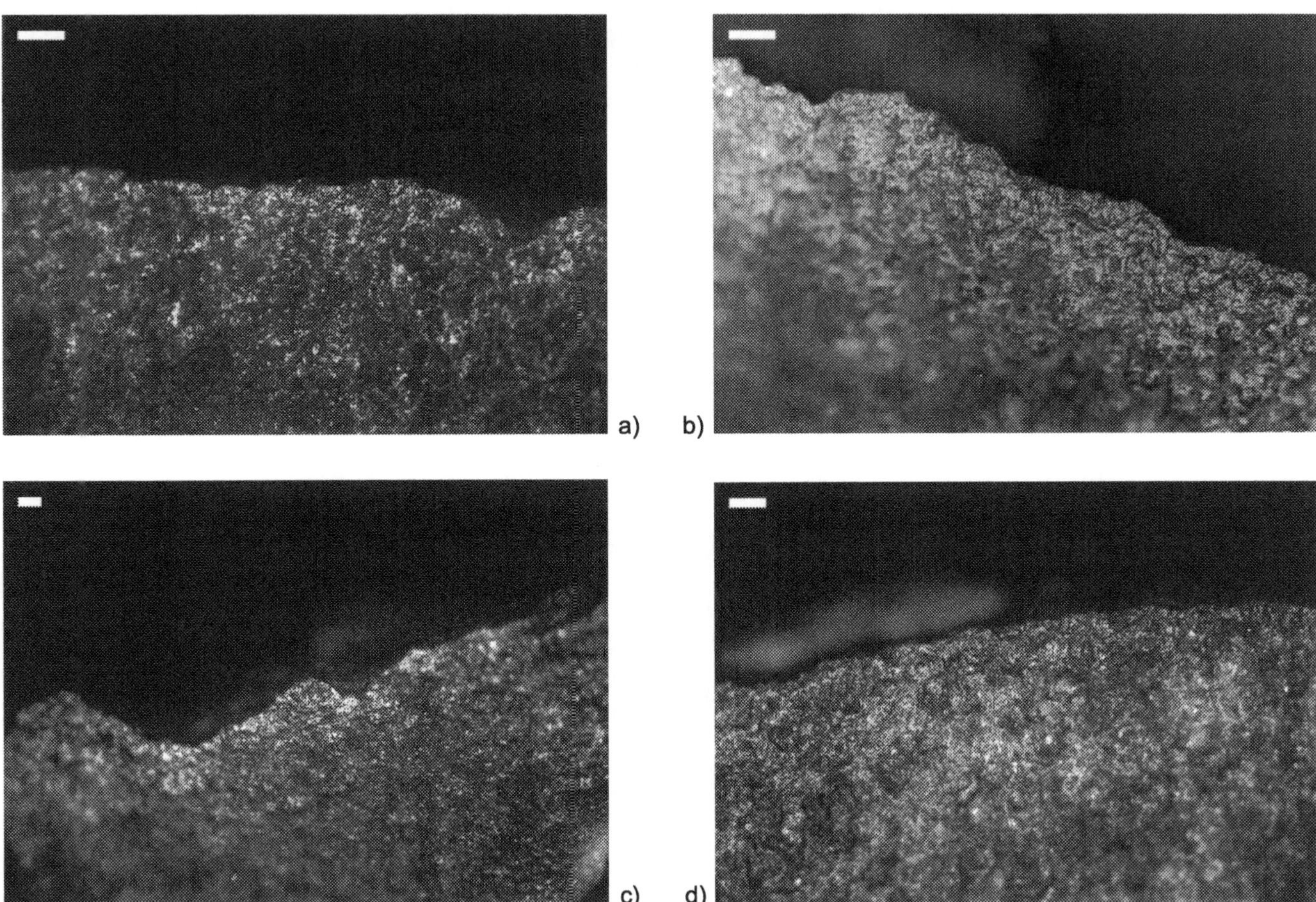

Fig.18 Grotta Breuil, couche XX, photomicrographies des polis associés au travail de la peau (a-b) (*fig.17*) et (c-d): a) F6XX 165 raclage en coupe négative de la peau sèche (200x), b) F6XX 17 écharnage (150x), c) F6XX 49 raclage en coupe positive de la peau sèche (100x), d) F6XX 21 raclage en coupe positive de la peau humide (150x). Les échelles métriques correspondent à 50µ.

des morphologies plano-planes (17%) que plano-convexes (26%) et surtout des morphologies convexes-concaves (39%). Une situation très semblable est visible sur les tranchants qui ont effectué l'écharnage tandis que quelques changements se vérifient en ce qui concerne les *AUA* associées à la peau non-fraîche où la morphologie convexe-concave ne domine pas mais a été choisie, au contraire, dans un pourcentage presque égal à celui plano-convexe (33%).

La morphologie en profil (*tableau 16*) de ces *AUA* n'est pas homogène. En effet, des tranchants à morphologie rectiligne (30%) aussi bien que des tranchants à morphologie convexe (35%) et des tranchants à morphologie concave (22%) ont été choisis presque indifféremment. Néanmoins, en vérifiant en particulier la morphologie des tranchants utilisés pour l'écharnage, on observe une légère préférence pour la morphologie concave. Au contraire, le travail de la peau non fraîche n'est pas rapporté à une morphologie précise même si la rectiligne a été choisie plus que les autres.

La morphologie en plan (*tableau 15*) est surtout rectiligne (35%) ou convexe (35%). En particulier, par rapport à l'écharnage, la convexe est la plus fréquente. Par rapport au traitement de la peau non fraîche, la plus fréquente est la rectiligne.

Les angles de taillant de ces *AUA* (*tableau 18*) ne sont jamais très aigus. En effet, ils ne vont pas au-dessous de 40° et ils rejoignent plus de 100° pour une moyenne de 72°. En douze cas sur quatorze, ces tranchants ont été retouchés. Cette dominance de la retouche pourrait indiquer que les tranchants ont été ré-affûtés pour accomplir, jusqu'à leur épuisement, un certain type d'action, comme on voit encore aujourd'hui dans des contextes ethnographiques. Cependant, la retouche pourrait avoir eu aussi la fonction de modifier la morphologie des tranchants pour l'adapter mieux à l'utilisation prévue.

Il faut souligner qu'il y a quelques différences entre les angles de taillant utilisés pour l'écharnage et ceux utilisés pour les autres étapes du traitement. En effet, les premiers sont variés tandis que les deuxièmes s'insèrent surtout entre 60° et 80°, en soulignant l'exigence d'angles de taillant spécifiques pour effectuer ces activités.

Une dernière remarque à faire sur le traitement de la peau non fraîche est l'utilisation d'un éclat totalement cortical pour effectuer une action transversale sur de la peau évidemment plutôt sèche dont le contact a causé de légers enlèvements d'usage. Le choix d'un support apparemment peu fonctionnel est justifié par l'identification d'un tranchant dont les caractéristiques morphologiques sont appropriés au but: morphologie plano-convexe en section, convexe en plan et rectiligne en profil. Ce choix démontre une utilisation, bien que très occasionnelle, des premiers produits de taille.

Le travail des matières semi-dures et dures

Des enlèvements qui témoignent du travail de matières semi-dures (*tableau 14, figs. 19a-c,e, fig. 35a*) ont été observés sur 21 *AUA* c'est-à-dire sur 17% du total. Ils sont associés

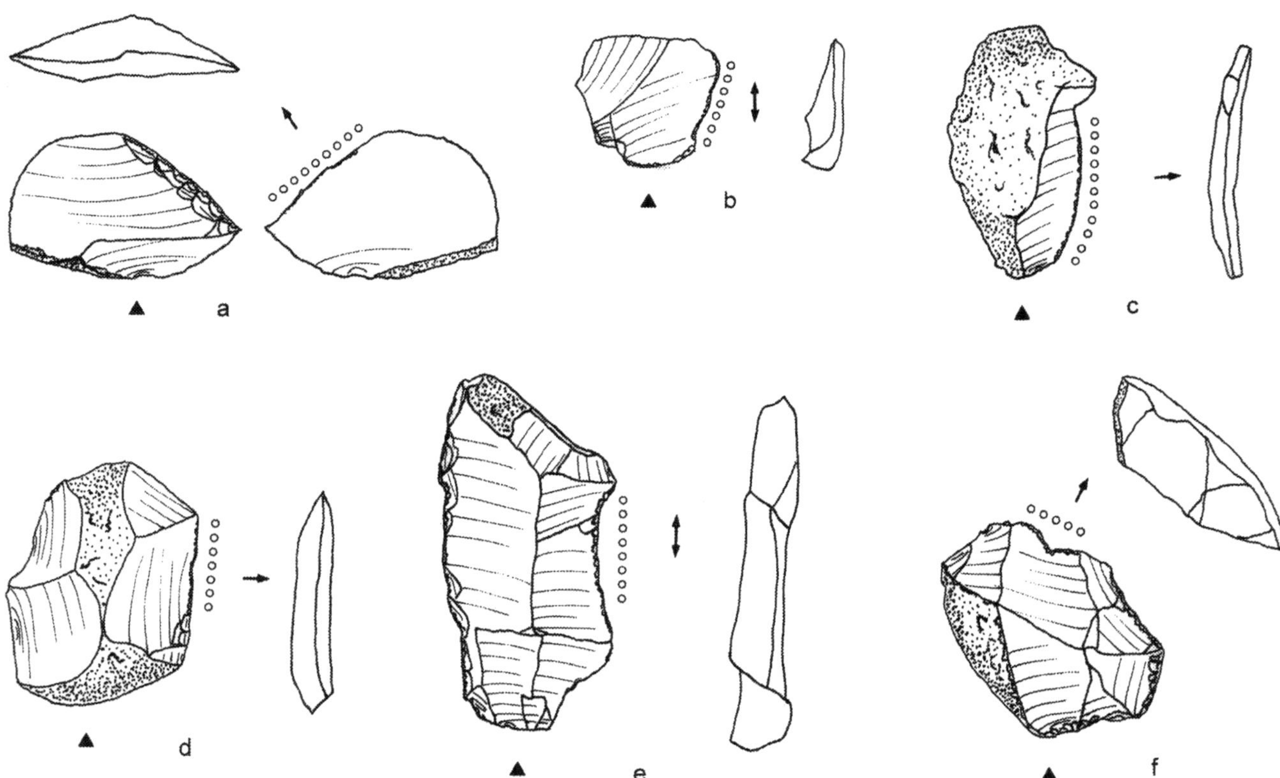

Fig.19 Grotta Breuil, couche XX, pièces présentant des traces du travail des matières semi-dures (a-c,e) et des matières dures (d-f): a) F6XX 202 pièce utilisée pour effectuer une action transversale, b) F6XX 15 (*fig.35a*) pièce utilisée pour effectuer une action longitudinale, c) F6XX 625 pièces utilisées pour effectuer une action transversale, d) F6XX 616 pièce utilisée pour effectuer une action transversale, e) F6XX 166 pièce utilisée pour raboter, f) F6XX 249 pièce utilisée pour effectuer une action transversale. Echelle métrique 1:1.

surtout à des actions transversales (57%) bien que des actions longitudinales aient été aussi identifiées (38%). Une action mixte (5%) est aussi présente. Peu d'actions spécifiques ont été distinguées. Il s'agit de trois actions d'amincissement, une action de raclage en coupe positive et un cas de raclage en coupe négative.

Le taux du travail des matières dures (*tableau 14, figs. 19d,f, fig. 35b*) est presque le même que celui des matières semi-dures. Il a été détecté sur dix-sept *AUA* (14%) qui sont associées surtout à des actions transversales (quatorze cas, 82%) dont une action de raclage en coupe négative. On a aussi identifié une action longitudinale et une action de perçage.

Comme, en ce qui concerne l'industrie de la couche XX, les micro-traces d'usage témoignent du travail du bois et de la peau, il serait justifié de supposer que les macro-traces se rapportent elles-aussi à l'exploitation de ces matières. En particulier, le travail du bois est indiqué par la présence de tranchants qui ont fait de l'amincissement, action étroitement liée à cette matière.

Au contraire, le travail de la peau paraît plus difficile à associer à ces groupes de matières parce que on n'a presque jamais retrouvé des tranchants où les enlèvements d'usage s'associent à l'émoussement du fil du bord actif qui est une très bonne évidence du contact avec de la peau humide ou sèche. Ainsi, il est difficile de supposer que la présence des matières dures et semi-dures soit un indice du travail de l'os et du bois de cervidé. En effet, l'exploitation de ces deux matières n'a pas été prouvée au moyen des polis et, de plus, elle n'est pas témoignée par des actions telles que le sciage et le rainurage qui sont souvent leur associés.

La morphologie des tranchants associés

Les matières semi-dures aussi bien que les matières dures ont été travaillées au moyen de tranchants à morphologie en section (*tableau 17*) plano-plane (respectivement 52% et 35%) mais aussi, bien que dans un pourcentage moins significatif, au moyen de tranchants à morphologie plano-convexe (respectivement 24% et 29%).

Au contraire, la morphologie en profil (*tableau 16*) de leurs tranchants se diversifie et se présente presque exclusivement rectiligne (67%) par rapport aux matières semi-dures et adressée vers la morphologie concave par rapport aux matières dures (47%).

Enfin, la morphologie en plan (*tableau 15*) des tranchants qui ont travaillé de la matière semi-dure est divisée en rectiligne (48%), convexe (33%) et concave (19%). Au contraire, les matières dures se divisent presque exclusivement entre morphologie en plan rectiligne (47%) et concave (41%).

En ce qui concerne les angles de taillant (*tableau 18*), ils ne sont pas particulièrement forts. Naturellement, ce sont les tranchants qui ont travaillé les matières semi-dures qui possèdent des angles de taillant moins épais qui s'insèrent entre 22° et 60° et se maintiennent plutôt homogènes aussi bien par rapport aux actions longitudinales (40° en moyenne) que par rapport aux actions transversales (42° en moyenne). Au contraire, les matières dures ont été travaillées au moyen d'angles de taillant un peu plus forts qui mesurent presque exclusivement de 41° à 74°.

5.2.1.2 Fonction et technologie

Les supports retouchés représentent la partie la plus consistante des pièces utilisées. En effet, ils constituent 73% du total des supports qui présentent des *AUA* tandis que les éclats se limitent à 27% seulement. De plus, les *AUA* retouchées sont bien plus représentées (78%) que celles brutes de retouches (22%).

Ces données montrent qu'il y a eu une modification significative des tranchants qui pourrait être en rapport aussi bien avec leur ré-affûtage après une utilisation précédente qu'avec l'adaptation de leur morphologie. La nécessité d'adapter des supports pour les utiliser mieux paraît être soutenue par la différence qu'il y a entre le rapport éclats/outils du total des supports et le rapport éclats/outils des supports aux traces d'usage seulement. En effet les éclats du premier groupe constituent 67% et les outils 33% tandis que, dans le deuxième groupe, le rapport s'inverse, et les éclats constituent seulement 27% et les outils 73%.

Cela signifie qu'une bonne partie des éclats débités était écartée. Evidemment, les chaînes opératoires protocentripètes et centripètes mises en place ne permettaient pas d'obtenir beaucoup d'éclats utilisables. Les résultats médiocres auxquels ces processus de taille aboutissaient étaient probablement liés à la difficulté de les appliquer aux petits galets qui constituent la matière première de Grotta Breuil. En effet, selon les observations faites au niveau de la technologie expérimentale (Bietti/Grimaldi 1993), en faisant du débitage proto- et centripète il y avait une possibilité élevée de faire des erreurs et, par conséquent, de produire des supports peu fonctionnels (éclats réfléchis, cassés etc.) et, au même temps, de gaspiller beaucoup de matière première. La petite quantité de supports fonctionnels qu'on pouvait produire justifie aussi le pourcentage élevé de retouche rapporté à l'utilisation parce qu'elle permettait de "maintenir en vie" les tranchants le plus longtemps possible.

Outre au fait que dans ce contexte les outils ont été utilisés beaucoup, il faut souligner que la plupart des supports qui présentent des traces d'usage n'est pas prédeterminée (Boëda 1994*a*; Grimaldi 1995). Cette donnée est étroitement liée au fait que, selon les résultats de l'analyse technologique, il y a un faible pourcentage de prédetérmination par rapport à cette industrie (14% seulement) (Bietti et alii 1990-1991). Les supports prédéterminés (*tableaux 19, 20*) qui présentent des traces d'usage sont seulement 19% de la totalité des supports tandis que les non prédéterminés rejoignent 81%. Néanmoins, il faut souligner que les *AUA* des supports prédéterminés ont été beaucoup moins retouchés (7% seulement) que les *AUA* des supports non prédéterminés (62%). Cette donnée suggérerait que les tranchants du premier groupe avaient une morphologie naturellement utilisable sans la modifier. En

	bois	tissus charnus/os	peau fraîche	peau humide	peau non fraîche	peau seche	matiere semi-dure	matiere dure	indéterminée	total AUA
supports non prédéterminés	15	16	14	2	3	2	14	14	18	98
%	15%	17%	14%	2%	3%	2%	14%	14%	19%	100%
supports prédéterminés	4	4	_	_	_	2	7	3	3	23
%	17%	17%	_	_	_	9%	31%	13%	13%	100%

Tableau 19 Grotta Breuil, couche XX: type de support et matières travaillées.

effet, ces pièces prédéterminées (*tableau 20*) ont été utilisées surtout pour effectuer des actions longitudinales (actions longitudinales indéterminées plus actions de coupe, 34%) et d'amincissement (26%) exécutées efficacement au moyen de tranchants non retouchés naturellement aigus. Au contraire, les *AUA* des supports non prédéterminés ont été utilisées pour effectuer surtout des actions transversales (transversales indéterminées plus raclage en coupe négative et positive, 72%). Le fait que les angles de taillant du premier groupe de *AUA* (44° en moyenne) sont plus aigus que ceux des *AUA* du deuxième groupe (61° en moyenne) paraît soutenir cette hypothèse.

5.2.1.3 Fonction et typologie

Même si les outils constituent la partie la plus nombreuse des supports aux traces d'usage (87 tranchants sur 121, 72%) on n'a pas trouvé beaucoup de corrélations significatives entre les fonctions et les types. En effet, dans la plupart des cas il y a des pourcentages de corrélation très bas dispersés entre les différentes caractéristiques fonctionnelles et les différents types.

En ce qui concerne le rapport type-mouvement (*tableau 22*), des corrélations significatives ont été identifiées pour sept types seulement. Les racloirs droits ont effectué un assez bon nombre d'actions transversales (sept *AUA*) et, même si dans un pourcentage plus bas, des actions longitudinales (quatre *AUA*). Les racloirs convexes possèdent une forte corrélation avec les actions transversales (quinze *AUA*) et surtout avec le raclage en coupe négative plutôt qu'avec celles longitudinales (quatre *AUA,* associées à des actions de coupe).

Il est donc évident que les racloirs simples ont un caractère fonctionnel adressé spécifiquement aux actions transversales ce qui est valable aussi pour les racloirs doubles et les racloirs déjetés qui ont effectué seulement des actions transversales (respectivement six *AUA* et cinq *AUA* au total) et aussi pour les racloirs transversaux qui ont effectué une seule action longitudinale sur un total de onze cas.

Au contraire, les éclats retouchés (types 45-50) sont un peu plus diversifiés et présentent trois actions longitudinales, dont une se réfère à la coupe, six actions transversales et aussi une action de perçage. A propos de l'activité de perçage, il faut souligner aussi qu'elle a été effectuée également au moyen de deux racloirs convergents. Il faut rappeler que dans des contextes du Proche Orient (Shea 1993) les racloirs convergents, mais aussi les pointes Levallois et les pointes moustériennes, ont eu une utilisation ultérieure comme armatures de projectiles.

Les corrélations significatives entre les types et les matières travaillées (*tableau 23*) ne sont pas nombreuses. Elles concernent seulement les racloirs simples droits et convexes. Les racloirs simples droits se rapportent surtout au traitement de la peau (trois *AUA*) et aux matières semi-dures (trois *AUA*). Au contraire, les racloirs simples convexes ont été utilisés pour travailler plusieurs matières telles que la peau (huit *AUA*), le bois (six *AUA*), et les matières animales liées à la boucherie (quatre *AUA*).

5.2.1.4 Les indices de préhension

Sur huit pièces seulement des enlèvements ou des polis ont été observés qui, à une première évaluation, pourraient se rapporter à la présence d'un manche.

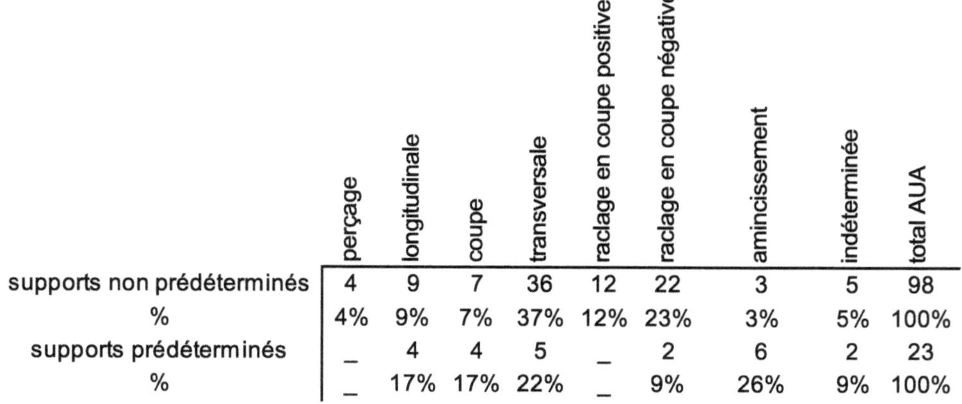

	perçage	longitudinale	coupe	transversale	raclage en coupe positive	raclage en coupe négative	amincissement	indéterminée	total AUA
supports non prédéterminés	4	9	7	36	12	22	3	5	98
%	4%	9%	7%	37%	12%	23%	3%	5%	100%
supports prédéterminés	_	4	4	5	_	2	6	2	23
%	_	17%	17%	22%	_	9%	26%	9%	100%

Tableau 20 Grotta Breuil, couche XX: type de support et actions faites.

	bois	tissus charnus/os	peau fraîche	peau humide	peau non fraîche	peau seche	matiere semi-dure	matiere dure	indéterminée	total AUA	%
racloirs simples droits	1	2	2	_	_	1	3	1	4	14	16%
racloirs simples convexes	6	4	5	_	1	2	_	1	4	23	27%
racloirs simples concaves	_	_	1	_	_	_	1	_	1	3	3%
racloirs doubles droits	1	_	_	_	_	_	_	_	_	1	1%
racloirs doubles droits convexes	_	2	_	_	_	_	_	_	1	3	3%
racloirs doubles droits concaves	_	1	_	_	_	1	_	_	_	2	2%
racloirs doubles convexes-concaves	_	_	_	_	_	_	_	2	_	2	2%
racloirs convergents droits	_	_	_	_	1	_	_	_	_	1	1%
racloirs convergents concaves	_	_	_	_	_	_	_	1	_	1	1%
racloirs convergents convexes	1	_	_	_	1	_	_	_	_	2	2%
racloirs déjetés	_	_	2	_	_	_	_	_	3	5	6%
racloirs transversaux droits	_	_	2	1	_	_	_	_	1	4	5%
racloirs transversaux convexes	2	1	_	_	_	_	1	1	1	6	7%
racloirs transversaux concaves	_	_	1	1	_	_	_	_	_	2	2%
racloirs a dos aminci	1	_	_	_	_	_	_	_	_	1	1%
grattoirs atypiques	_	_	_	_	_	_	1	_	_	1	1%
encoches	_	2	_	_	_	_	_	1	_	3	3%
denticulés	_	2	_	_	_	_	_	1	_	3	3%
éclats rétouchés	1	_	1	_	_	_	2	2	4	10	11%
total AUA	13	14	14	2	3	4	8	10	19	87	100%
%	15%	16%	16%	2%	3%	5%	9%	12%	22%	100%	

Tableau 21 Grotta Breuil, couche XX: type d'outils et matières travaillées.

Les grandes taches de polis qui ont été identifiées sur la face ventrale de deux outils - deux racloirs simples convexes - ne paraissent pas correspondre à celles qui se sont développées pendant l'expérimentation aussi bien à la suite de la préhension à la main qu'au moyen d'un manche. En effet, les polis archéologiques sont distribués en grandes taches de polis aux directions variées tandis que celles expérimentales sont distribuées en taches plus petites et localisées, aux directions plus régulières qui suivent plus au moins la direction du mouvement.

On ne peut pas exclure que le manque de correspondance entre les traces archéologiques et celles expérimentales puisse être dû à des conditions d'emmanchement supposées qui diffèrent légèrement de celles des Néandertaliens. Néanmoins dans ces cas-ci, la distribution apparemment casuelle des polis et leur très fort développement, ferait supposer que des agents postdépositionnels aient affecté ces pièces. Donc, les taches de polis observées seraient plutôt à attribuer aux altérations mécaniques.

Au contraire, sur la surface ventrale et sur les crêtes dorsales d'un éclat retouché, qui a servi pour écharner en coupe, ont été identifiées des taches localisées de polis à texture lisse et brillante et à topographie plane. Leur morphologie et leur distribution feraient supposer le contact avec un manche parce qu'elles sont semblables à celles produites de façon expérimentale en introduisant le support dans un manche "en pince" (voir *figs. 9c,d-e*) (Vuillemey 1987).

En trois cas - un racloir simple convexe, deux racloirs simples concaves - des enlèvements ont été retrouvés. Leur position par rapport aux tranchants utilisés suggère la présence d'un manche. Néanmoins, les différents manches expérimentaux utilisés n'ont créé aucun enlèvement à l'exception d'un seul cas où une petite encoche a été produite (voir *3.5.1*). La distribution caractéristique de ces enlèvements expérimentaux n'a aucune ressemblance avec les enlèvements observés sur les pièces archéologiques.

Le manque de correspondance entre l'évidence archéologique et expérimentale ferait supposer que l'altération mécanique a produit ces enlèvements. Cependant, cela pourrait signifier que les conditions d'emmanchement n'ont pas été parfaitement reproduites. En effet, les causes qui auraient pu produire ces enlèvements (l'insertion dans un manche, la torsion ou le mouvement de la pièce dans un manche, la combinaison entre le manche et l'action faite etc.) sont si variées, qu'il est très difficile de les reproduire exactement au moyen de l'expérimentation.

Au contraire, sur un racloir à dos aminci, utilisé pour racler du bois (*fig. 13a*), et sur un autre éclat retouché utilisé pour écharner en coupe (*fig. 16f, fig. 17h*) d'autres polis ont été identifiés et on a réussi à les reproduire expérimentalement. Il s'agit de quelques taches de polis mates et rugueux qui ont été observées sur les parties élevées des retouches d'amincissement du racloir à dos aminci et sur la surface ventrale d'un éclat retouché . Ces polis sont très semblables dans leur morphologie et leur distribution à ceux qu'on a produits par le moyen d'une prise à la main pendant l'accomplissement d'activités expérimentales (voir *figs. 9a-b*). Vu la correspondance entre les traces archéologiques et les traces expérimentales, il est possible de supposer que ces deux pièces n'ont pas été emmanchées mais, au contraire, elles ont été simplement utilisées à la main. De plus, en ce qui concerne le racloirs à dos aminci, le fait que les polis archéologiques sont placés sur la retouche d'amincissement suggère qu'ils pourraient avoir été effectués pour régulariser et pour émousser cette partie et la rendre plus indiquée pour la prise à la main.

Dans un dernier cas, c'est l'arrêt abrupt des polis d'usage qui ont fait supposer la présence de quelques sortes de préhension. Il s'agit d'un racloir simple convexe (*fig. 17a*) qui a été utilisé pour travailler de la peau. Les polis qui se rapportent à ce travail sont distribués dans une bande qui se termine brusquement à la fin de la partie tranchante à morphologie convexe en plan. Le manque du polis suggérerait la présence d'un manche ou de la main qui auraient empêché aux traces de s'étendre. Supposant que la morphologie particulière de la pièce archéologique avait joué un rôle fondamental dans la distribution des polis, on a travaillé la peau avec une pièce expérimentale qui avait à peu près les mêmes caractéristiques que celle archéologique. On a vérifié ainsi que la morphologie du tranchant actif est particulièrement appropriée pour nettoyer en coupe le *subcutis* de la peau fraîche et pour dépiler toujours en coupe la peau humide. De plus, on a vérifié que la morphologie du support permet une très bonne prise à la main qui arrive jusqu'à la limite de la partie tranchante en empêchant au polis d'usage de s'étendre.

Ces données témoignent que les Néandertaliens de Grotta Breuil n'étaient pas obligés à emmancher leurs petits outils pour les utiliser. Ils pouvaient les utiliser à la main avec une prise bien plus forte que celle des Hommes modernes étant donnée l'anatomie particulière de leurs mains qui leur permettait d'obtenir une prise de force plutôt que de précision (Trinkaus 1983; Churchill *et alii* 1996). Néanmoins, dans certains cas où par exemple le travail des tissus charnus pouvait rendre la pièce glissante et difficile à tenir à la main et dans les cas où des mouvements plus contrôlés et standardisés étaient nécessaires, des manches occasionnels auraient pu être utilisés. Les données fonctionnelles paraissent confirmer cette hypothèse. En effet, les seules traces d'emmanchement observés au niveau archéologique se lient à des activités d'écharnage des peaux. L'écharnage comporte le contact avec des tissus charnus, enlevés aisément avec une série précise d'actions de coupe (voir aussi *5.2.5.4*).

5.2.2 Discussion

L'exploitation des carcasses, le traitement des peaux et la création d'objets ou de structures en bois sont autant d'activités déterminées par l'analyse de l'échantillon lithique provenant de la couche XX.

Les vestiges osseux ayant été presque totalement détruits par les altérations post-dépositionnelles (voir aussi *5.2*), les résultats de l'analyse des traces d'usage constituent la seule évidence d'une exploitation des carcasses sur le site (voir, *le travail des matières animales*, en *5.2.1.1*). La mise en évidence d'un grand nombre d'actions transversales - surtout de raclage -suggérerait, en accord avec les données de l'expérimentation (voir *3.1* et *3.1.1*), que les carcasses auraient fait l'objet d'un nettoyage quasi-systématique des restes des tissus charnus. L'identification d'un certain nombre d'actions de coupe, toujours de tissus charnus, a montré que la désarticulation et/ ou la décarnisation de certaines parties des carcasses étaient également effectuées. Le fait que ces actions de coupe représentent une partie nettement moins importante que celle tenue par le raclage des os, pourrait partiellement s'expliquer par le ré-affûtage fréquent et répété des tranchants qui paraît avoir caractérisé cette industrie (voir *5.2.1.2*). Un certain nombre d'activités de désarticulation et de décarnisation, qu'on peut aisément accomplir à l'aide de tranchants bruts de retouche, ont pu être oblitérées par des ré-affûtages successifs. Bien que nous ayons pu sous-estimer ces actions de désarticulation et de décarnisation, l'ensemble des données tracéologiques n'en indique pas moins que le raclage des tissus charnus a été une activité importante. Qu'est-ce que cela peut-il signifier? Nous ne disposons pas de documentation ethnographique directe témoignant de ce type de geste, pouvant nous éclairer sur ce sujet. On peut poser comme hypothèse que ces traces sont le reflet du comportement de chasseurs-cueilleurs ayant des difficultés d'approvisionnement en viande et qui auraient cherché à exploiter le plus possible les carcasses à leur disposition. L'exploitation soigneuse des carcasses aurait pu comporter, après le nettoyage en coupe, le raclage de petits morceaux de viande qui restaient encore attachés aux os, peut-être les plus difficiles à nettoyer (selon mes expériences de boucherie, l'omoplate et le bassin). Le défaut nutritionnel n'est pas forcément la seule explication d'un tel comportement. Il pourrait s'agir d'un comportement traditionnel incluant, pour l'activité de boucherie, des actions longitudinales de coupe, mais aussi des actions transversales de raclage. Ces dernières auraient pu servir à dégager et rendre moins glissant (en raison de la présence de restes de tissus charnus) le point d'impact au niveau duquel étaient cassés les os pour l'extraction de la moelle. L'arrachement du *periostium* qui aurait produit, au niveau des traces, bien plus de polis d'os (voir, à ce propos, les observations expérimentales, *3.1*) que celles observées sur ces tranchants (voir, à ce propos, *5.2.1.1 le travail des matières animales*) n'est pas nécessaire dans l'exécution de ce geste.

En ce qui concerne le traitement des peaux (voir *le travail de la peau* en *5.2.1.1*), la première étape du travail, l'écharnage, est bien représenté tandis que les étapes suivantes sont attestées, mais de manière plus discrète. La prééminence de l'écharnage sur les autres étapes, justifierait l'hypothèse selon laquelle pour les peaux les plus conséquentes, celles des herbivores de grande taille ou de taille moyenne par exemple, un procédé très simple et grossier de séchage était appliqué seulement après écharnage. C'est un comportement semblable qui a été observé chez certains groupes modernes de chasseurs-cueilleurs (Hayden 1990).

Dans le cadre fonctionnel qui commence à se dégager s'inscrit aussi le travail du bois dont l'importance est loin d'être négligeable (voir *le travail du bois* en *5.2.1.1*). Cette matière a été exploitée par une série restreinte d'actions, le raclage et l'amincissement, qui font supposer que ce sont des objets ou des structures très simples qui ont été créés: des bâtons à fouir, des piquets pour des enclos ou pour étendre les peaux au sol, des affûts.

Vu l'absence d'actions telles que le sciage, la gravure et le perçage qui sont des signaux d'une production d'objets fonctionnellement plus spécifiques (par exemple, des armatures de projectiles, des propulseurs, des outils à percuter, des récipients, des manches), il semble que, dans ce cas, aucun objet ou structure plus élaboré n'ait été réalisé aussi bien avec le bois qu'avec le bois de cervidé ou l'os.

En ce qui concerne la morphologie des tranchants, on peut dire qu'ils ont une faible spécificité morphologique (voir *la morphologie des tranchants associés* en *5.2.1.1*). On ne retrouve pratiquement aucune corrélation de standardisation entre leur délineation et les activités accomplies (exception faite pour l'activité de boucherie). En particulier, le grand éventail de morphologies de tranchant utilisées pour le travail de la peau, constitue un bon exemple du faible niveau de précision avec lequel se déroulait cette activité. Les répliques expérimentales (voir *3.2.1*, *3.2.2*) ont démontré que les caractéristiques morphologiques du tranchant sont très importantes pour effectuer efficacement les étapes, même dans le cas de processus de tannage simples. Dans leur ensemble, ces données suggéreraient donc un degré d'anticipation peu élevé au niveau de l'efficacité du taillant choisi.

En ce qui concerne le rapport entre les tranchants et le type de support utilisé, j'ai mis en lumière (voir *5.2.1.2*) un manque probable d'anticipation du pouvoir fonctionnel des supports débités, conséquence de l'application de méthodes de taille (proto- et centripètes) peu efficaces aussi bien pour la quantité que la qualité des pièces produites. Les caractéristiques morphologiques (et fonctionnelles) du tranchant paraissent se mettre en place lors du façonnage des bords. Dans ce contexte, la retouche aurait acquis un statut "rectificatif" afin de rendre ou maintenir efficace un tranchant, ce qui peut donc être considéré comme un comportement tout à fait opportuniste ("*unplanned and situational*"; Thacker 1996, 119).

Un ensemble limité d'actions a été déterminé par l'analyse de l'assemblage lithique de la couche XX: ni sciage, ni rainurage, très peu de perçage, surtout du raclage, de la coupe et de l'amincissement. Les séquences du traitement des peaux semblent avoir été très simplifiées: de l'écharnage pour l'essentiel, peu de travail de la peau sèche et quelques rares passages intermédiaires. Cet tableau serait plutôt indicateur d'une production d'objets rudimentaires nécessitant un faible degré de prévision des gestes à effectuer.

Le bilan qui peut être établi à partir des résultats obtenus montre des comportements dépourvus de stratégie. Il n'y

	perçage	longitudinale	coupe	transversale	raclage en coupe positive	raclage en coupe négative	amincissement	indéterminée	total AUA	%
racloirs simples droits	1	2	1	2	1	4	1	2	14	16%
racloirs simples convexes	_	_	4	7	2	6	1	3	23	27%
racloirs simples concaves	_	1	_	2	_	_	_	_	3	3%
racloirs doubles droits	_	_	_	1	_	_	_	_	1	2%
racloirs doubles droits convexes	_	_	_	1	_	2	_	_	3	3%
racloirs doubles droits concaves	_	_	_	1	1	_	_	_	2	2%
racloirs doubles convexes-concaves	_	_	_	2	_	_	_	_	2	2%
racloirs convergents droits	1	_	_	_	_	_	_	_	1	1%
racloirs convergents concaves	1	_	_	_	_	_	_	_	1	1%
racloirs convergents convexes	_	_	_	1	_	1	_	_	2	2%
racloirs déjetés	_	_	_	_	3	2	_	_	5	6%
racloirs transversaux droits	_	1	_	_	3	_	_	_	4	5%
racloirs transversaux convexes	_	1	_	2	_	3	_	_	6	7%
racloirs transversaux concaves	_	_	_	_	1	1	_	_	2	2%
racloirs a dos aminci	_	_	_	_	_	_	1	_	1	1%
grattoirs atypiques	_	1	_	_	_	_	_	_	1	1%
encoches	_	_	_	1	_	1	_	1	3	3%
denticulés	_	_	1	2	_	_	_	_	3	3%
éclats rétouchés	1	2	1	6	_	_	_	_	10	11%
total AUA	4	8	7	28	11	20	3	6	87	100%

Tableau 22 Grotta Breuil, couche XX: type d'outils et actions faites.

aurait pas de planification particulière en ce qui concerne le choix de la morphologie des tranchants, le débitage des supports, la séquence des gestes associés à une fonction donnée. Cependant, ces comportements, témoignant de la satisfaction de besoins très simples, pourraient avoir été voulus, c'est-à-dire, faire partie d'une stratégie organisée selon différents niveaux de planification. Mais ces comportements pourraient aussi signifier un défaut de capacité de planification. Je proposerai quelques spéculations sur ce sujet, lors de la discussion finale portant sur la comparaison des résultats de l'analyse des trois échantillons lithiques de Grotta Breuil (voir *5.2.7*).

5.2.3 La couche 6 (carrés E2-F2)

389 pièces aussi bien retouchées que brutes de retouche constituent la partie d'industrie lithique de la couche 6 mise en lumière dans les carrés E2 et F2. 175 (45%) pièces ont fait l'objet de l'analyse microscopique. Ces pièces présentent 386 *PUA* dont 90 (51%) ont des traces d'usage. Ces *AUA* correspondent à 71 des pièces analysées (41 %). Il faut remarquer que l'une de ces pièces est un éclat cortical dépourvu des caractères de sélection *a priori* (voir *2.6*). Cependant, il possède une *AUA* qui entre dans le comptage total.

La comparaison entre ces résultats et ceux provenant de l'analyse de la couche XX montre la différence de potentiel fonctionnel entre les deux industries lithiques. En effet, dans l'assemblage de la couche 6 le pourcentage des pièces aux traces diagnostiques et le pourcentage des *AUA* est plus élevé - 41% contre 24% des pièces aux traces d'usage et 51% contre 36% des *AUA*. Le différent état de conservation de l'assemblage lithique des deux couches peut être la cause de leur différent potentiel fonctionnel. L'industrie lithique de la couche 6 possède un assez bon état de consérvation. Elle a été faiblement attaquée par des phénomènes d'altération probablement causés par de légers agents chimiques acides, et par de légères frictions des pièces dans le sédiment (voir *4.4.3*). Au contraire, l'industrie lithique de la couche XX a subi des attaques chimiques bien plus massives, mises en évidence par la présence significative des phénomènes de dissolution de leur surface. Ceux-ci sont bien montrés par un taux élevé de patine blanchâtre et de patine brillante (*glossy patina)* (voir *4.4.2*).

5.2.3.1 Les actions effectuées et les matières travaillées

Les 90 *AUA* identifiées se divisent en 36 tranchants (40%) qui ont effectué des actions transversales, 40 tranchants (44%) qui ont effectué des actions longitudinales, six tranchants aux actions mixtes (le 7%), une zone saillante qui a servi pour une perforation (1%) et dix-sept tranchants (le 8%) dont on n'a pas pu déterminer l'action effectuée.

Pour 48 (53%) de ces tranchants (*tableau 23*) on a pu établir plus précisément les types d'actions effectuées. Il s'agit surtout du raclage et, en particulier, de quatre cas de raclage en coupe positive et six cas de raclage en coupe négative. On a identifié un assez bon nombre d'amincissement (dix cas), un grand nombre de coupe (27 cas) et aussi quelques cas de rainurage (deux cas) et de sciage (un cas) et de perçage (un cas). Ces

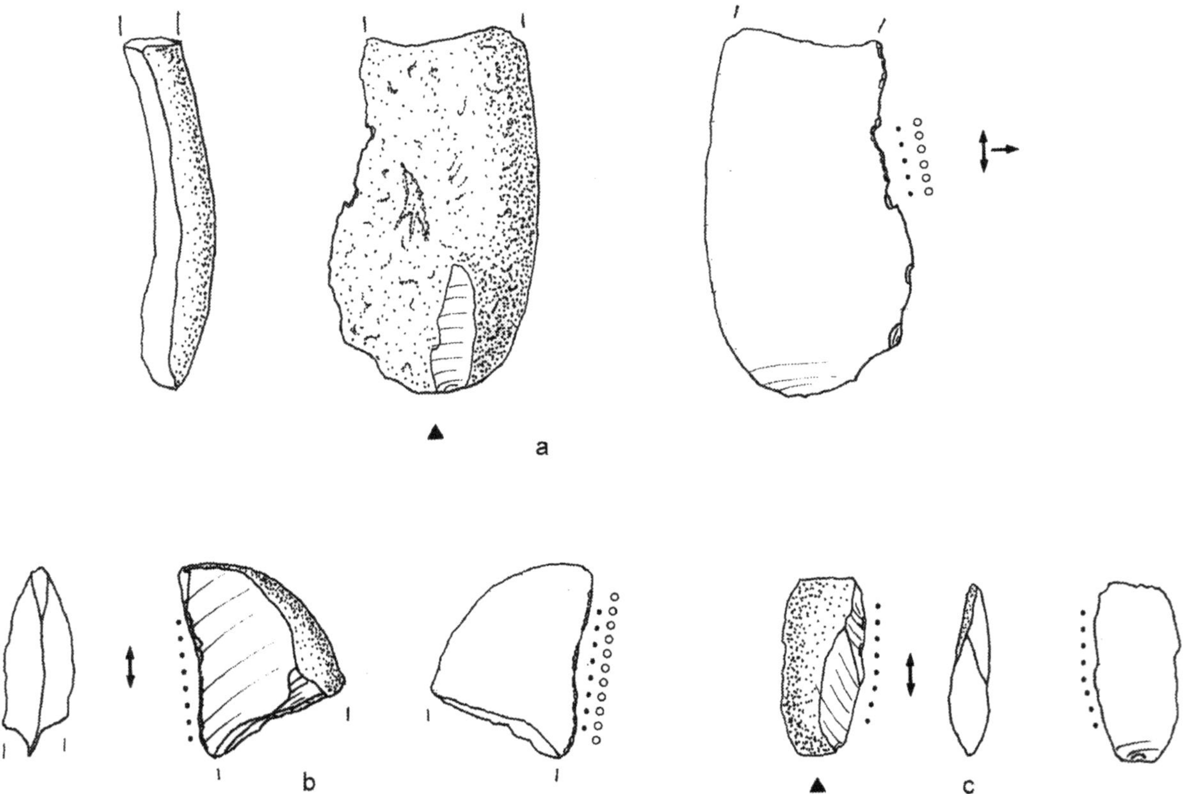

Fig.20 Grotta Breuil, couche 6, pièces présentant des traces du travail du bois: a) E2XI 434 (28) (*fig.21b*) et b) E2XI 245 (5) (*fig.21a*) pièces utilisées pour amincir, c) E2XI 439 (67) pièce utilisée pour couper du bois blanc. Echelle métrique 1:1.

	perçage	longitudinale	coupe	sciage	transversale	raclage en coupe positive	raclage en coupe négative	mixte	amincir	rainurage	indéterminée	total AUA	%
bois	_	_	_	_	_	_	_	_	2	_	_	2	2%
bois blanc	_	_	1	_	1	_	_	_	_	_	_	2	2%
tissus charnus/os	1	1	13	1	5	1	_	_	_	_	_	22	25%
poisson	_	_	_	_	1	1	_	1	_	_	_	3	3%
peau fraîche	_	_	3	_	_	_	_	2	_	_	_	6	7%
peau non fraîche	_	_	2	_	_	1	1	_	_	_	_	4	4%
peau sèche	_	_	1	_	_	_	_	_	_	_	1	2	2%
matière tendre	_	1	4	_	2	_	_	_	3	_	_	10	11%
matière semi-dure	_	4	_	_	11	1	1	_	4	_	3	24	27%
matière dure	_	_	3	_	2	_	1	_	1	2	_	9	10%
indéterminée	_	_	_	_	1	_	2	_	_	_	3	6	7%
total AUA	1	6	27	1	23	4	6	3	10	2	7	90	100%
%	1%	7%	30%	1%	26%	4%	7%	3%	11%	2%	8%	100%	

Tableau 23 Grotta Breuil, couche 6: matières travaillées et actions faites.

données montrent un cadre plutôt varié des actions effectuées au moyen de cette industrie en suggérant une élaboration du geste qui se relie à des buts fonctionnels précis.

Parmi les 37 *AUA* associées au travail des matières animales tendres il y en a 25 (28%) qui se rapportent à l'activité de boucherie tandis que les douze autres AUA (13%) présentent des traces à associer à différents états du travail de la peau. Vu le taux élevé du travail de ces matières animales, il serait justifié de supposer qu'au moins une partie des *AUA* associées aux matières tendres (dix *AUA*, 11%) se rapporte au même type de travail. Enfin, il y a 7 *AUA* (8%) pour lesquelles on n'a pas pu déterminer les matières travaillées.

Le travail du bois

Le travail du bois est peu représenté (*tableau 23, figs. 21 a-b*). Seulement quatre *AUA* présentent des micro-traces qui indiquent le contact avec cette matière. Néanmoins, il a été possible d'établir que des types de bois différents ont été travaillés. En effet, en deux cas, la distribution des polis de bois - homogène sur la micro-surface du silex et pas seulement sur les points les plus élevés - témoigne du contact avec de la matière tendre. Cela justifie un contact avec du bois blanc qui a été travaillé au moyen d'une action transversale et au moyen d'une action de coupe. Au contraire, avec les deux autres *AUA* associées au bois, de l'amincissement (*figs. 20 a-b*) a été effectué.

La morphologie des tranchants associés

Les deux tranchants qui ont aminci le bois ont un angle de taillant peu épais (*tableau 27*) qui s'associe bien à l'action effectuée qui est une sorte de coupe accomplie au moyen de différents mouvements et pas seulement avec le mouvement longitudinal. L'angle de taillant des deux tranchants mesure respectivement 29° et 40°. Dans ce deuxième cas il s'agit d'un angle du tranchant retouché au moyen d'une retouche mince et envahissante qui n'a pas émoussé mais, au contraire, a créé un coupant (Grimaldi/Lemorini 1993).

Les tranchants associés à l'amincissement ont une morphologie homogène. Leur morphologie en section (*tableau 26*) est plano-plane tandis que leur morphologie en plan est toujours concave (*tableau 24*). Au contraire, leur morphologie en profil (*tableau 25*) varie respectivement de rectiligne à convexe. Les deux autres tranchants, associés au travail du bois blanc possèdent toujours une morphologie plano-plane en section et une morphologie rectiligne en profil. Au contraire, leur morphologie en plan se diversifie. Elle est rectiligne pour le tranchant qui a effectué l'action transversale et convexe pour le tranchant utilisé en coupe. L'angle des

	rectiligne	convexe	concave	indéterminée	total AUA	%
bois	1	1	2	_	4	4%
tissus charnus/os	12	5	7	1	25	28%
peau fraîche	2	3	1	_	6	7%
peau non fraîche	2	2	_	_	4	4%
peau seche	_	_	2	_	2	2%
matiere tendre	3	4	3	_	10	11%
matiere semi-dure	9	5	10	_	24	27%
matiere dure	5	3	_	1	9	10%
indéterminée	2	2	1	1	6	7%
total AUA	36	25	26	3	90	100%
%	40%	28%	29%	3%	100%	

Tableau 24 Grotta Breuil, couche 6: morphologie en plan des tranchants et matières travaillées.

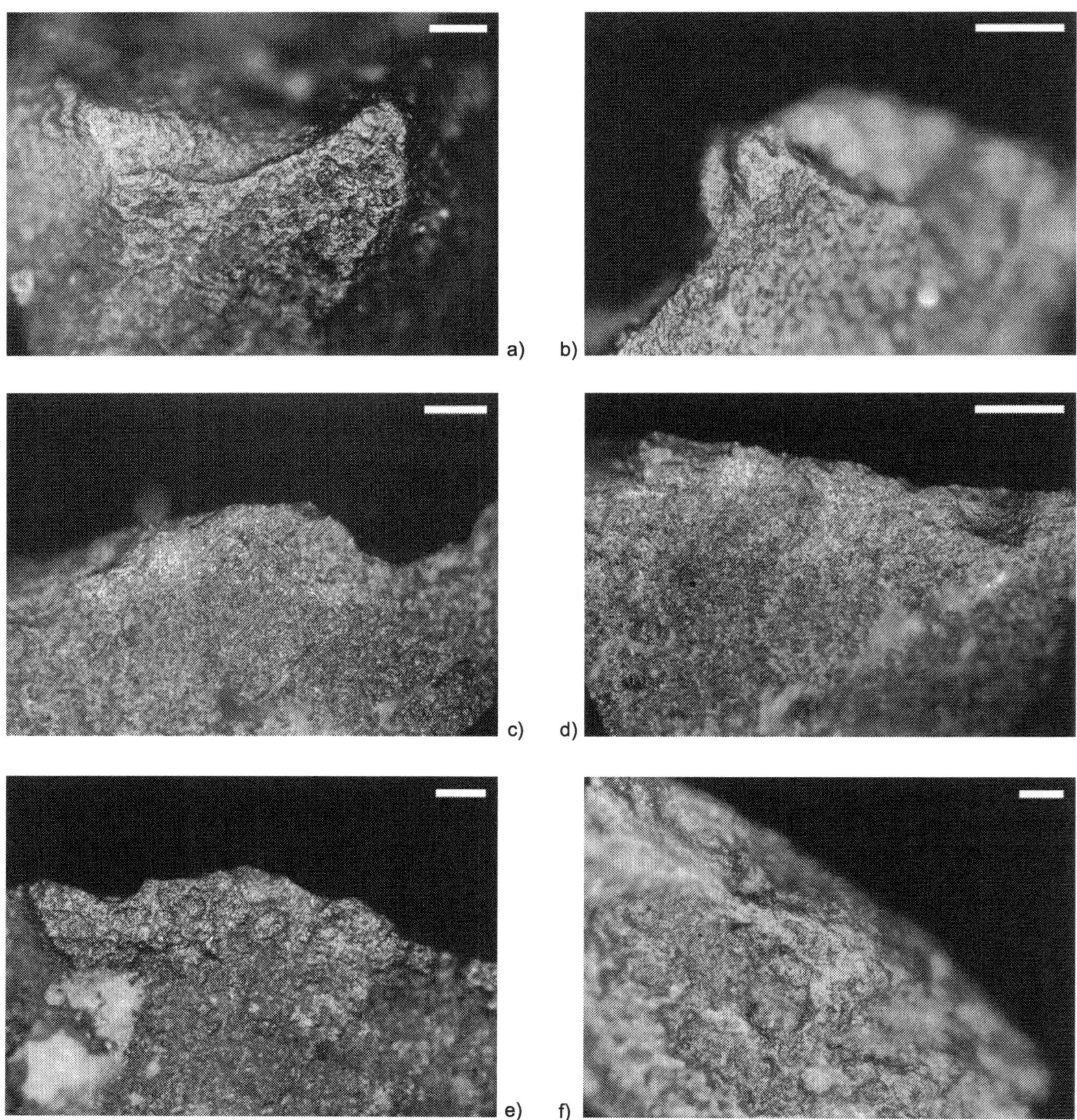

Fig.21 Grotta Breuil, couche 6, photomicrographies des polis associés au travail du bois (a-b) (*fig.20*) et photomicrographies des polis des matières animales associées à l'activité de boucherie (c-e) et, en particulier, (f) poli formé par un contact avec de l'os (*fig.22*): a) E2XI 245 (5) rabotage (200x), b) E2XI 434 (28) rabotage (300x), c) E2XI 24 (3) coupe (200x), d) E2XII 525 (13) (300x), e) E2XII 379 (15) coupe (150x), f) E2XI 246 (20) action transversale (150x). Les échelles métriques correspondent à 50μ.

deux taillants est plutôt épais. Celui du taillant utilisé en coupe mesure 54° et celui du taillant au mouvement transversal mesure 64°.

Le travail des matières animales (tissus charnus, ecailles des poissons, os)

Parmi les 37 tranchants associés au travail des matières tendres il y en a 25 (68%) (*tableau 23*) qui témoignent du contact avec des matières animales (*figs. 21 c-f, figs 23 a-b*). Ces tranchants présentent respectivement des traces de contact avec des tissus charnus (seize cas), avec de l'os (six cas) et aussi avec les écailles de poisson (trois cas).

Dans la plupart des cas des actions de coupe (treize cas, le 52%) (*figs. 22 a-b,e,g*) ont été effectuées. On a aussi identifiée peu d'actions transversales (*figs. 22 c,f*) telles que le raclage en coupe positive, une action mixte, une action de sciage et une action de perçage. Le fait que ces tranchants ont eu un contact presque exclusif avec les parties tendres de la carcasse et qu'ils ont effectué très peu de raclage des os suggérerait peu de nettoyage des restes des tissus attachés aux os et

	rectiligne	convexe	concave	irrégulière	indéterminée	total AUA	%
bois	3	1	_	_	_	4	4%
tissus charnus/os	17	4	3	_	1	25	28%
peau fraîche	4	1	1	_	_	6	7%
peau non fraîche	4	_	_	_	_	4	4%
peau sèche	2	_	_	_	_	2	2%
matière tendre	7	2	1	_	_	10	11%
marière semi-dure	20	_	3	1	_	24	27%
matière dure	9	_	_	_	_	9	10%
indéterminée	5	_	1	_	_	6	7%
total AUA	71	8	9	1	1	90	100%
%	79%	9%	10%	1%	1%	100%	

Tableau 25 Grotta Breuil, couche 6: morphologie en profil des tranchants et matières travaillées.

beaucoup de travail en coupe pour enlever des masses musculaires (désarticulation et décarnisation) (voir aussi *3.1*). En particulier, l'intégration des données tracéologiques avec celles zooarchéologiques (Lemorini/Alhaique 1998) suggérerait que c'est surtout de la décarnisation qui aurait eu lieu en utilisant des pièces lithiques. En effet, il y a une forte présence de marques de décarnisation sur l'échantillon de la faune. De plus, le peu de marques de désarticulation témoignerait indirectement de l'utilisation de techinques alternatives (fracturation) qui limiteraient les actions de coupe des ligaments.

Outre aux tranchants qui ont pris part à l'exploitation des carcasses des gibiers, on a identifié aussi trois taillants pour ôter les écailles des poissons au moyen d'actions transversales ou mixtes. Cette inférence si ponctuelle a été supportée par la distribution et la texture des polis qui confirment le type de mouvement et le contact avec des tissus charnus et par la présence des stries qui témoignent du contact des taillants avec les écailles des poissons (*figs. 22d,h*). Cette dernière considération a été supportée aussi bien par la littérature tracéologique (Van Gijn 1986) que par nos preuves expérimentales bien qu'elles aient produit des séries de stries moins développées que celles archéologiques (voir *3.1*). Bien que l'évidence tracéologique se rapporte seulement au nettoyage des écailles, il faut remarquer que d'autres moments de l'exploitation des poissons peuvent se cacher dans l'ensemble des traces qui ont été associées à la boucherie. En effet, il a été démontré (Van Gijn 1986, 1990), et nos preuves expérimentales l'ont confirmé, que la coupe de la tête, des nageoires et des queues aussi bien que l'extraction des entrailles et la coupe de la viande produisent des polis, peut-être moins développés, mais semblables à ceux créés pendant la boucherie expérimentale.

Il est donc justifié de supposer que, outre à l'élimination des écailles, d'autres actions pour la préparation des poissons aient été accomplies sur site.

Il faut souligner que deux des six *AUA* qui montrent du contact avec l'os possèdent des polis plus développés par rapport

	plano-plane	plano-convexe	plano-concave	convexe-concave	concave-concave	indéterminée	total AUA	%
bois	4	_	_	_	_	_	4	4%
tissus charnus/os	16	3	4	1	_	1	25	28%
peau fraîche	4	2	_	_	_	_	6	7%
peau non fraîche	1	1	2	_	_	_	4	4%
peau seche	_	_	2	_	_	_	2	2%
matiere tendre	7	_	2	1	_	_	10	11%
matiere semi-dure	15	3	3	2	1	_	24	27%
matiere dure	7	_	2	_	_	_	9	10%
indéterminée	1	1	4	_	_	_	6	7%
total AUA	55	10	19	4	1	1	90	100%
%	62%	11%	21%	4%	1%	1%	100%	

Tableau 26 Grotta Breuil, couche 6: morphologie en section des tranchants et matières travaillées.

	<20°	20°-39°	40°-59°	60°-79°	80°-99°	>100°
bois	_	1	2	1	_	_
tissus charnus/os	_	6	15	1	1	_
peau fraîche	_	3	2	_	_	_
peau non fraîche	_	3	_	1	_	_
peau seche	_	_	1	1	_	_
matiere tendre	_	1	8	_	_	_
matiere semi-dure	_	5	10	1	_	_
matiere dure	_	3	3	1	_	_
total AUA	_	22	41	6	1	0

Tableau 27 Grotta Breuil, couche 6: angle du taillant et matières travaillées.

aux petites taches qui sont normalement associées à cette activité. De plus, ces *AUA* sont associés aux actions de perçage et de sciage qui ne s'insèrent pas dans l'ensemble des actions qui sont normalement utilisées pour effectuer la boucherie. En effet, les contextes ethnographiques aussi bien que la boucherie expérimentale montrent que surtout des actions de coupe (désarticulation et décarnisation) et de raclage (décarnisation surtout des os plats tels que les omoplates et le bassin) sont nécessaires.

Sur la base de ces considérations, les taillants qui ont faits des actions de perçage et de sciage pourraient témoigner d'un travail occasionnel d'objets en os qui n'a pas été reconnu parmi les restes osseux fouillés.

La morphologie des tranchants associés

Les angles de taillant (*tableau 27*) qui ont été utilisés pour effectuer l'activité de boucherie ne sont jamais très minces

Grotta Breuil (Mont Circé)
Couche XX
- Matière première locale: galets de silex
- Débitage en place
- Integrité des chaînes opératoires lithiques
- Mise en forme de nucléus protocentripètes et centripètes et production d'éclats courts; haute possibilités d'erreurs (élats réféchis, cassés etc.)

(voir 5.1.3 et 5.2.1.2)

Utilisation préférentielle du retouché; pouvoir "rectificatif " de la retouche (adaptation de la morphologie du débitage); maintien en vie des supports fonctionnels

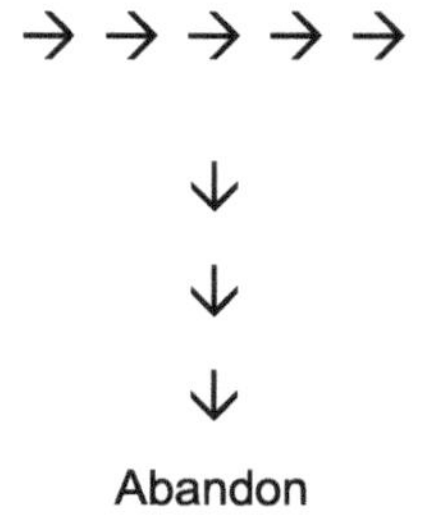

Abandon

-Boucherie: désarticulation et décarnisation

- Découpe et raclage de carcasses
- os; viande

-Traitement de la peau :surtout écharnage de la peau fraîche ; présence minoritaire du traitement post-échamage

- Raclage
- Découpe

-Bois:

- Raclage
- Amincissement

(voir 5.2.1.1)

Grotta Breuil (Mont Circé)
Couche XX (site dense)

- Exploitation opportuniste de la matière première, *unplanned and situational* (Tchaker 1996, 119)
- Exploitation intensive des carcasses sur place (étant donné le manque des vestiges osseux, il s'agit de la seule évidence)
- Simple procedé de traitement de la peau
-Préparation, réparation de simples objets en bois

Fig. 21a Grotta Breuil, couche XX: shynthèse des données acquises.

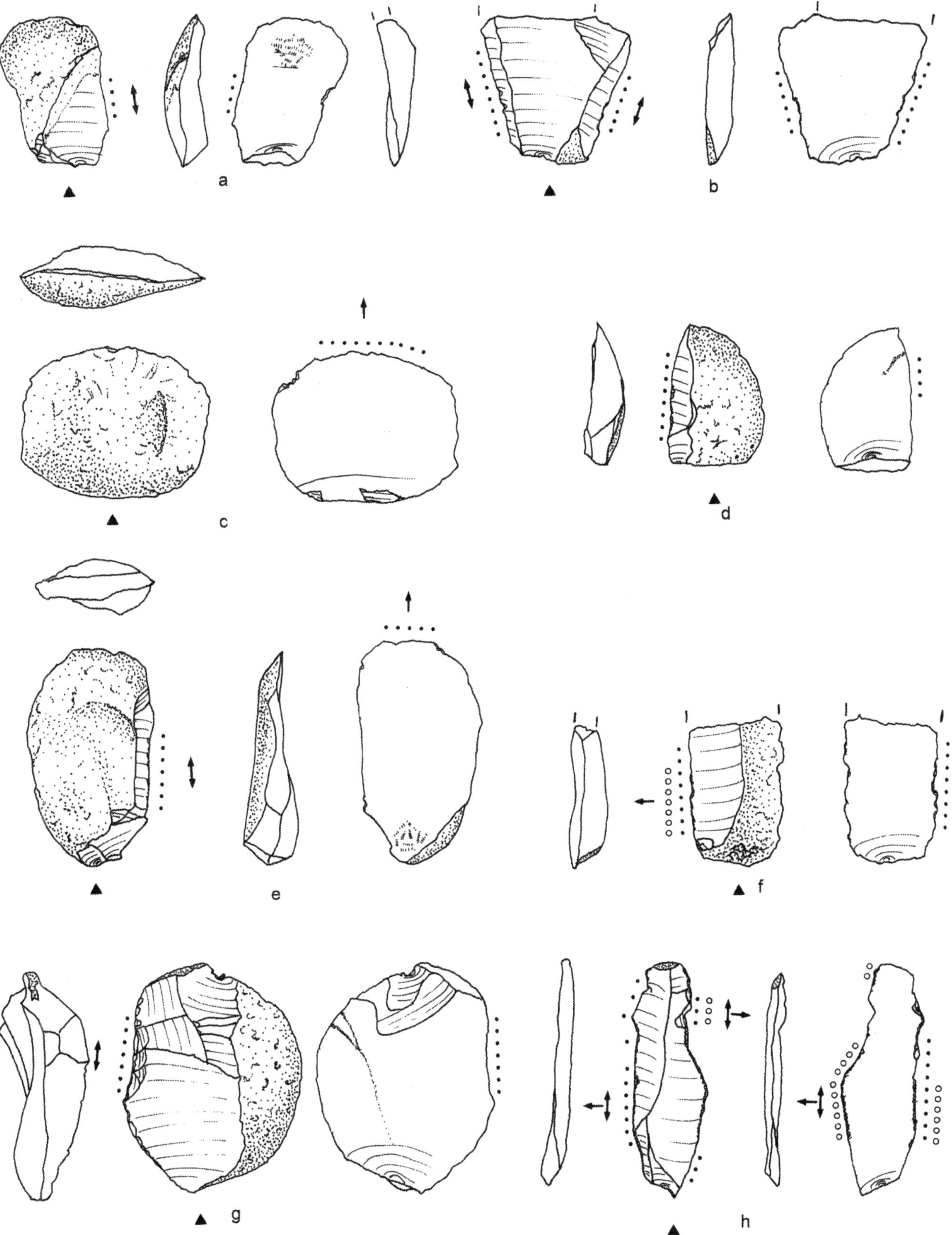

Fig.22 Grotta Breuil, couche 6, pièces présentant des traces du travail des matières animales (activité de boucherie): a) E2XI 310 (1) pièce utilisée pour séparer en coupe, les tissus charnus des os et présentant des traces de préhension manuelle directe (*fig.25e*), b) E2XII 703 (16) pièce utilisée pour détacher en coupe, les tissus charnus des os, c) E2XI 246 (20) (*fig.21f*) pièce utilisée pour détacher les tissus charnus des os par action de raclage, d) E2XII 769 (33) (*fig.23b-c*) pièce utilisée pour écailler des poissons et couper des tissus charnus. e) E2XII 595 (18) pièce utilisée pour détacher en coupe, les tissus charnus des os, f) E2XII 775 (34) (*fig.23a*) pièce utilisée pour séparer les tissus charnus des os par action de raclage en coupe positive, g) E2XII 354 (29) pièce utilisée pour séparer en coupe, les tissus charnus des os, h) E2XII 401 (9) (*fig. 23d*) pièce utilisée pour récailler des poissons et pour séparer en coupe, les tissus charnus des os. Echelle métrique 1:1.

même si les nombreuses actions de coupe associées à cette activité suggéreraient l'utilisation de taillants aigus. Au contraire, ces angles dépassent toujours 30° et mesurent 47° en moyenne, constituant ainsi un ensemble plutôt homogène.

En ce qui concerne leur morphologie (*tableaux 25-26*), elle est standardisée. En effet, leur tracé en section est surtout plano-plane (64%) et il est associée à des actions de coupe (dix cas). Les autres taillants se divisent entre ceux à section plano-convexe (12%), et plano-concave (17%) et concave-convexe (4%). De même, leur morphologie en profil se présente surtout rectiligne (68%) et elle comprendre surtout des taillants qui ont accompli des actions de coupe (dix cas). Il y a aussi quelques taillants à morphologie en profil convexe (16%) ou concave (12%). Enfin, en ce qui concerne le tracé en plan (*tableau 24*), il est un peu plus diversifié. En effet, bien qu'un taux plus élevé de taillants rectilignes soit présent (48%), il y en a aussi un assez grand nombre qui se divise entre morphologie convexe (20%) et concave (28%). Les taillants rectilignes et convexes en plan se rapportent aussi bien à des actions transversales qu'à des actions longitudinales sans aucune préférence particulière. Au contraire, les taillants

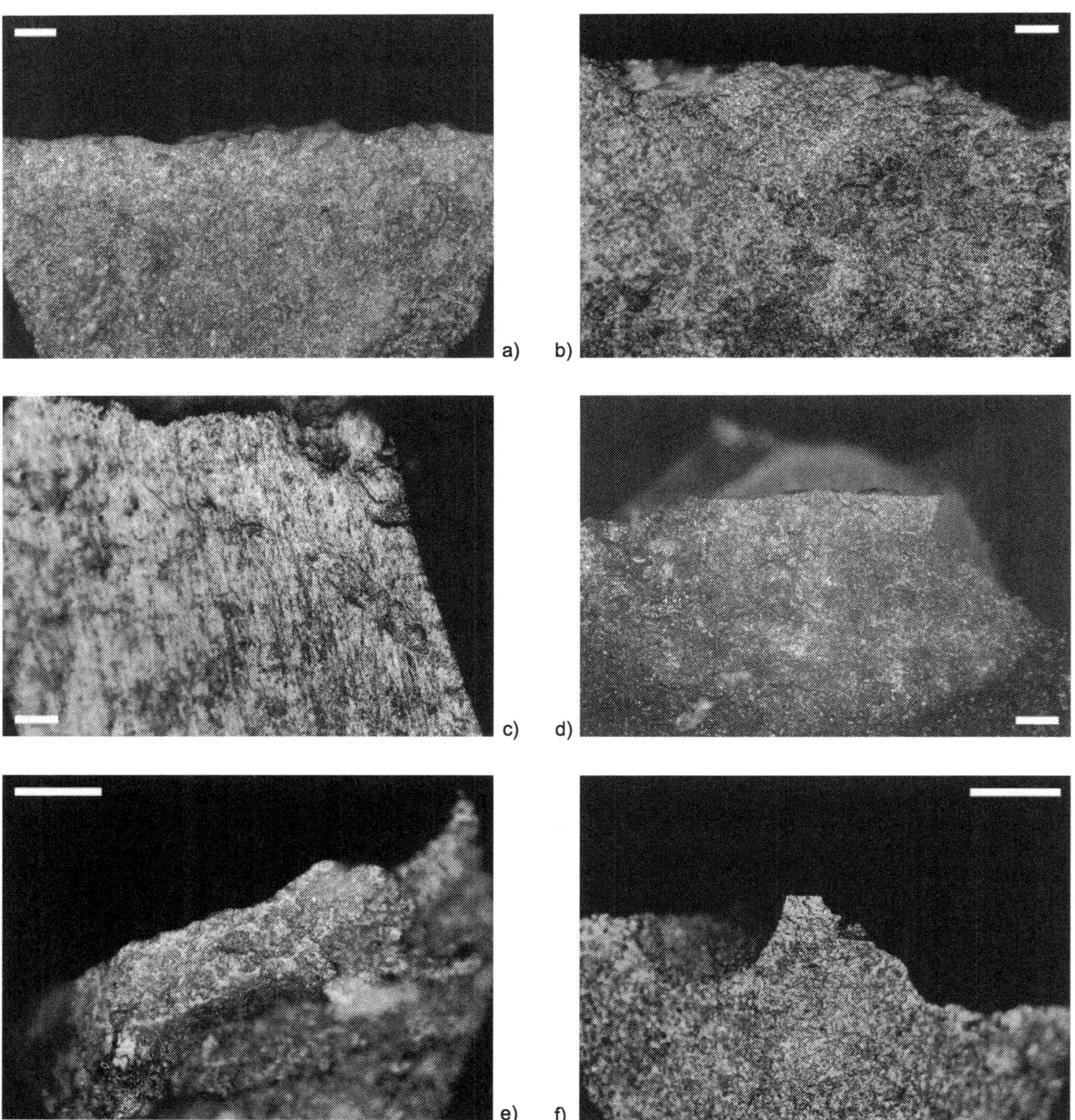

Fig.23 Grotta Breuil, couche 6, photomicrographies de polis de matières animales en relation avec une activité de boucherie (a-b) (*fig.22*), photomicrographies de polis matières animales associés à l'écaillage des poissons (c-d) (*fig.22*), photomicrographies des polis associés au traitement de la peau (e-f) (*fig.24*): a) E2XII 775 (34) raclage en coupe positive (150x), b) E2XII 769 (33) raclage en coupe positive (150x), c) E2XII 401(9) raclage en coupe positive (150x), d) E2XII 401 (9) action mixte (150x), e) E2XII 541 (9) coupe de la peau non fraîche (300x), f) E2XII 564 (10) coupe de la peau non fraîche (300x). Les échelles métriques correspondent à 50µ.

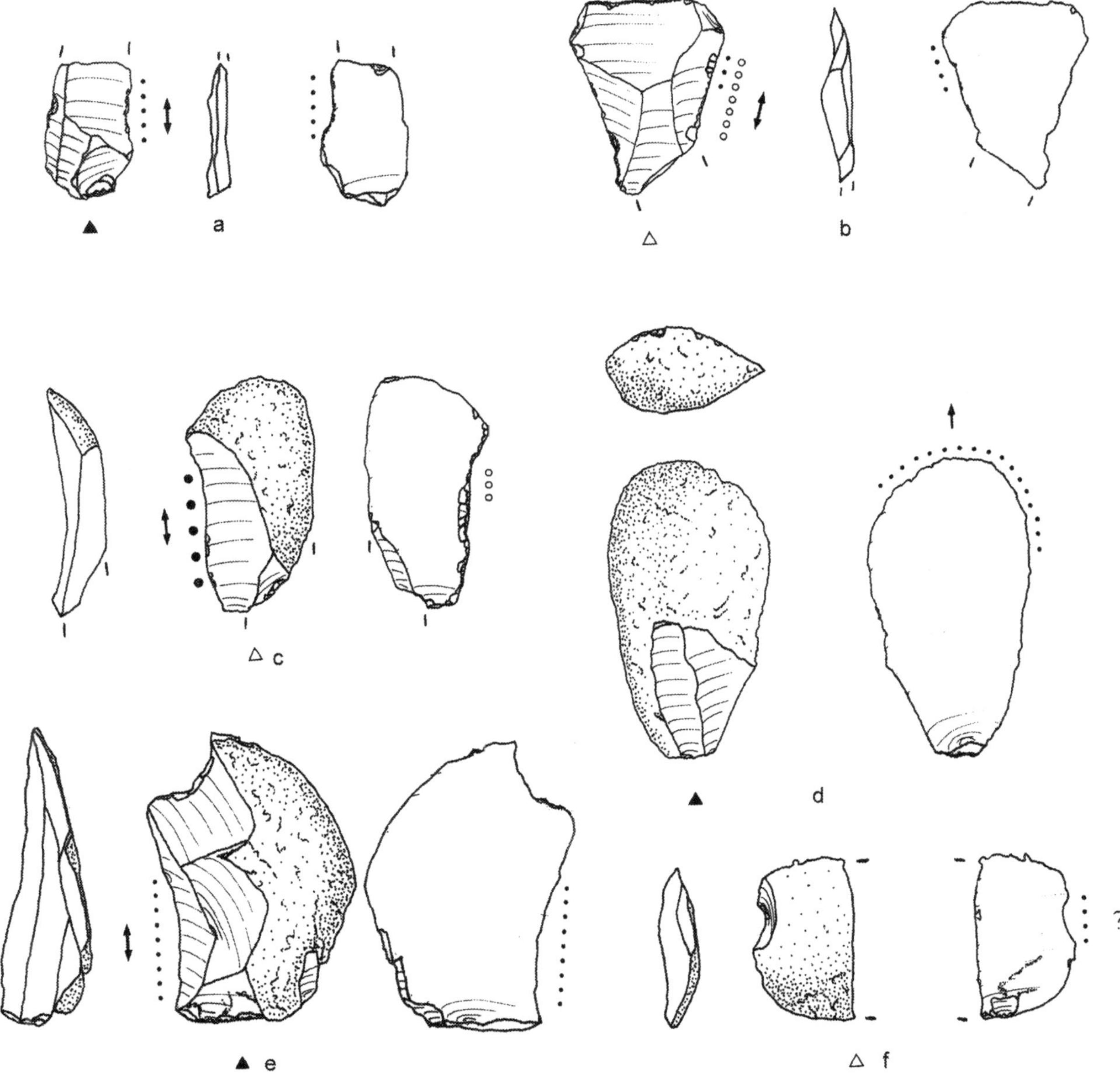

Fig.24 Grotta Breuil, couche 6, pièces présentant des traces du travail de la peau: a) E2XII 735 (6) pièce utilisée pour écharner en coupe, b) E2XII 541 (9) (*fig.23e*) pièce utilisée pour écharner par une action mixte et pour couper de la peau non fraîche, c) E2XII 564 (10) (*figs.23f;25a*) pièce utilisée pour couper de la peau non fraîche, d) E2XI 105 (9) pièce utilisée pour couper de la peau sèche, e) E2XII 180 (21) (*25b*) pièce utilisée pour racler, en coupe négative, de la peau non fraîche, f) E2XII 228 (34) (*fig. 25d*) pièce utilisée pour travailler, de la peau sèche; action indéterminée. Echelle métrique 1:1.

à morphologie en plan concave ont été choisis surtout pour effectuer des actions longitudinales.

Le travail de la peau

Le traitement de la peau constitue une partie importante (13%) du tableau fonctionnel qui vient de l'industrie lithique de la couche 6 (*tableau 23*) bien qu'il ne constitue pas l'aspect fonctionnel le plus important.

La première phase de l'écharnage (*figs. 24 a-b*) est présente dans un pourcentage important; six taillants (50%) ont été utilisés pour cette activité surtout au moyen d'actions de coupe (trois cas) (*fig. 24a*) mais aussi au moyen d'actions de raclage en coupe négative (un cas) et d'actions mixtes (deux cas) (*fig. 24b*). Les phases suivantes du traitement de la peau sont témoignées sur quatre taillants par la présence de traces du travail de la peau généralement non fraîche (*figs. 23 e-f, figs. 24 b-c,e, figs. 25 a-c*) tandis que le travail de la peau dans un état sec (*figs. 24 d,f, figs. 25d*) a été identifié sur deux autres taillants. Les tranchants qui ont travaillé la peau non fraîche ont effectué, en deux cas, des actions de coupe et aussi des actions de raclage en coupe négative (un cas) et en coupe positive (un cas). Les deux taillants associés à la peau sèche ont été utilisés respectivement en coupe et au moyen d'une action transversale indéterminée.

Les données proposées ci-dessus montrent qu'une sorte de proto-tannage (Plisson 1982) a été effectuée, même si ce n'est que rarement. Les actions transversales associées à la peau non fraîche peuvent être rapportées à quelques-uns des gestes qui suivent l'écharnage bien qu'ils ne puissent pas prouver l'exécution de traitements élaborés. Au contraire, la coupe aussi bien de la peau non fraîche que de la peau sèche a permis

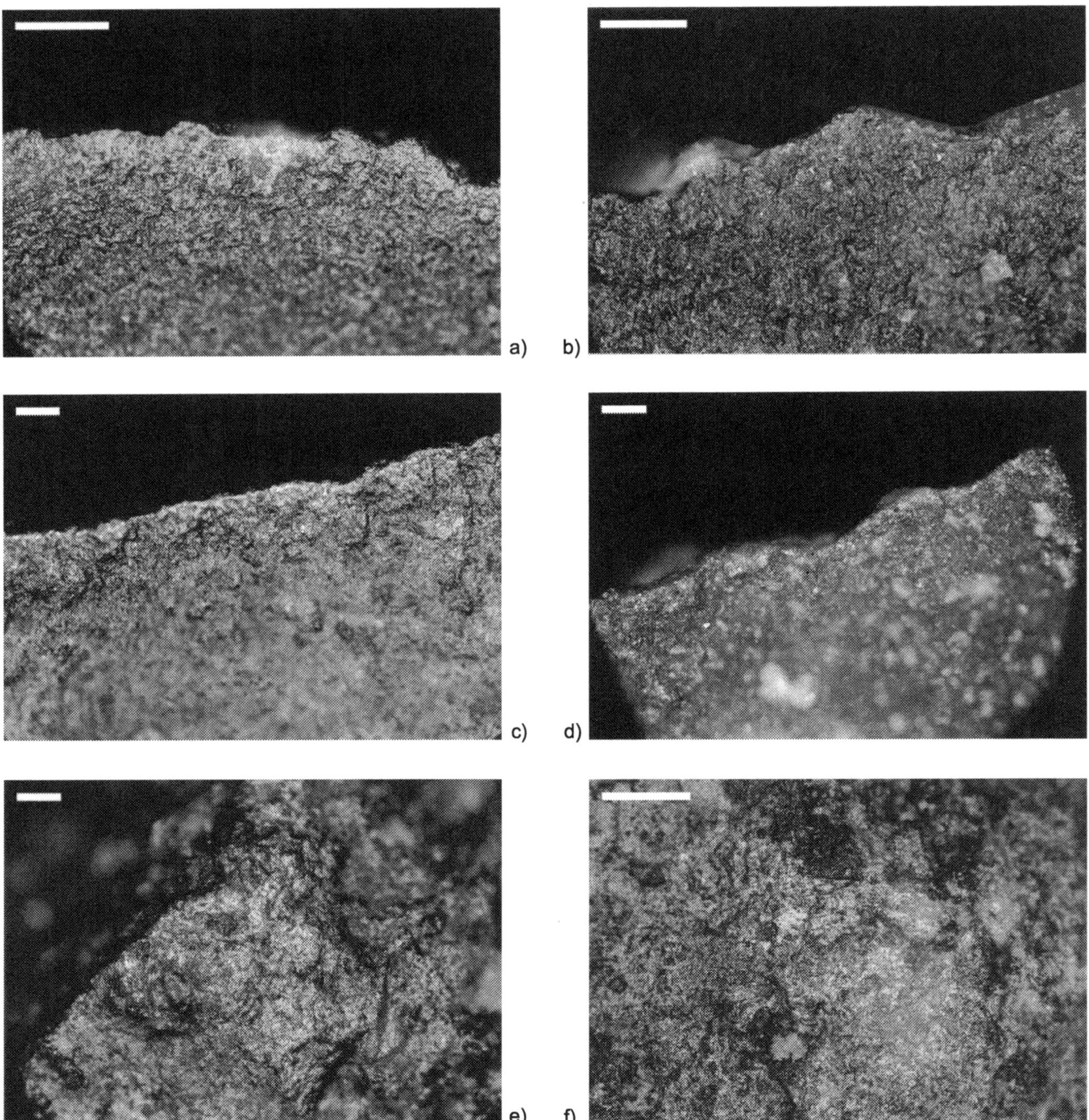

Fig.25 Grotta Breuil, couche 6, photomicrographies de polis associés au travail de la peau (a-b;d) (*fig.24*) et (c), photomicrographies de polis associés à une préhension manuelle directe (e) (*fig.22*) et (f): a) E2 564 (10) coupe d'une peau non fraîche (300x), b) E2XII 180 (21) raclage négative d'une peau non fraîche (300x), c) E2XII 595 (18) raclage positif d'une peau non fraîche (150x), d) E2XII 228 (34) action indéterminée sur de la peau sèche (150x), e) E2XI 310 (1) (150x) et f) E2XII 595 (18) (300x).

de déterminer que, à la fin du processus, la peau était utilisée pour créer probablement des objets simples tels que des sacs, des couvertures, des chaussures.

Le fait que ces étapes du travail de la peau aient été rares est indirectement témoigné par une présence peu fréquente de tranchants au fil du bord actif émoussé parmi ceux qui présentent des enlèvements d'usage associés à des matières semi-dures ou dures (voir *le travail des matières tendres, semi-dures et dures*). En effet, l'émoussement du fil du bord actif est un bon indicateur du contact avec de la peau humide ou sèche qui se maintient même si le polis est effacé par des agents post-dépositionnels. La présence peu fréquente de cette caractéristique est, par conséquent, une autre justification que le traitement de la peau après écharnage n'était pas accompli souvent.

La morphologie des tranchants associés

Les tranchants qui ont travaillé la peau ne sont pas épais (43° en moyenne) (*tableau 27*). De plus, dans ce groupe de taillants il n'y a que deux angles de taillant retouchés. Ils sont associé au travail de la peau non fraîche et de la peau sèche, et ils ne sont pas particulièrement épais (41° et 50° respectivement).

Si on considère l'angle de taillant par rapport à l'état de la peau travaillée, on s'aperçoit que c'est la peau sèche qui est associée au plus grand angle de taillant (56° en moyenne). A suivre, la peau non fraîche présente un angle de taillant un peu plus petit (44° en moyenne) avec une différence minimale entre les actions transversales (50° en moyenne) et celles longitudinales (44° en moyenne). Enfin, la peau fraîche présente l'angle de taillant le plus petit (36° en moyenne).

La morphologie en section (*tableau 26*) des taillants qui ont travaillé la peau se distribue de façon homogène entre la section plano-plane (42%), plano-convexe (25%) et plano-concave (33%). Néanmoins, on peut remarquer une certaine spécificité de cette variable morphologique si on évalue séparément les différents types de peau. En effet, la peau fraîche est associée aux tranchants à morphologie en section surtout plano-plane (quatre cas sur six) mais aussi plano-convexe (deux cas). Au contraire, la peau non fraîche a une morphologie en section plano-plane, plano-convexe et plano-concave tandis que la coupe de la peau sèche a été effectuée avec des taillants plano-concaves (deux cas) seulement. Au contraire, en ce qui concerne les actions effectuées, elles paraissent se diviser, sans aucune association spécifique, en différentes morphologies.

Au contraire, la morphologie en profil (*tableau 25*) est plutôt homogène. Elle est surtout rectiligne (dix cas, 84%). Tout le travail de la peau après écharnage est compris dans cette morphologie spécifique et aussi la plupart de l'écharnage (quatre cas sur six) tandis que les deux autres taillants qui se rapportent à cette activité présentent respectivement un tracé en profil convexe et concave.

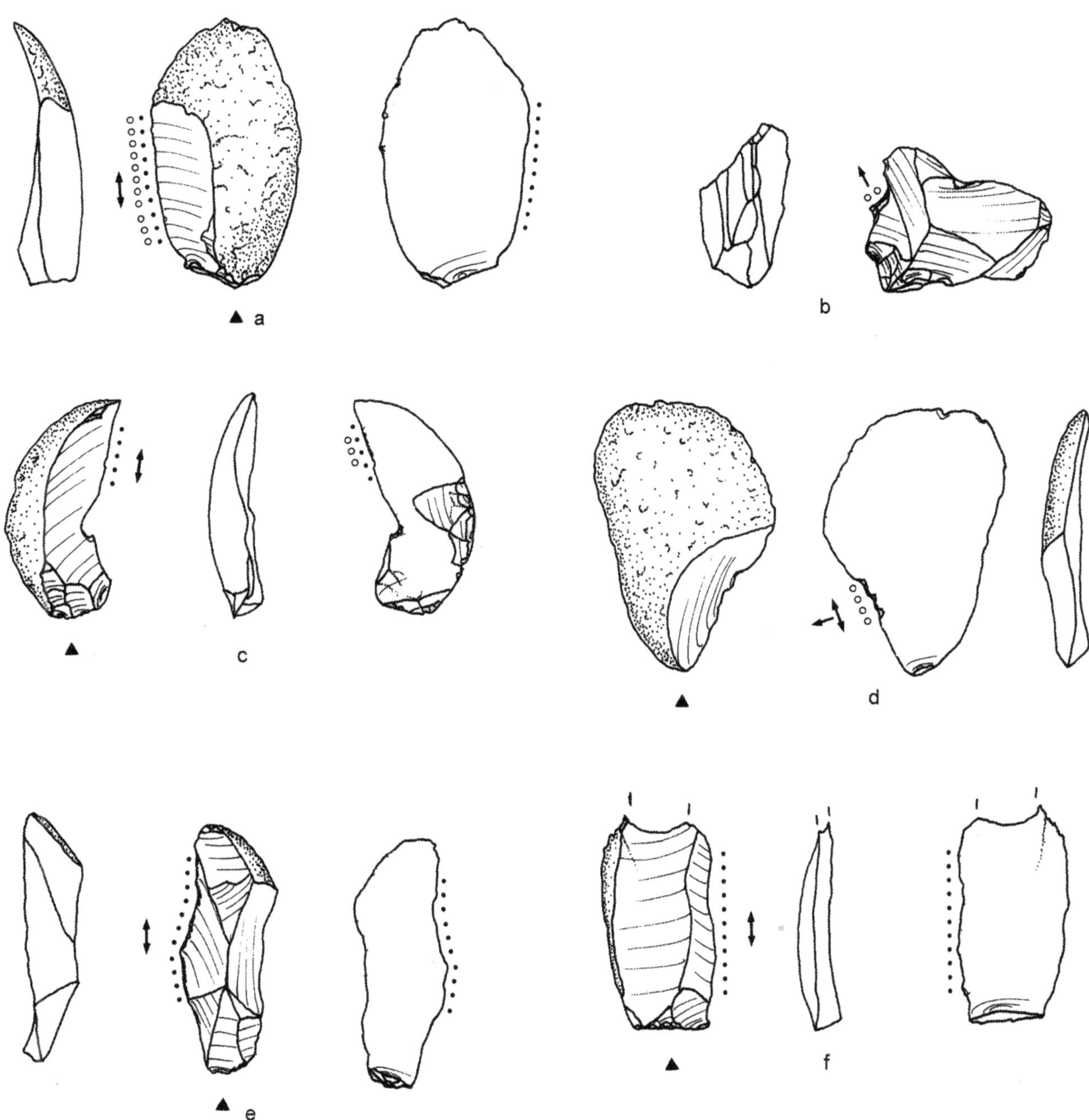

Fig.26 Grotta Breuil, couche 6, pièces présentant des traces du travail de matières tendres: a) E2XI 471 (4) coupe, b) E2 XII 536 (3) action transversale, c) E2XII 283 (12) action longitudinale, d) F2XI 7 rabotage, e) E2XII 760 (5) coupe, f) E2XII 669 (23) coupe. Echelle métrique 1:1.

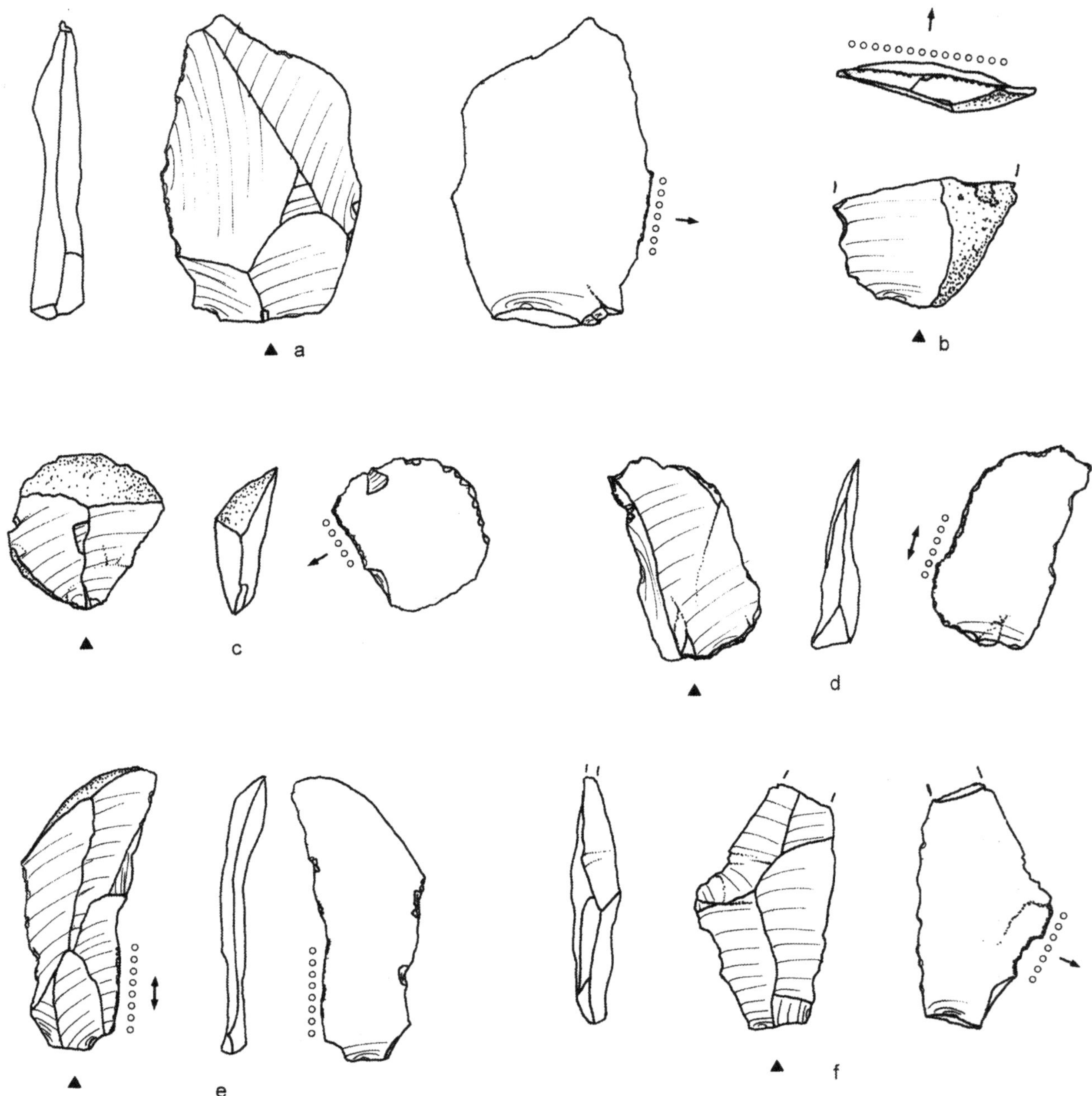

Fig.27 Grotta Breuil, couche 6: pièces présentant des traces du travail de matières semi-dures. a) E2XI 22 (3) action transversale, b) E2XII 565 (6) raclage en coupe négative, c) E2XII 532 (12) action indéterminée, d) E2XII 241 (36) rabotage, e) E2XI 219 (4) action longitudinale, f) E2XII 61 (4) action transversale. Echelle métrique 1:1.

La morphologie en plan (*tableau 24*) qui se rapporte au traitement de la peau se divise de façon homogène entre celle rectiligne (quatre cas, le 33%), celle convexe (cinq cas, le 42%) et celle concave (trois cas, 25%). Le travail de la peau fraîche et celui de la peau non fraîche se divise en tracé en plan rectiligne et convexe. Au contraire, la morphologie concave comprend les deux cas du travail de la peau sèche et un seul cas du travail de la peau fraîche. En ce qui concerne les actions effectuées avec ces taillants, toutes les actions de raclage ont été faites au moyen de taillants à morphologie en plan convexe (trois cas) tandis que, pour les actions de coupe, les trois morphologies ont été également choisies. Les deux actions mixtes ont été faites au moyen de deux taillants à morphologie en plan rectiligne.

Le travail des matières tendres, semi-dures et dures

Les tranchants qui présentent des enlèvements d'usage ont été utilisés surtout pour travailler de la matière semi-dure (27%) (*tableau 23, fig. 27, fig. 35e*) et aussi des matières tendres (11%) (*tableau 23, fig. 26, figs. 35c-d*) et dures (10%) (*tableau 23, fig. 28*).

Les actions effectuées en travaillant les matières tendres sont plutôt variées. Il y a aussi bien des actions de coupe (quatre cas) que des actions d'amincissement (trois cas), et des actions longitudinales et transversales indéterminées (respectivement un cas et deux cas). Au contraire, la plupart des tranchants qui se rapportent aux matières semi-dures ont effectué des actions transversales (quinze cas), respectivement, de raclage en coupe négative (un cas), en coupe positive (un cas) et d'amincissement (deux cas). Une quantité très inférieure d'actions longitudinales a été effectuée (six cas) et, en deux cas, elles peuvent se rapporter à l'amicissement.

Les neuf tranchants présentant des enlèvements produits par le contact avec des matières dures ont été utilisés pour des

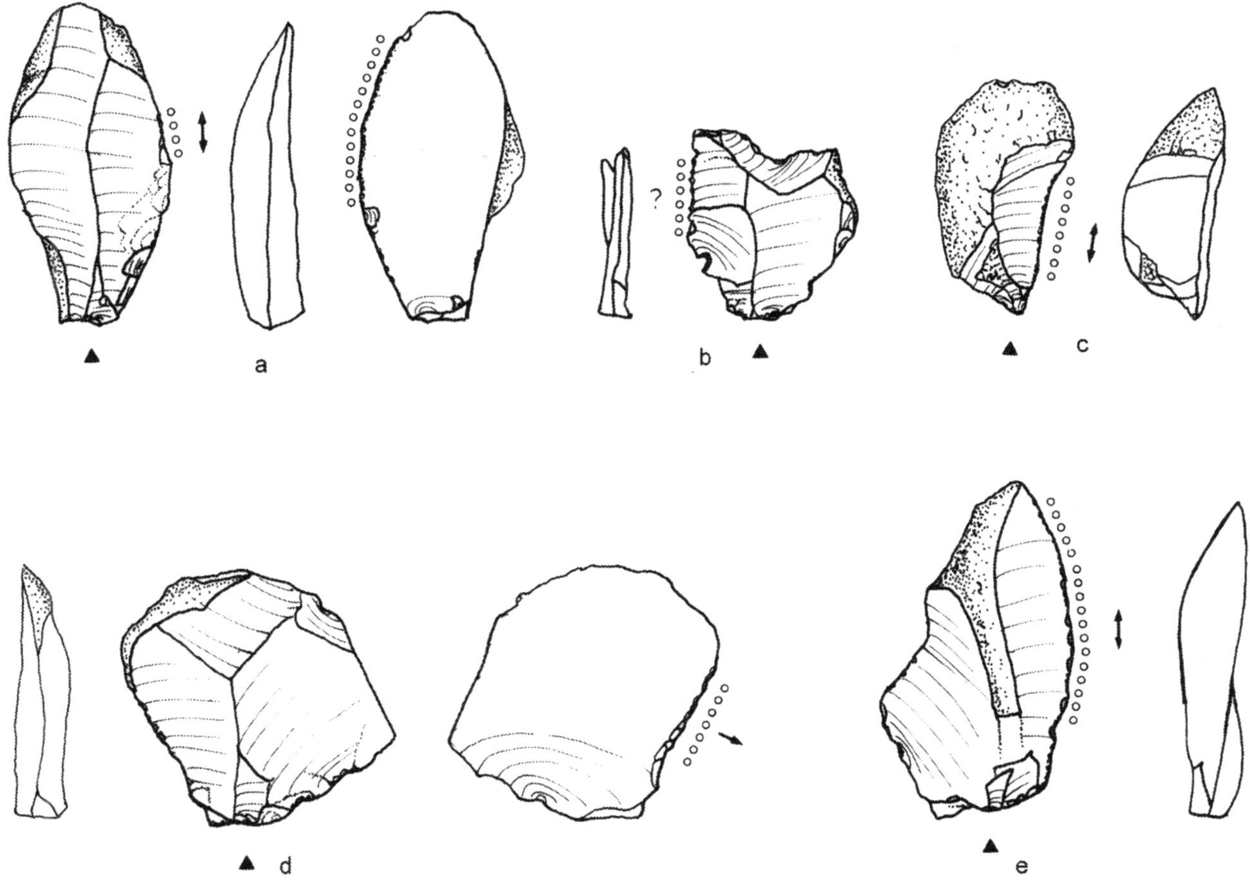

Fig.28 Grotta Breuil, couche 6: pièces présentant des traces du travail de matières dures: a) E2XI 298 (7) action indéterminée, b) E2XI 474 (10) coupe, c) E2XII 211 (24) rainurage, d) E2XII 501 (1) raclage en coupe négative, e) E2XI 133 (16) coupe. Echelle métrique 1:1.

actions variées. Il y a aussi bien des actions de coupe (trois cas), que des actions de rainurage (deux cas), une action d'amincissement et une action de raclage en coupe négative. En outre, il y a deux actions transversales indéterminées.

Les tranchants qui ont effectué du travail sur des matières semi-dures aussi bien que dures ne présentent pas un fort émoussement du fil du bord actif. Le manque de cette caractéristique soulignerait le fait que ces tranchants avaient un faible rapport avec le traitement de la peau qui, au contraire, est marqué par l'émoussement du fil du bord actif des taillants utilisés.

La morphologie des tranchants associés

En général, le travail des trois ensembles de matières a été effectué en utilisant des tranchants à morphologie plutôt standardisée.

La morphologie en section (*tableau 26*) des tranchants associés aux matières tendres est surtout plano-plane (70%) et elle a été utilisée pour effectuer des actions variées telles que la coupe, l'amincissement, les actions longitudinales et transversales indéterminées. Des tranchants à morphologie en section aussi bien plano-concave que convexe-concave ont été également utilisés même si plus rarement. Contrairement à ce qu'on peut dire pour leur morphologie en section, leur morphologie en plan (*tableau 24*) est diversifiée. Il y a des morphologies rectilignes (30%), convexes (40%), concaves (30%) qui sont associées à des actions variées. La morphologie en profil de ces taillants est, au contraire, surtout rectiligne (70%). Les angles de taillant utilisés sont en général aigus et plutôt homogènes (*tableau 27*). En effet, ils mesurent 45° en moyenne et ils ont une variation minimale de 14° entre l'angle le plus petit et le plus grand.

En ce qui concerne les tranchants qui ont travaillé la matière semi-dure, ils sont fortement standardisés aussi bien en section (*tableau 26*), dans la plupart des cas plano-plane (62%), qu'en profil (*tableau 25*). Celui-ci présente une morphologie rectiligne dans 83% des cas. Au contraire, la morphologie en plan (*tableau 24*) des tranchants qui composent cet ensemble se divise de façon presque homogène entre morphologie rectiligne (37%), convexe (21%) et concave (42%). De même, les types d'actions associées aux trois différentes morphologies se distribuent de façon presque pareille entre elles à l'exception de l'amincissement se rapportant seulement à la morphologie rectiligne (deux cas) et à celle concave (trois cas). L'angle des taillants qui ont travaillé des matières semi-dures n'est pas particulièrement fort (46° en moyenne) et il se maintient plutôt homogène.

La morphologie en section (*tableau 26*) des tranchants qui ont travaillé des matières dures est généralement plano-plane (78%) et elle est associée à une série variée d'actions transversales et longitudinales. Au contraire, les deux tranchants qui ont effectué l'action de rainurage présentent une morphologie en section spécifique, plano-concave.

	bois	tissus charnus/os	peau fraîche	peau non fraîche	peau seche	matiere tendre	matiere semi-dure	matiere dure	indéterminée	total AUA
supports non prédéterminés	4	17	1	4	2	7	6	3	5	49
%	8%	34%	2%	8%	4%	14%	12%	6%	10%	100%
supports prédéterminés	_	8	5	_	_	3	18	6	1	41
%	_	20%	12%	_	_	7%	44%	15%	2%	100%

Tableau 28 Grotta Breuil, couche 6: type de support et matières travaillées.

La morphologie en plan (*tableau 24*) est moins homogène que celle en section. Il y a aussi bien des morphologies rectilignes (56%), que convexes (33%) et concaves (11%) tandis que leur morphologie en profil (*tableau 25*) est toujours rectiligne. Contrairement à ce qu'on pourrait supposer, l'angle des taillants (*tableau 27*) qui ont travaillé des matières dures n'est pas très fort. En effet, leur moyenne mesure 40° seulement même si entre l'angle de taillant la plus petit (20°) et le plus grand (75°), qui est aussi l'unique associé à une retouche, il y a 55° de différence. Les actions longitudinales ont des angles de taillant aigus (34° en moyenne) bien appropriée à ôter l'ablation de petits morceaux de la matière travaillée tandis que les actions transversales ont un angle de taillant un peu plus fort, qui atteigne les 49° en moyenne.

5.2.3.2 Fonction et technologie

La première remarque qu'il faut faire à propos des supports de la couche 6 est que les supports bruts de retouche ont été utilisés dans un pourcentage plus élevé que ceux retouchés. En effet, il y a 40 éclats (56%) qui présentent des *AUA* par rapport à 24 outils (44%). Ce rapport qui favorise les supports bruts de retouches confirme une caractéristique de cette industrie qui est constituée par peu de supports retouchés. Un rapport encore plus diversifié existe entre les *AUA* retouchées (19 cas, seulement 21%) et les AUA brutes de retouche (79%). Cette différence est sûrement plus grande du fait que les enlèvements d'usage sont beaucoup plus visibles sur les tranchants non retouchés là où, potentiellement, la visibilité de ces traces est, donc, plus grande. Néanmoins elle est si significative qu'on peut supposer que les tranchants bruts de retouche étaient effectivement utilisés beaucoup. Cela implique que les chaînes opératoires mises en oeuvre permettaient de produire des éclats qui possédaient des tranchants naturellement fonctionnels dont la morphologie, variée en plan, en section et en profil mais, au contraire, plutôt homogène en ce qui concerne l'angle de taillant, permettait de les utiliser pour une série diversifiée de fonctions (voir *la morphologie des tranchants associés* en *5.2.3.1*). Cela pourrait expliquer la nécessité limitée de retoucher les supports. Néanmoins, les causes qui ont poussé les hommes préhistoriques à modifier rarement les tranchants à utiliser pourraient être aussi liées aux types de fonctions effectuées sur site. Si ces actions ne nécessitaient pas de tranchants à angle de taillant émoussé par une retouche épaisse, ils auraient demandé la modification des tranchants ou bien leur ravivage seulement dans le sens de recréer un angle de taillant peu épais. Ou encore, le taux bas des pièces retouchées pourrait signifier que les Néandertaliens ne fréquentaient pas le site pour de longues périodes et, pour cela, ils accomplissaient leurs activités au moyen des supports bruts de retouche qu'ils laissaient sur site après avoir rejoint leur but.

Parmi ces supports, le pourcentage des prédéterminés (Boëda 1986*a*; Grimaldi 1995) n'est pas très élevé (25 pièces, 35%). Au contraire, le taux des *AUA* des supports prédéterminés (41 *AUA*, 46%) est presque égal à celui des non prédetérminés (49 *AUA*, 54%). Cela suggère que le premier type de pièces présentait un potentiel fonctionnel plus grand en ce qui concerne la quantité de zones fonctionnelles à exploiter.

Un petit pourcentage seulement (13 cas, 15%) de tranchants qui font partie de l'ensemble des supports prédéterminés sont retouchés. Les supports prédéterminés (voir, en détail, *tableau 29*) ont été utilisés pour une série variée d'actions, transversales (48%), longitudinales (39%), de perçage (3%) et mixtes (5%).

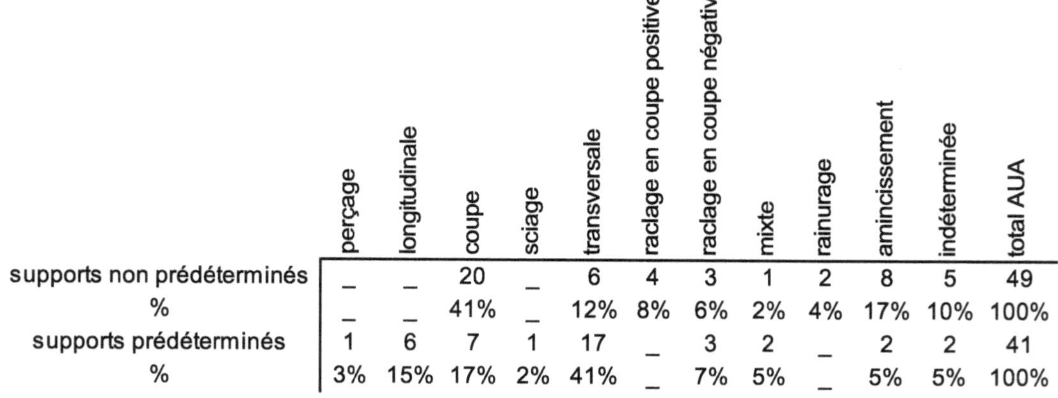

	perçage	longitudinale	coupe	sciage	transversale	raclage en coupe positive	raclage en coupe négative	mixte	rainurage	amincissement	indéterminée	total AUA
supports non prédéterminés	_	_	20	_	6	4	3	1	2	8	5	49
%	_	_	41%	_	12%	8%	6%	2%	4%	17%	10%	100%
supports prédéterminés	1	6	7	1	17	_	3	2	_	2	2	41
%	3%	15%	17%	2%	41%	_	7%	5%	_	5%	5%	100%

Tableau 29 Grotta Breuil, couche 6: type de support et actions faites.

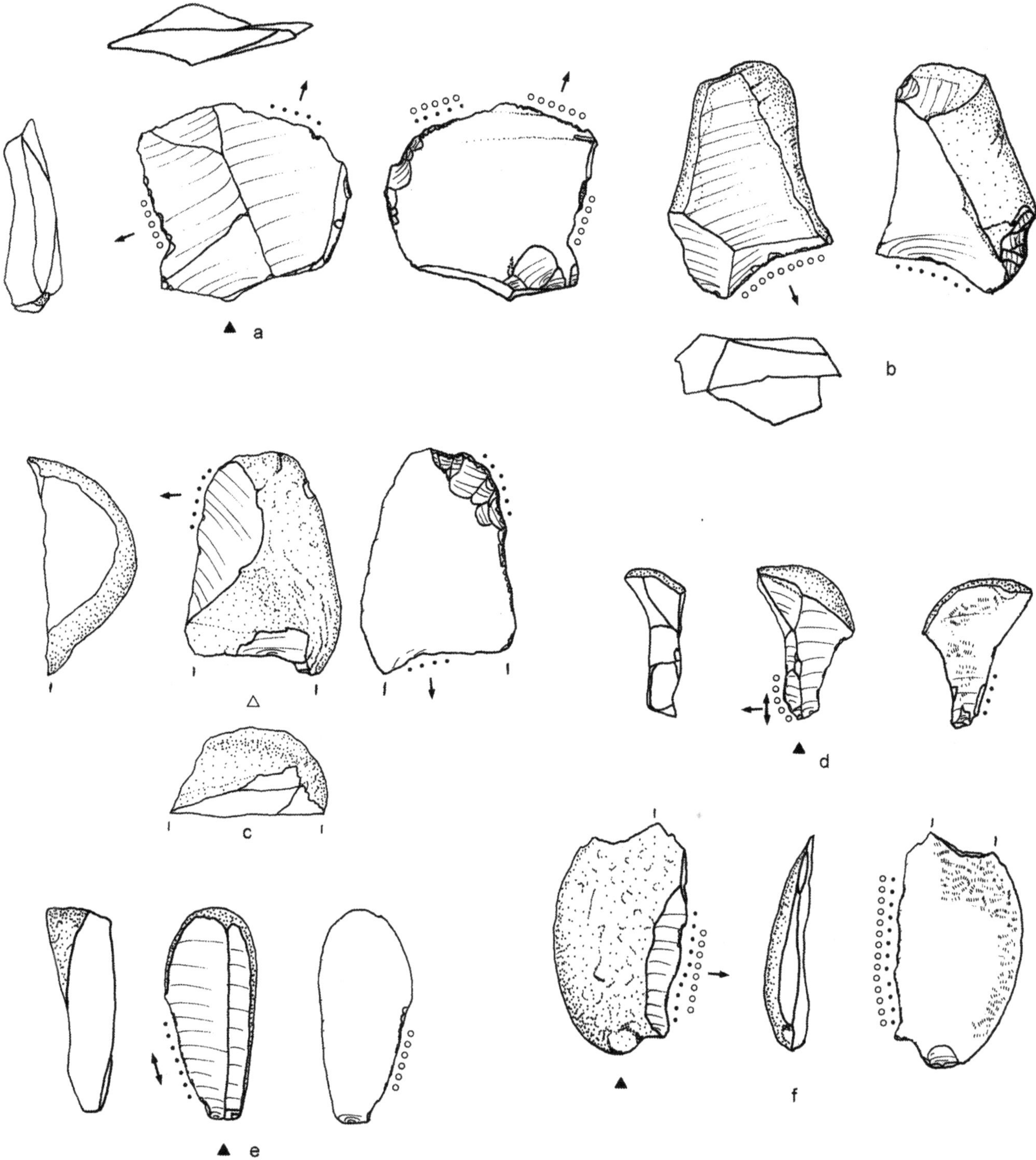

Fig. 29 Grotta Breuil, couche 3: pièces présentant des traces du travail du bois (a-c;e-f) et d) du travail de végétaux siliceux. a) E1 3.5 134 (1) et b) F0 3.6 3 (8) pièces utilisées pour effectuer des actions transversales, c) E1 3.4 75 (5) (fig.30a*) pièce utilisée pour racler, et présentant des traces de préhension manuelle directe, d) E1 3.4 64 (1) (*fig.30d*) pièce utilisée pour couper des végétaux siliceux, e) E1 3.4 103 (2) (*fig.30b*) pièce utilisée pour effectuer une action transversale et présentant des traces de préhension manuelle directe, f) E0 3.4 (4) pièce utilisée pour effectuer du rainurage. Echelle métrique 1:1.*

Les matières qu'ils ont travaillées sont elles-aussi variées (*tableau 28*). Il s'agit de matières tendres (7%), dures (15%), semi-dures (44%), de la peau fraîche (12%) et des tissus charnus reliés à la boucherie (20%). Les tranchants qui font partie de l'ensemble des supports non prédéterminés sont retouchés dans un pourcentage un peu plus élevé (treize cas, 27%) que ceux du premier groupe, peut-être parce qu'il fallait les modifier un peu plus pour augmenter leur potentiel fonctionnel. Ces tranchants ont été utilisés, eux-aussi, pour accomplir plusieurs actions transversales (33%), longitudinales (49%) et mixtes (8%) (voir, en détail, *tableau 29*). Les matières qu'ils ont travaillées sont elles-aussi plutôt variées (*tableau 28*). Il y a de la matière tendre (14%), dure (6%), semi-dure (12%), du bois (8%), de la peau (14%) et des tissus charnus liés à l'activité de boucherie (34%).

En général, les données proposées ci-dessus montrent que les deux ensembles de tranchants possédaient un potentiel

	bois	tissus charnus/os	peau non fraîche	peau seche	matiere tendre	matiere semi-dure	matiere dure	indéterminée	total AUA	%
racloirs simple droits	_	_	_	_	_	_	_	2	2	7%
racloirs simples concaves	2	_	_	_	_	_	_	1	3	11%
racloirs déjetés	_	_	_	_	_	1	1	_	2	7%
racloirs transversaux convexes	_	_	_	_	_	_	_	1	1	4%
racloirs transversaux concaves	_	_	_	_	1	_	_	_	1	4%
racloirs sur face plane	_	_	1	_	_	1	_	_	2	7%
racloirs a retouche alternante	1	_	_	_	_	1	_	_	2	7%
encoches	1	_	1	1	_	2	_	_	5	18%
denticulés	_	_	_	_	_	1	_	_	1	4%
éclats retouchés	1	3	_	_	2	2	_	_	8	30%
total AUA	5	3	2	1	3	8	1	4	27	100%
%	18%	11%	7%	4%	11%	30%	4%	15%	100%	

Tableau 30 Grotta Breuil, couche 6: type d'outils et matières travaillées.

fonctionnel élevé qui leur a permis d'effectuer des activités variées sur un grand éventail de matières. Les supports prédétérminés n'avaient presque pas besoin de modification de leurs tranchants pour accomplir cet ensemble de fonctions en se confirmant les pièces les plus fonctionnelles en absolu.

5.2.3.3 Fonction et typologie

Les outils qui présentent des traces d'usage font partie d'un ensemble limité de types. En effet, certaines catégories de racloirs, les encoches, les denticulés et les retouches y sont comprises et correspondent aux types les plus représentés dans la couche. Il y a 24 outils (42%) montrant des traces d'usage. Ils possèdent 27 *AUA* dont dix-neuf sont retouchés (79%). Beaucoup d'actions longitudinales (coupe et amincissement, 33%) et moins de transversales (15%) ont été accomplies au moyen de ces outils (voir, pour une évaluation en détail des actions, *tableau 31*). En ce qui concerne les tranchants retouchés, on a identifié une certaine "spécialisation" pour les actions transversales.

Ce sont les matières semi-dures (30%), qui s'associent le plus aux pièces retouchées (voir *tableau 30*). Néanmoins, cette présence ne peut pas être considérée significative d'une "spécialisation" fonctionnelle. Au contraire, elle réfléchit une importante présence fonctionnelle de ce groupe de matières par rapport à l'assemblage lithique étudié.

En évaluant ponctuellement les données fonctionnelles se rapportant à chaque groupe de types, les racloirs simples droits et concaves présentent cinq *AUA* dont deux seulement ont

	coupe	transversale	raclage en coupe négative	amincissement	indéterminée	total AUA	%
racloirs simple droits	_	_	_	_	2	2	7%
racloirs simples concaves	2	_	_	_	1	3	11%
racloirs déjetés	_	_	_	_	2	2	7%
racloirs transversaux convexes	_	_	1	_	_	1	4%
racloirs transversaux concaves	_	_	_	1	_	1	4%
racloirs sur face plane	1	_	_	1	_	2	7%
racloirs a la retouche alternante	_	_	_	_	2	2	7%
encoches	1	1	_	_	3	5	18%
denticulés	_	_	_	_	1	1	4%
éclats retouchés	2	2	_	1	3	8	30%
total AUA	6	3	1	3	14	27	100%
%	22%	11%	4%	11%	52%	100%	

Tableau 31 Grotta Breuil, couche 6: type d'outils et actions faites.

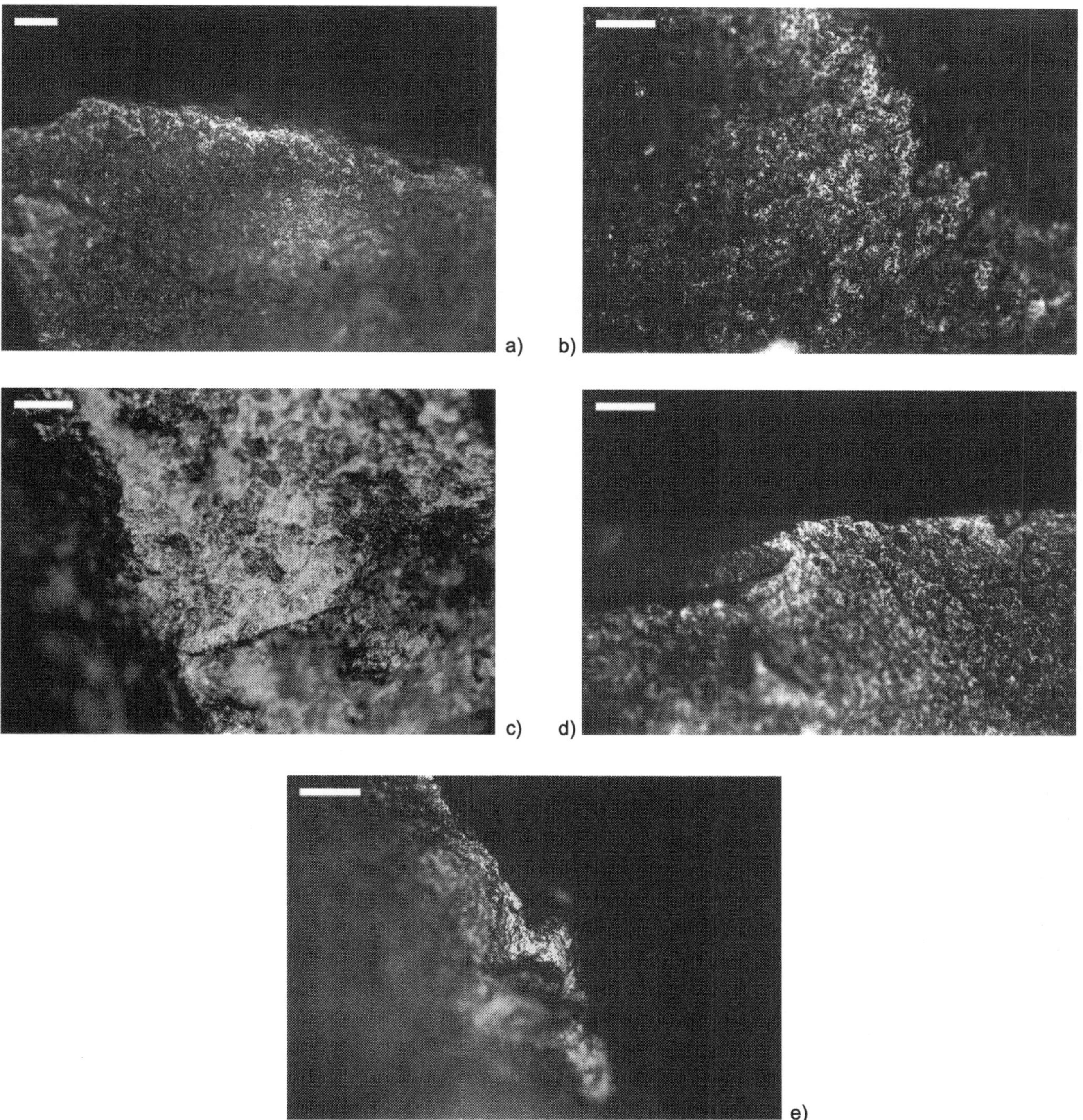

Fig.30 Grotta Breuil, couche 3: photomicrographies de polis associés au travail du bois (a-c) (fig. 30*), photomicrographie de polis associés au travail de végétaux siliceux (d) (*fig. 30*), photomicrographie associée à la préhension (e): a) E1 3.4 75 (5) raclage en coupe positive (200x), b) E1 3.4 103 (2) action transversale (300x), c) F0 3.6 (10) 14 (4) rainurage (300x), d) E1 3.4 64 (1) coupe (300x), e) F0 3.6 6600 (66) polis associés à la préhension par l'intermédiaire d'un manche (300x). Les échelles métriques correspondent à 50µ.*

des traces diagnostiques des matières et des actions effectuées. Il s'agit de deux actions de coupe du bois. Les racloirs déjetés présentent du travail des matières semi-dures et dures (deux *AUA*). Au contraire, le groupe des racloirs transversaux est associé au travail des matières tendres au moyen d'une action d'amincissement mais ils présentent aussi du raclage en coupe négative sur de la matière indéterminée (une *AUA*). Les racloirs à face plane sont associés encore au travail des matières semi-dures au moyen de l'amincissement (une *AUA*) et aussi à la coupe de la peau non fraîche (une *AUA*). Le groupe des racloirs à retouche alternante présente du travail sur de la matière semi-dure (une *AUA*). Sur un seul denticulé, on a observé une *AUA* associée à une action indéterminée sur de la matière semi-dure.

Au contraire des racloirs et des denticulés, les encoches se rapportent à une plus grande variété de matières. En effet au moyen de ces outils, la peau non fraîche et sèche (deux *AUA*), les matières semi-dures (une *AUA*) et le bois tendre ont été travaillés (une AUA), aussi bien en coupe qu'au moyen d'actions transversales. Les éclats retouchés (types 45-50) se rapportent eux-aussi à des matières variées: l'os (une AUA), les tissus charnus (deuz AUA), le bois (une AUA), les matières tendres (deux AUA) et les matières semi-dures (deux AUA) travaillées au moyen de la coupe, de l'amincissement et d'actions transversales.

Pour conclure, les types concernant l'industrie de la couche 6 ne paraissent pas avoir de rapports avec des fonctions spécialisées. Néanmoins, cela ne signifie pas que les types pris en considération soient fonctionnellement indifférenciés. Il est plutôt vraisemblable que par rapport à chaque groupe de type le peu de données fonctionnelles ne permet pas d'évaluer la présence ou l'absence d'une spécialisation fonctionnelle.

5.2.3.4 Les traces de préhension

Quatre pièces montrent des traces qui peuvent être associées à la préhension. Sur la surface interne de ces pièces, utilisées toutes pour des activités de boucherie, on a identifié des taches de polis à texture lisse et rugueuse qui peuvent se rapporter à une préhension à la main (*fig. 22a, figs. 25e-f*). Leur position, aussi bien que leur morphologie et leur distribution rendent ces taches de polis très semblables à celles produites expérimentalement au moyen de la préhension des doigts sur la surface d'éclats utilisés pour des activités de boucherie (voir *3.6.1*). Par conséquent, on peut supposer qu'il ne fallait pas s'aider d'un manche pour accomplir ce type d'activité. Cela ne signifie pas que les pièces utilisées pour exploiter les carcasses n'étaient jamais emmanchées. Simplement, en certains cas, le manche pouvait être superflu. En effet, les expériences effectuées ont démontré que l'activité de boucherie peut se faire au moyen d'éclats tenus à la main. Au contraire, dans certains cas, le manche empêche le déroulement de certaines actions spécifiques, par exemple, la coupe des faisceaux de tendons intérieurs d'une articulation pendant le sectionnement de la carcasse (Lemorini/Alhaique 1996).

5.2.4 Discussion

Le bilan fonctionnel établi à l'issue de l'étude de l'assemblage lithique de la couche 6 montre avec 41% des matières travaillées (voir *le travail de matières animales* et *le travail de la peau* en *5.2.3.1*) une prédominance du travail des tissus animaux orienté vers la boucherie (28%) ou le traitement des peaux (13%). Ceci est encore plus évident lorsqu'on le compare avec les indices du bois qui ne concernent que 4% seulement des matières travaillées (voir *le travail du bois* en *5.2.3.1*). Dans beaucoup d'études fonctionnelles intéressant le Paléolithique moyen la forte présence du travail du bois ferait supposer la pollution d'agents d'altération (Anderson-Gerfaud 1981; Beyries 1982, 1984; Schelinskij 1993) (voir aussi *1.3*). Le résultat obtenu par cette analyse témoignerait donc que la détermination des matières travaillées n'a pas subi de distorsions à cause des phénomènes post-dépositionnels. Bien que les polis diagnostiques du bois soient faiblement représentés, les indices d'un travail plus important de cette matière pourraient se dissimuler dans l'ensemble des *AUA* aux enlèvements diagnostiques. Quelques-unes des *AUA* qui ont principalement travaillé des matières semi-dures (24 *AUA*, 27%) et des matières dures (neuf cas, 10%) pourraient être en effet en rapport avec le travail du bois. Néanmoins, ces considérations justifient partiellement la grande différence existant entre la présence du travail des matières animales et du travail du bois. En effet, la distance entre les deux pourcentages, 40% contre 4%, est si considérable qu'il est possible de supposer que le premier groupe d'activités était bien effectué de façon prioritaire.

En ce qui concerne la boucherie, il apparaît que des actions de désarticulation et surtout de décarnisation étaient effectuées - l'abondance de coupe des tissus charnus en témoignerait - tandis que des actions de nettoyage des os en utilisant transversalement les tranchants sont beaucoup moins représentées. Si on suppose (voir aussi la discussion en *5.2.2*), en suivant les arguments proposés au moyen de l'expérimentation (voir *3.1*), que les actions de raclage soient associées au nettoyage soigneux des restes des tissus charnus, le manque de ce type d'action pourrait indiquer qu'une forte exploitation des carcasses n'était pas nécessaire et que les résidus des tissus charnus étaient rarement enlevés. Si les stratégies d'acquisition permettaient d'obtenir un nombre suffisant (du point de vue quantitatif et qualitatif) de parties anatomiques exploitables, peu d'efforts étaient alors nécessaires pour récupérer toute la viande possible des carcasses apportées sur site. La faible importance des actions de nettoyage des carcasses peut également être l'indice de la mise en oeuvre de tactiques de boucherie plus expéditives (peut-être liées à de brèves fréquentations du site?) prévoyant une exploitation des carcasses uniquement pour le stockage de parties de viande à emporter (voir, à ce propos, un comportement semblable, tiré d'un contexte ethnographiques, celui des Hadza, Bunn/Batrman/Kroll 1988, 434).

Si l'exploitation des carcasses d'herbivores était une source de protéines animales, la consommation des poissons, dont le nettoyage en grotte a été démontré par la présence d'actions d'écaillage, en était une autre. L'exploitation des ressources marines est justifiée par la proximité de la mer dont les groupes d'hominidés connaissaient sûrement le potentiel. De plus, il n'est pas nécessaire de supposer l'utilisation de moyens techniques particuliers pour attraper des poissons de bas fond qu'on pouvait capturer à la main près de la plage ou dans les flaques laissées par la marée basse. Dans l'hypothèse d'une consommation immédiate, le nettoyage des poissons était nécessaire au cas où ces animaux étaient consommés crus. Par contre, s'ils étaient consommés fumés, l'enlèvement des écailles était, d'un point de vue étroitement fonctionnel, une opération inutile. Ceci va à l'encontre d'observations ethnographiques qui témoignent que certaines populations nettoient "traditionnellement" les poissons bien qu'ils soient consommés cuits (Iovino 1996). L'activité de préparation des poissons effectuée à Grotta Breuil pourrait être le témoignage d'un quelconque processus de stockage pour lequel l'enlèvement des écailles était nécessaire pour faciliter le séchage des filets (voir, à ce propos, Van Gijn 1986).

Les indices d'une activité de traitement des peaux sont quantitativement moins importants que ceux touchant aux actions exercées sur les carcasses de vertébrés (voir *le travail de la peau* en *5.2.3.1*). Néanmoins, en ce qui concerne le processus lui même, l'analyse montre que les différentes étapes du traitement sont attestées. En effet, il apparaît que l'écharnage aussi bien que le travail de la peau non fraîche et de la peau sèche aient été accomplis jusqu'à l'obtention d'objets finis (des indices de découpage de peaux sèches vont dans ce sens). Ces résultats suggèrent une préparation des peaux peu importante en quantité mais relativement élaborée, basée sur le déroulement des étapes fondamentales du processus de proto-tannage.

Le travail du bois qui ne concerne que quelques pièces utilisées pour couper ou amincir (voir *le travail du bois* en *5.2.3.1*), est présent mais de manière peu significative, ce qui témoigne d'un travail minimal probablement adressé à la production ou à la réparation d'objets simples.

Les déductions faites à partir de l'étude fonctionnelle de l'assemblage lithique de la couche 6, nous amènent à faire quelques observations. La prédominance de l'activité de boucherie pourrait indiquer l'existence d'espaces spécialisés à l'intérieur de la grotte et/ou encore, d'une utilisation spécialisée du site. Il n'est pour l'instant pas possible de pencher pour l'une ou l'autre de ces suppositions. Seule l'étude de l'intégralité de l'industrie de l'ensemble de la couche et son analyse spatiale pourront chercher à vérifier ces hypothèses. Dans l'absence de ces données, fondamentales pour comprendre la genèse et la signification des couches de Grotta Breuil, il est seulement possible de faire un exercice spéculatif en jouant sur la signification attribuée à certaines

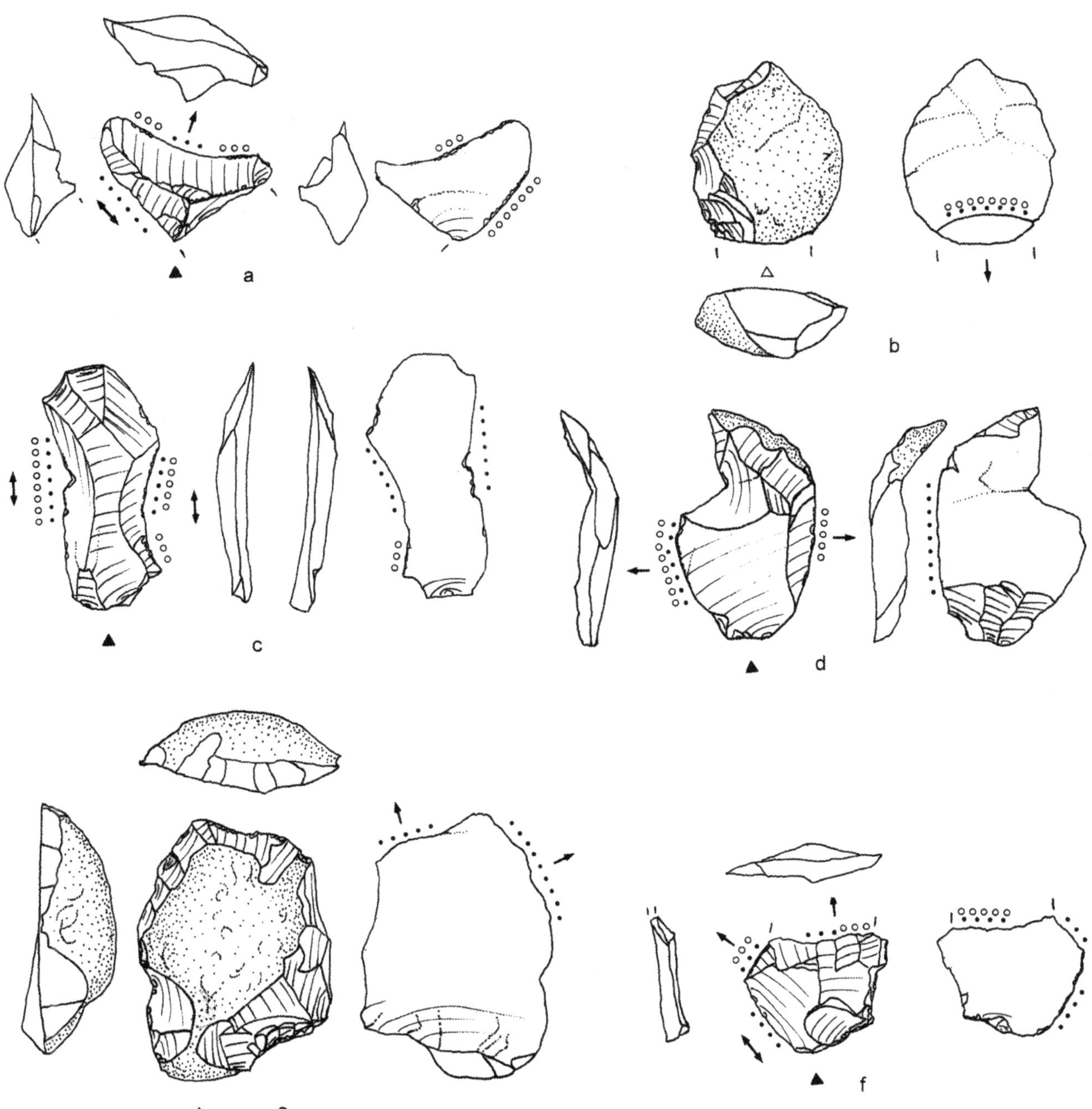

Fig.31 Grotta Breuil, couche 3, pièces présentant des traces du travail de matières animales (activité de boucherie) (a;c-f) et du travail de l'os (b): a) F0 3.6 5800 (58) (fig.33a*) pièce utilisée pour séparer des tissus charnus des os en coupe et par action de raclage, b) F0 3.4 108 (4) pièce utilisée pour racler de l'os, c) E0 3.7 10, d) F0 3.6 143 (26) pièces utilisées pour séparer en coupe, des tissus charnus des os, e) E0 3.5 28 (3) et f) F0 3.6 103 (13) (*fig.33c*) pièces utilisées pour séparer les tissus charnus des os par action de raclage. Echelle métrique 1:1.*

des données fonctionnelles produites. Par exemple, de brèves fréquentations caractérisées par des activités réduite de maintenance seraient suggérées par la faible exploitation des carcasses, associée à des comportements de stockage. Elles seraient supportées aussi bien par un stockage possible des poissons, que par une présence limitée du traitement de la peau et par l'absence du travail du bois. Supposant pourtant que ces activités aient pu être présentes ailleurs dans la grotte, leur abscence dans un espace donné aurait une signification différente, liée à des zones fonctionnelles distinguées dans le site.

Le faible pourcentage de pièces retouchées, mis en évidence par l'analyse techno-typologique, et le pourcentage très bas de tranchants retouchés utilisés (voir *5.2.3.2*), pourrait être un témoignage supplémentaire d'une occupation du site limitée dans le temps. Les hommes préhistoriques s'y seraient consacrés à de brèves activités n'impliquant pas le ré-affûtage des tranchants mis en oeuvre et abandonnés sous forme d'éclats. Il est cependant vraisemblable que beaucoup d'éclats étaient abandonnés dans un espace spécialement consacré à une activité de boucherie après avoir été utilisés en coupe pour décarniser. L'abandon de pièces encore utilisables pourrait se justifier par un accès facile à une matière première locale (*"the intensity of maintenance and recycling appears to vary in reponse to raw material availability"*, Bamforth, 1986, 48) n'obligeant pas à la maintenance des pièces débitées. Ce point de vue suggère un comportement

Grotta Breuil (Mont Circé)
Couche 6
- Matière première locale: galets de silex
- Débitage en place
- Integrité des chaînes opératoires lithiques
- Mise en forme de nucléus pséudoprismatiques et unidirectionnels et production d'éclats allongés

(voir 5.1.3 et 5.2.3.2)

Utilisation préférentielle du débitage qui présente de grandes potentialités fonctionnelles

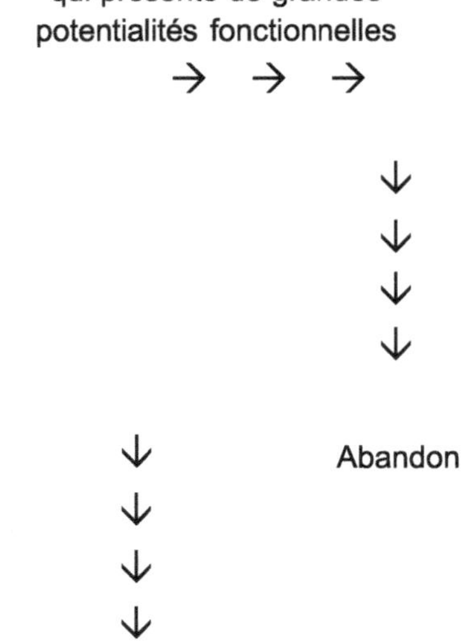

-Boucherie: désarticulation et décarnisation

- Découpe de carcasses; raclage minoritaire de carcasse

- os; viande

-Boucherie: nettoyage des écailles des poissons

-Raclage

-Traitement de la peau :surtout écharnage de la peau fraîche ; présence minoritaire du traitement post-écharnage

- Découpe
- Raclage

-Travail occasionnel du bois

(voir 5.2.3.1)

pièces plus fonctionnelles ré-affûtées et emportées hors du site

Grotta Breuil (Mont Circé)
Couche 6 (site dense)

-Age ERS (Alhaique et alii 1995) 33.000 ± 4.000 B.P.
- Exploitation à bref terme de la matière première
- Exploitation non intensive des carcasses sur place, liée à une chasse saisonnière
- Préparation des peaux importante en qualité, peu importante en quantité

Fréquentation de la grotte pas prolongée: forte mobilité du groupe (?)
ou
Espace consacré à l'activité de boucherie (?)

Fig. 31a Grotta Breuil, couche 6: hypothèse d'utilisation du site.

opportuniste- qui ne signifie cependant pasqu'il était totalement improvisé (voir à ce propos, Thacker, 1996, 119 et les autres considérations fonctionnelles proposées ci-dessous) - où les pièces étaient *"manufactured, used, and discarded according to the needs of the moment"* (Bamforth, 1986, 38).

A mon avis, la spécificité morphologique des tranchants utilisés aussi bien pour la boucherie que pour le tannage (voir, *la morphologie des tranchants associés à l'activité de boucherie* et *au travail de la peau* en *5.2.3.1*) font entrevoir un certain niveau d'anticipation quant au travail à accomplir. Il semble bien que des morphologies particulières aient été privilégiées par les Néandertaliens en fonction de la perception qu'ils pouvaient avoir du degré d'efficacité du taillant choisi pour travailler des peaux à différents états.

En ce qui concerne le rapport entre les tranchants et le type de support utilisé, il faut souligner que les supports bruts de retouche de l'assemblage lithique étudié, possédaient un potentiel fonctionnel élevé, qui permettait de les utiliser pour l'accomplissement de différentes taches. En croisant les données fournies par l'analyse technologique (voir *5.1*) et l'analyse tracéologique (voir *5.2.3.2*), il apparaît que la mise en oeuvre d'une méthode d'exploitation "proto-laminaires" des petits galets de silex utilisés à Grotta Breuil, permettait d'exploiter de façon optimale la matière première en même temps que de contrôler quantitativement et qualitativement la production des supports utiles. Il s'agirait alors d'un mécanisme de prévision déclenché au moment de la taille sur place des galets et calibré sur les activités qui allaient être accomplies dans la grotte. Je pense qu'on pourrait y reconnaître, encore une fois, des stratégies de planification opportuniste. Ces stratégies, cependant, auraient permis la manufacture d'objets dont la création nécessitait la prévision d'une série précise de gestes tels que ceux reconnus en analysant l'assemblage lithique (actions de rainurage, de sciage, et de perçage, voir *le travail des matières tendres, semi-dures et dures* en *5.2.3.1*).

5.2.5 La couche 3 (carrés E0-E1, F0-F1)

Parmi les 776 pièces aussi bien retouchée que brutes de retouche qui constituent l'industrie lithique de la couche 3 dans les carrées E0-E1 et F0-F1, 390 (48%) pièces ont été sélectionnées pour l'analyse fonctionnelle. Ces pièces possèdent 714 *PUA* dont 268 (38%) sont aussi des *AUA*. Ces *AUA* correspondent à 203 supports c'est-à-dire à 52% des pièces sélectionnées. Ces résultats montrent que, par rapport aux industries des couches XX et 6, cette industrie possède le pourcentage le plus élevé d'évidence fonctionnelle aussi bien du point de vue des pièces aux traces diagnostiques que du point de vue des *AUA* identifiées. Bien que ce type de résultat puisse être expliqué, même si ce n'est qu'en partie, par la conservation suffisante de la surface des pièces analysées qui a maintenu la plupart des traces d'usage, on pourrait aussi supposer que les pièces de la couche 3 aient été utilisées plus intensivement que celles des autres couches en suggérant l'accomplissement d'actions et, par conséquent, d'activités moins occasionnelles (à ce propos, voir, *5.2.7.*)

5.2.5.1 Actions faites et matières travaillées

Les actions effectuées par les 268 *AUA* sont pour la plupart longitudinales et transversales. En effet, il y a 107 tranchants

	perçage	longitudinale	coupe	sciage	transversale	raclage en coupe positive	raclage en coupe négative	mixte	amincissement	rainurage	indéterminée	total AUA	%
bois	_	6	1	1	9	4	6	_	3	5	1	36	13%
bois blanc	_	_	_-	_	_	1	_	_	1	_	_	2	1%
bois dur	_	_	_	_	_	_	_	_	2	_	_	2	1%
végétaux	_	1	_	_	_	_	_	_	_	_	1	1	0.5%
bois/végétaux	_	_	2	_	_	_	_	_	2	_	_	4	1.5%
tissus charnus/os	_	5	21	1	13	3	1	_	_	_	_	44	16%
peau fraîche	_	2	11	_	2	2	2	1	_	_	1	21	8%
peau humide	_	_	_	_	2	1	_	_	_	_	_	3	1%
peau non fraîche	_	_	1	_	_	1	2	_	_	_	_	4	1.5%
peau sèche	_	_	2	_	2	1	1	_	_	_	_	7	2.5%
matière tendre	_	2	5	_	1	_	_	_	1	1	_	10	4%
matière semi-dure	1	21	4	1	37	9	8	_	8	5	4	98	37%
matière dure	_	_	_	3	12	1	6	_	3	_	2	27	10%
indéterminée	_	3	_	_	2	1	3	_	_	_	_	9	3%
total AUA	1	40	47	6	80	24	29	1	20	11	9	268	100%
%	0.5%	15%	17%	2%	30%	9%	11%	0.5%	8%	4%	3%	100%	

Tableau 32 Grotta Breuil, couche 3: matières travaillées et actions faites.

(40%) et 146 tranchants (55%) qui ont effectué respectivement le premier et le deuxième type d'actions. Il y a aussi une petite quantité de tranchants, cinq seulement (2%), avec lesquels une action mixte a été accomplie et un tranchant avec lequel du perçage a été effectué. Dans neuf autres cas les traces identifiées ne sont pas suffisamment diagnostiques pour déterminer l'action. En particulier (*tableau 32*), on a réussi à distinguer des actions de coupe (17%) sur 47 tranchants, des actions de sciage (2%) de rainurage (4%), du raclage en coupe négative (11%) du raclage en coupe positive (9%) et de l'amincissement (9%). Le tableau présenté ci-dessus montre qu'une grande variété d'actions a été mise en place. Parmi celles-ci il faut souligner la présence de l'action de rainurage qui, par rapport aux autres couches étudiées, est représentée de façon exceptionnelle. En effet, si dans la couche la plus ancienne ce type d'action n'a jamais été identifié, dans la couche 6 elle commence à paraître mais de façon plus modérée (2% des actions déterminées).

En ce qui concerne les matières travaillées par l'outillage lithique de la couche 3, il y a une forte présence de travail se rapportant à l'exploitation des gibiers mais aussi une présence significative du travail du bois. En effet, 44 tranchants (16%) ont été utilisés pour effectuer une activité de boucherie, 35 tranchants (13%) ont effectué du traitement de la peau aussi bien fraîche, qu'humide et sèche et, enfin, 40 tranchants (15%) ont travaillé du bois. Les tranchants aux enlèvements d'usage montrent un contact avec des matières tendres (4%), des matières dures (10%) et des matières semi-dures (37%).

Mais la donnée probablement la plus significative qui regarde les matières travaillées par l'industrie de cette couche est l'évidence, même si minimale, d'une activité se rapportant au traitement des matières végétales. En effet, même si une évidente exploitation des plantes siliceuses est témoignée dans un cas seulement, il y a quatre autres cas où le tranchant a été en contact avec une matière qui pourrait être aussi bien du bois que des plantes herbacées. Etant donné que dans les autres couches étudiées aucun indice de ce type n'ait été identifié, cette évidence comme celle de l'augmentation des actions du rainurage pourrait suggérer un changement dans le type d'utilisation de la grotte mais aussi un changement du comportement des groupes d'hommes préhistoriques dû non seulement à une adaptation au milieu qui se modifie.

Une dernière considération à faire est que le pourcentage des tranchants où des polis d'une matière non interprétable ont été observés est très petit par rapport à celui identifié sur l'industrie des autres couches; il s'agit de neuf tranchants c'est-à-dire seulement 3% du total des *AUA* contre 8% des *AUA* de la couche 6 et de la couche XX. Cette donnée confirme le fait que l'industrie de cette couche a un bon degré de conservation qui permet de bien évaluer les traces d'usages des tranchants observés. Mais elle témoigne que le développement de ces traces est probablement plus fort que celui des traces identifiées sur les pièces lithiques des autres couches. Par conséquent, le type de matière travaillée a été identifié plus précisément que dans les autres cas. Mais, pour obtenir une trace plus développée il faut un usage plus intense du tranchant. On pourrait supposer une fois de plus que dans cette dernière phase de fréquentation de la grotte les pièces lithiques aient été utilisées de façon moins limitée et épisodique qu'auparavant.

Le travail du bois

Le travail du bois (*figs. 30a-c*) est une partie considérable du tableau fonctionnel de l'industrie lithique de la couche 3 (*tableau 32*). La production d'objets en bois était effectuée au moyen de différents types de cette matière parce que, outre à beaucoup de *AUA* où ont été évaluées des traces de bois générique, on a identifié aussi des tranchants qui ont travaillé aussi bien du bois blanc (deux cas) que du bois dur (deux cas).

Le bois a été travaillé surtout au moyen d'actions transversales (63%) (*figs. 29 a-c,e*), tandis que sa manufacture au moyen d'actions longitudinales est moins représentée (33%). On a

	rectiligne	convexe	concave	pointue	irreguliere	indéterminée	total AUA	%
bois	17	11	11	1	_	_	40	15%
végétaux	_	_	1	_	_	_	1	0.5%
bois/végétaux	1	1	2	_	_	_	4	1.5%
tissus charnus/os	15	16	9	_	3	1	44	16%
peau fraîche	11	4	6	_	_	_	21	8%
peau humide	_	1	1	_	1		3	1%
peau non fraîche	_	2	1	_	1	_	4	1.5%
peau seche	3	4	_	_	_	_	7	2.5%
matiere tendre	7	1	2	_	_	_	10	4%
matiere semi-dure	41	35	18	2	2	_	98	37%
matiere dure	8	5	11	_	2	1	27	10%
indéterminée	1	4	4	_	_	_	9	3%
total AUA	104	84	66	3	9	2	268	100%
%	40%	31%	24%	1%	3%	1%	100%	

Tableau 33 Grotta Breuil, couche 3: morphologie en plan des tranchants et matières travaillées.

	rectiligne	convexe	concave	irrégulière	indéterminée	total AUA	%
bois	28	5	5	2	3	40	15%
végétaux	_	1	_	_	_	1	0.5%
bois/végétaux	3	1	_	_	_	4	1.5%
tissus charnus/os	35	2	5	_	2	44	16%
peau fraîche	17	_	2	_	2	21	8%
peau humide	2	_	1	_	_	3	1%
peau non fraîche	4	_	_	_	_	4	1.5%
peau seche	7	_	_	_	_	7	2.5%
matiere tendre	9	1	_	_	_	10	4%
mariere semi-dure	76	10	6	4	2	98	37%
matiere dure	17	5	3	2	_	27	10%
indéterminée	5	1	1	_	2	9	3%
total AUA	200	26	23	8	11	268	100%
%	74%	10%	8%	3%	4%	100%	

Tableau 34 Grotta Breuil, couche 3: morphologie en profil des tranchants et matières travaillées.

identifié du raclage en coupe négative (15%), du raclage en coupe positive (13%), de l'amincissement (15%), une présence importante du rainurage (14%) (*fig. 29f*), peu de cas de coupe (3%) et de sciage (3%).

La morphologie des tranchants associés

Ces tranchants sont caractérisés par une morphologie en section (*tableau 35*) plutôt homogène qui se divise en plano-plane (58%) et en plano-convexe (25%). En particulier, les tranchants à morphologie plano-plane ont été utilisés pour effectuer du raclage aussi bien en coupe négative qu'en coupe positive tandis que la morphologie plano-convexe a été préférée pour l'amincissement. Au contraire, les tranchants qui ont fait du rainurage du bois sont moins standardisés que les premiers. En effet, ils n'ont pas été choisis par rapport à une morphologie préférentielle et il y en a de plano-planes aussi bien que de plano-convexes et de plano-concaves.

La morphologie en profil (*tableau 34*) des tranchants qui ont travaillé le bois est encore plus homogène que celle en section parce que ceux qui possèdent une morphologie en section rectiligne atteignent 70% du total des taillants. Les tranchants qui ont effectué des actions longitudinales aussi bien que ceux qui ont effectué des actions transversales maintiennent une morphologie rectiligne dominante, respectivement 77% et 56%. L'unique action qui se détache légèrement de ce tableau est l'amincissement qui est mis en rapport avec des tranchants

	plano-plane	plano-convexe	plano-concave	convexe-concave	convexe-convexe	indéterminée	total AUA	%
bois	23	10	2	2	_	3	40	15%
végétaux	1	_	_	_	_	_	1	0.5%
bois/végétaux	3	_	1	_	_	_	4	1.5%
tissus charnus/os	27	9	4	2	_	2	44	16%
peau fraîche	17	_	2	_	_	2	21	8%
peau humide	2	1	_	_	_	_	3	1%
peau non fraîche	2	_	2	_	_	_	4	1.5%
peau seche	3	2	_	1	1	_	7	2.5%
matiere tendre	8	_	1	_	_	1	10	4%
matiere semi-dure	74	12	7	3	_	2	98	37%
matiere dure	11	6	3	7	_	_	27	10%
indéterminée	5	_	2	_	_	2	9	3%
total AUA	176	40	24	15	1	12	268	100%
%	66%	15%	9%	6%	_	4%	100%	

Tableau 35 Grotta Breuil, couche 3: morphologie en section des tranchants et matières travaillées.

à morphologie surtout concave suivie de celle rectiligne et celle convexe.

La morphologie en plan (*tableau 33*) des tranchants qui ont travaillé le bois est la plus variée. Elle se divise en rectiligne (42%), convexe (28%), concave (28%) même si c'est la première qui domine. Néanmoins, en évaluant spécifiquement les actions effectuées on reconnaît une tendance à la morphologie rectiligne pour les tranchants qui ont accompli un raclage en coupe positive, une tendance à la morphologie aussi bien rectiligne que concave pour ceux qui ont accompli un raclage en coupe négative et à l'amincissement tandis que les tranchants qui ont fait du rainurage du bois ont une morphologie en plan plus variée.

La grande variété d'actions pour travailler le bois est bien signalée par les angles de taillant (*tableau 36*) choisis par les hommes préhistoriques pour les accomplir. En effet, un éventail d'angles de taillant qui partent de ceux assez minces (28° minimum) à ceux très épais (110° maximum) a été utilisé. Néanmoins, ce sont des cas extrêmes qui n'exemplifient pas le tableau général des angles de taillant qui ont travaillé le bois. Ceux-ci tendent à se grouper dans un ensemble toujours varié mais plus étroit qui part d'environ 30° et arrive à 80° avec une moyenne de 56°. Cette moyenne se maintient pratiquement inaltérée si on considère les deux groupes de tranchants qui ont effectué des actions transversales (57° en moyenne) et des actions longitudinales (56° en moyenne) même si dans le premier groupe les angles de taillant

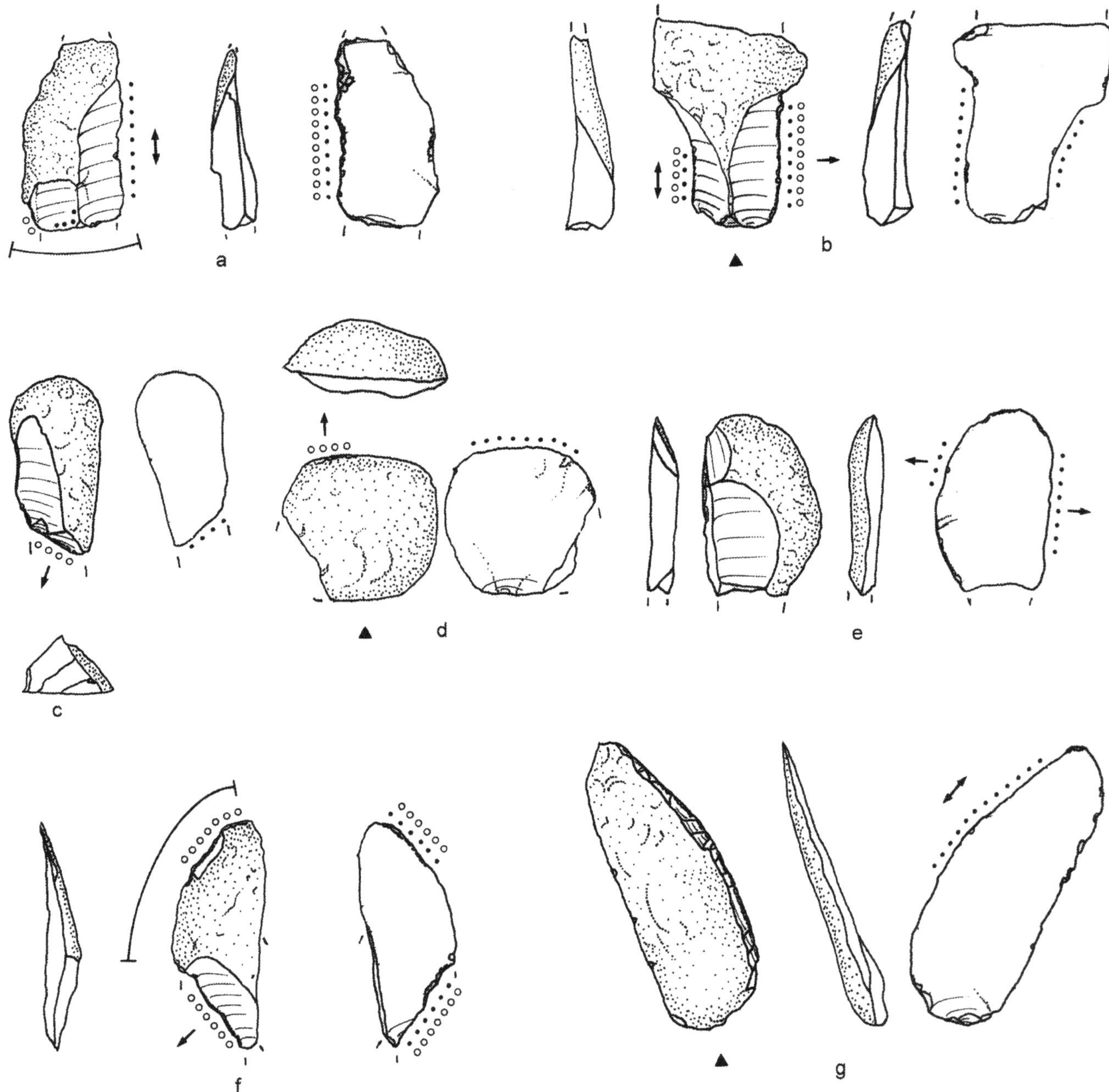

Fig.32 Grotta Breuil, couche 3: pièces présentant des traces du travail de la peau: a) F0 3.6 6600 (66) pièce utilisée pour écharner en coupe et présentant des traces de préhension au moyen d'un manche, b) F0 3.5 35 (29) pièce utilisée pour couper et pour racler la peau sèche, c) E1 3.4 68 (6) (fig.33e*) pièce utilisée pour racler de la peau humide, d) F0 3.5 62 (26) pièce utilisée pour racler en coupe négative de la peau humide, e) E1 3.4 95 (1) (*fig.33d*) pièce utilisée pour écharner par raclage et pour racler de la peau non fraîche, f) F0 3.6 22 (42) pièce utilisée pour travailler la peau sèche (action indéterminée) et présentant des traces de préhension manuelle directe, g) E0 3.4 23 (4) (*fig.33f*) pièce utilisée pour couper la peau sèche. Echelle métrique 1:1.*

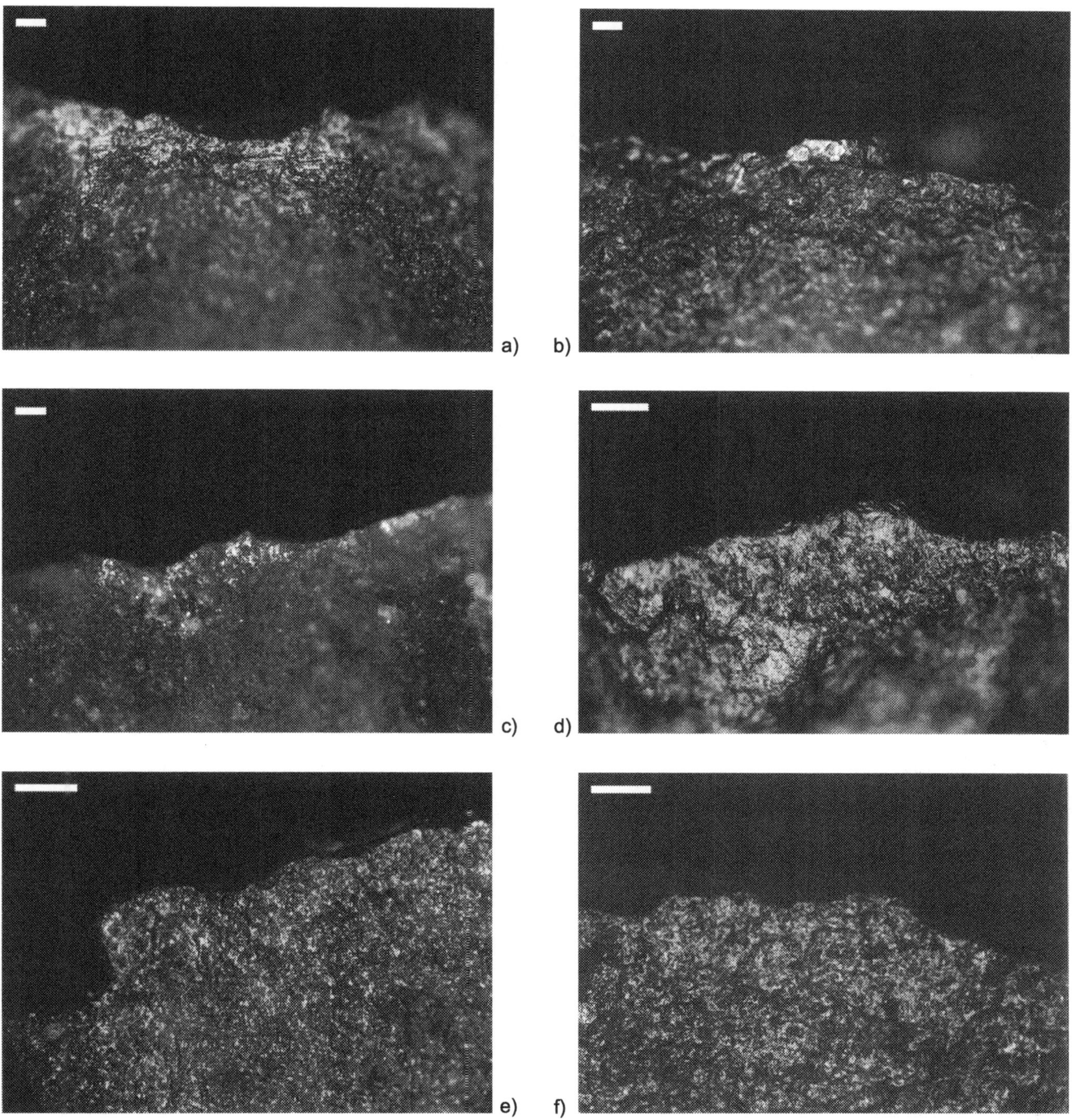

Fig.33 Grotta Breuil, couche 3, (a-c) photomicrographies de polis associés au travail de matières animales (activité de boucherie) (fig. 31*), (d-f) photomicrographies de polis associés au traitement de la peau: a) F0 3.6 5800 (58) (150x) coupe, b) F0 3.4 (150x) action transversale, c) F0 3.6 103 (13) (150x) raclage, d) E1 3.4 95 (1) (300x) action transversale sur de la peau non fraîche, e) E1 3.4 68 (6) (300x) action transversale sur de la peau humide, f) E0 3.4 23 (4) (300x) coupe de la peau humide. Les échelles métriques correspondent à 50µ.*

supérieurs à 40° dominent tandis que dans le deuxième ce sont ceux inférieurs à 60° qui l'emportent. L'unique action par laquelle des tranchants plus épais ont été utilisés est la gravure où les angles du taillant rejoignent les 74° en moyenne.

Le travail des matières animales (tissus charnus et os)

L'activité de boucherie représente 16% des activités effectuées sur site (*tableau 32*) et, donc, elle possède une importance remarquable dans le tableau fonctionnel se rapportant à cette couche.

Une grande partie des tranchants aux traces de boucherie (*figs. 33 a-c*) ont eu un contact plus ou moins intense avec les os et avec les tissus charnus. Il s'agit de 29 tranchants c'est-à-dire 66% de leur total. Néanmoins un pourcentage significatif de tranchants, 34%, qui n'ont eu un contact qu'avec les tissus charnus est aussi évident. Cette donnée confirme que certains moments de l'activité de boucherie demandaient seulement du travail des parties tendres du gibier. La plupart de l'activité de boucherie a été effectuée en coupe (*figs. 31 a,d*). Il y a 26 tranchants (59%) utilisés pour accomplir cette action qui témoigneraient des activités de désarticulation et, en

	<20°	20°-39°	40°-59°	60°-79°	80°-99°	>100°
bois	_	8	15	10	1	1
végétaux	_	2	_	1	_	_
tissus charnus/os	_	13	17	6	4	1
peau fraîche	_	7	10	2	2	_
peau humide	_	1	_	_	_	_
peau non fraîche	_	2	_	2	_	_
peau seche	_	1	3	1	_	1
matiere tendre	_	1	8	_	_	_
matiere semi-dure	_	42	35	11	2	_
matiere dure	_	10	11	5	1	_
total AUA	_	87	99	38	10	3

Tableau 36 Grotta Breuil, couche 3: angle du taillant des tranchants et matières travaillées.

particulier, de décarnisation, selon les données acquises par les analyses zooarchéologiques (Lemorini/Alhaique 1998). Il y a aussi un seul cas où une action de sciage a été effectuée. On renvoie aux commentaires sur un cas pareil identifié dans l'industrie de la couche 6. Les tranchants avec lesquels on a effectué la boucherie au moyen d'actions transversales (*figs. 31 a-b,e-f*) sont beaucoup moins nombreux. Il s'agit de 17 taillants (39%) utilisés surtout pour racler. Etant donné que les actions transversales se rapportent au contact avec les os ou les os combinés avec des tissus charnus (14 cas sur 17), cette action aurait été mise en place pour les morceaux de viande qui restaient sur la carcasse après la décarnisation en coupe.

La morphologie des tranchants associés

Pour exploiter les carcasses, des tranchants présentant une morphologie plutôt standardisée ont été choisis. En effet leur morphologie est surtout plano-plane en section (61%) (*tableau 35*) et rectiligne en profil (80%) (*tableau 34*). Une certaine différentiation peut être remarquée si on considère les taillants qui ont effectué des actions transversales. Dans cet ensemble il y a aussi un groupe réduit de tranchants qui présentent une morphologie en section plano-convexe (20%) et une morphologie en profil concave (9%).

Au contraire, en ce qui concerne la morphologie en plan (*tableau 34*), elle est plutôt variée sans aucune spécialisation préférentielle par rapport aux actions accomplies et elle se divise en rectiligne (34%), convexe (36%) et concave (20%).

Ce sont des tranchants préférablement aigus qui ont été choisis pour effectuer l'activité de boucherie. En effet, il y a une dominance des angles de taillant qui vont de 27° à 60° environ (*tableau 36*). En particulier, ce sont les tranchants qui ont accompli la coupe qui présentent le plus d'angles de taillant aigus tandis que ceux qui se rapportent à des actions transversales sont plus forts bien qu'ils dépassent rarement 90°.

Le travail de la peau

Le travail de cette matière est associé à 35 tranchants (13%) (*tableau 32*). Vu qu'un contact avec des peaux dans différents états y a été identifié, on peut supposer que plusieurs étapes de leur traitement aient été accomplies sur site. En effet, le travail de la peau fraîche (60%), aussi bien que le travail de la peau non fraîche-indétérminée (11%) (*fig. 33d*), le travail de la peau humide (9%) (*figs. 33 e-f*), et le travail de la peau sèche (20%) a été détecté. Les données proposées soulignent que par rapport à toutes les autres activités il y a une présence remarquable de la première étape, l'écharnage. Ce résultat paraît confirmé par les inférences fonctionnelles qui regardent les enlèvements d'usage (voir *le travail des matières teindres, semi-dures et dures* en *5.2.5.1*). En effet, les tranchants qui ont travaillé des matières semi-dures et dures possèdent très peu d'émoussement du fil du bord actif, qui peut être associé au traitement de la peau humide et de la peau sèche. Par conséquent, il est justifié de penser que le taux des tranchants utilisés pour le traitement de ces types de peaux est plutôt modeste. Cette donné suggère que les autres moments du traitement de la peau étaient effectués de préférence dans d'autres lieux ou encore que le traitement effectué n'était pas particulièrement soigné en ce qui concernait les étapes qui suivent l'écharnage. Cependant, cette dernière hypothèse paraît très peu probable parce qu'elle ne coïncide pas avec le choix minutieux que les Néandertaliens faisaient de la morphologie des tranchants utilisés pour effectuer les étapes du traitement de la peau suivant l'écharnage (voir *la morphologie des tranchants associés* qui suit).

L'écharnage a été effectué surtout en coupe (onze cas) (*fig. 32a*). Il y a aussi des cas où cette activité a été faite au moyen d'actions transversales (six cas) (*fig. 32e*) parmi lesquelles on a identifié du raclage en coupe négative et positive. Au contraire, les autres étapes du traitement de la peau ont été effectuées en utilisant presque uniquement des actions transversales (sept cas sur dix) (*figs. 32 b-c,e*).

La morphologie des tranchants associés

Les tranchants qui ont été utilisés pour traiter la peau des gibiers sont un ensemble morphologiquement plutôt homogène. On observe quelques variations minimales en comparant les tranchants destinés à l'écharnage avec ceux destinés aux étapes suivantes du travail de la peau.

Leur morphologie en profil (*tableau 34*) est, dans la plupart des cas, plano-plane (69%). Une situation semblable se propose en évaluant séparément les tranchants associés à l'écharnage et ceux associés au traitement de la peau non fraîche. En ce qui concerne la première activité, la morphologie plano-plane rejoint 81% des cas. La spécialisation morphologique des tranchants liés aux activités suivantes est elle aussi marquée (50% de morphologie plano-plane).

De même que la morphologie en profil celle en section (*tableau 34*) est très spécialisée. En effet les tranchants à section rectiligne (86%) ont été surtout choisis pour traiter les peaux. De plus, ce type de morphologie monopolise toutes les actions transversales (94%) tandis que celles longitudinales présentent aussi quelques cas à morphologie concave ou convexe. Cette situation se propose à nouveau parmi les tranchants qui ont effectué l'écharnage et ceux avec qui ont servi à traiter la peau par la suite. En particulier, ces derniers ont une morphologie en section exclusivement rectiligne.

Enfin, la morphologie en plan (*tableau 33*) est divisée en rectiligne (40%), convexe (31%) et concave (23%). Cependant, les tranchants à morphologie en plan rectiligne ont été préférés pour accomplir des actions longitudinales d'écharnage tandis que les tranchants à morphologie convexe ont été préférés pour accomplir des actions transversales et, en particulier, du traitement après écharnage.

Les tranchants qui ont été choisis pour travailler la peau ne présentent pas un grand éventail d'angles de taillant (*tableau 36*). Ils sont surtout compris entre 29° et 59°. En particulier, cette variation correspond aux angles de taillant utilisés pour effectuer l'écharnage tandis que pour le traitement après écharnage un certain nombre d'angles de taillant plus forts ont été choisis. Quelques autres données d'une certaine importance sont la différence entre l'angle de taillant pour la coupe du *subcutis* par rapport à celui pour le raclage. En effet, les tranchants qui ont coupé sont plus aigus (44° en moyenne) par rapport à ceux qui ont nettoyé au moyen du raclage (57° en moyenne) même si ces tranchants ne peuvent pas être définis épais. Au contraire, le traitement de la peau après écharnage a été effectué au moyen des angles de taillant plutôt homogènes (52° en moyenne) qui, néanmoins, tendent à être plus aigus quand les tranchants sont utilisés en raclage en coupe positive (38° en moyenne). Ces données suggèrent que les tranchants étaient liés à l'enlèvement des pellicules subtiles de la peau plutôt qu'à son assouplissement. Ils faisaient donc probablement partie d'étapes du traitement telles que le rasage de l'épiderme, ou le nettoyage de la peau avant le trempage (Plisson/Lemorini 1994).

Le travail des matières végétales

Parmi les couches étudiées seulement celle-ci (*tableau 32*) présente du travail des matières végétales (*fig. 29d, fig. 30d*) qui dans des contextes du Paléolithique inférieur et moyen sont des évidences très rares et pour cela remarquables (Anderson 1981; Keeley/Toth 1981; Plisson *comm. pers.*).

En ce qui concerne Grotta Breuil, on a identifié un tranchant où une action de coupe des plantes siliceuses a été effectuée . Le polis de quatre autres tranchants pourrait être aussi bien attribué aux végétaux siliceux qu'au bois très doux. Ces quatre tranchants ont effectué la coupe (deux cas) et l'amincissement (deux cas). Etant donné que cette dernière action est généralement associée au travail du bois, il paraît justifié de supposer que ce sont de petits rameaux ou des arbustes qui ont été amincis. Les actions de coupe identifiées pourraient elles-aussi être rapportées à la récolte de petits rameaux ou d'arbustes ou encore de roseaux ou d'autres tiges de graminées pour les mêmes buts non alimentaires, comme il a été déjà suggéré pour des contexte mésolithiques et pré-néolithiques (voir Anderson 1992, 206).

Au contraire, il paraît moins probable que ces traces soient attribuables à une recolte alimentaire étant donné que, selon les indications tirées des contextes ethnographiques, les groupes de chasseurs-cueilleurs actuels utilisent seulement des techniques de recolte à la main des épis commestibles (Harlan 1992). De plus, le polis identifié sur les tranchants de l'industrie de la couche 3 ne peut pas être rapporté à la préparation des tubercules et des racines pour la consommation au moyen du grattage et de la coupe. Les données expérimentales ont montré que ces activités donnent des macro-traces très peu évoluées et très rarement des micro-traces qui rassemblent à celles produites par le contact avec les tissus charnus (Sievert 1992). Il faut donc rappeler que dans l'ensemble des tranchants qui ont servi pour la boucherie il pourrait y avoir aussi quelques indices du traitement de ces végétaux. Cependant, surtout l'ensemble des macro-traces des matières tendres pourrait cacher cette activité.

Etant donné le petit nombre de tranchants qui sont associés au travail des matières végétales, on a jugé la discussion de leur caractéristiques morphologiques pas significative.

Le travail des matières tendres, semi-dures et dures

Comme on a pu déjà observer dans les autres couches, ce groupe de matières est le plus important de ceux qui ont été identifiés (*tableau 32*). En effet, avec 125 tranchants les pièces aux enlèvements seulement constituent 51% de l'ensemble fonctionnel identifié. Cela témoigne de la présence d'agents

	bois	plantes herbacées	tissus charnus/os	peau fraîche	peau humide	peau non fraîche	peau seche	matiere tendre	matiere semi-dure	matiere dure	indéterminée	total AUA
supports non prédéterminés	27	4	37	14	3	3	7	10	61	13	7	186
%	14%	2%	20%	7%	2%	2%	4%	5%	33%	7%	4%	100%
supports prédétérminés	21	1	12	8	_	3	_	2	44	15	3	109
%	19%	1%	11%	7%	_	3%	_	2%	40%	14%	3%	100%

Tableau 37 Grotta Breuil, couche 3: type de support et matières travaillées.

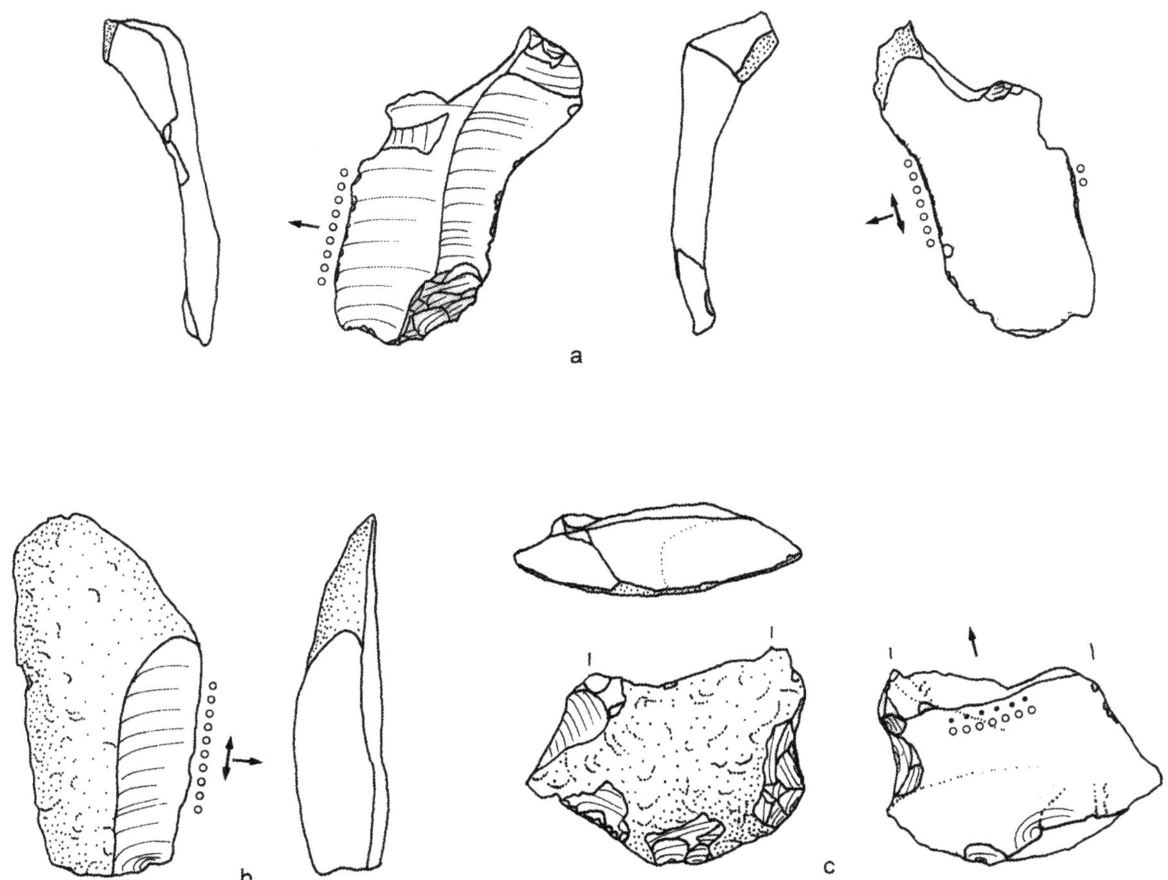

Fig.34 Grotta Breuil, couche 3, pièces présentant des traces du travail de matières tendres (a), de matières semi-dures (b-c): a) E0 3.6 169 (54) et b) E0 3.6 82 pièces utilisées pour raboter, c) E0 3.6 88 pièce utilisée pour racler en coupe négative. Echelle métrique 1:1.

d'altération qui ont effacé les polis en laissant le seul indice des enlèvements d'usage. Mais cela indique aussi que certains types de fonctions ne permettent pas aux polis d'évoluer au point qu'ils ne peuvent pas être effacés par les enlèvements qui se développent par la suite.

Les matières les plus travaillées de ce groupe sont celles semi-dures (*figs. 34b-c*) qui possèdent, de plus, le pourcentage le plus élevé en absolu parmi les matières identifiées dans la couche 3. Elles se rapportent à 98 tranchants, c'est-à-dire à 78% des tranchants où des enlèvements ont été observés et 37% des tranchants aux traces d'usage. Néanmoins, les matières dures (*fig. 35f*) et les matières tendres (*fig. 34a*) sont elles aussi bien représentées et constituent respectivement 22%, avec 27 tranchants, et 4%, avec 10 tranchants.

Ces données, plus encore que celles proposées par les polis, montrent clairement qu'une grande variété de fonctions sur différentes matières ont été effectuées dans la grotte ou pas très loin d'elle et suggèrent que le type de fréquentation qu'il y avait à ce moment-là était plutôt consistant et prolongé dans le temps. La variété des fonctions accomplies est signalée aussi par les actions effectuées qui sont surtout transversales en ce qui concerne les matières semi-dures (57%) et dures (78%) et, au contraire, surtout longitudinales (70%) en ce qui concerne les matières tendres. En particulier, les matières tendres ont été exploitées surtout en coupe mais aussi avec de l'amincissement et du rainurage. Pour les matières dures, on a pu reconnaître surtout des actions de raclage en coupe négative mais aussi quelques cas de sciage et d'amincissement. Pour les matières semi-dures, un grand éventail d'actions a été identifié: du raclage en coupe négative, du raclage en coupe positive, de l'aminicissement, du rainurage, de la coupe et du sciage.

Le pourcentage important de matière tendre identifié peut être un bon indice que des tissus animaux pourraient avoir été exploités pendant des activités de boucherie. Ou encore, que des végétaux tels que des tubercules et des racines étaient coupés ou grattés (Sievert 1992) ou encore que de petits rameaux ou des arbustes étaient gravés ou amincis.

Par contre, la très importante présence des matières semi-dures et dures associées aux actions les plus diversifiées paraît indiquer que des matières autres que le bois ou la peau auraient pu être travaillées sur site telles que l'os (voir aussi, en ce qui concerne la manufacture de l'os, *le travail des matières animales* en *5.2.5.1*). Cette hypothèse paraît appuyée aussi par la présence d'actions telles que le rainurage et le sciage qui se rapporte bien à l'exploitation de ces matériaux .

La morphologie des tranchants associés

La morphologie des tranchants associés au travail des matières tendres est très régulière et suggère que les Néandertaliens ont effectués des choix préférentiels de certains taillants pour effectuer des fonctions données.

Les *AUA* qui sont associées au travail des matières tendres sont surtout plano-planes en section (80%) (*tableau 35*) et,

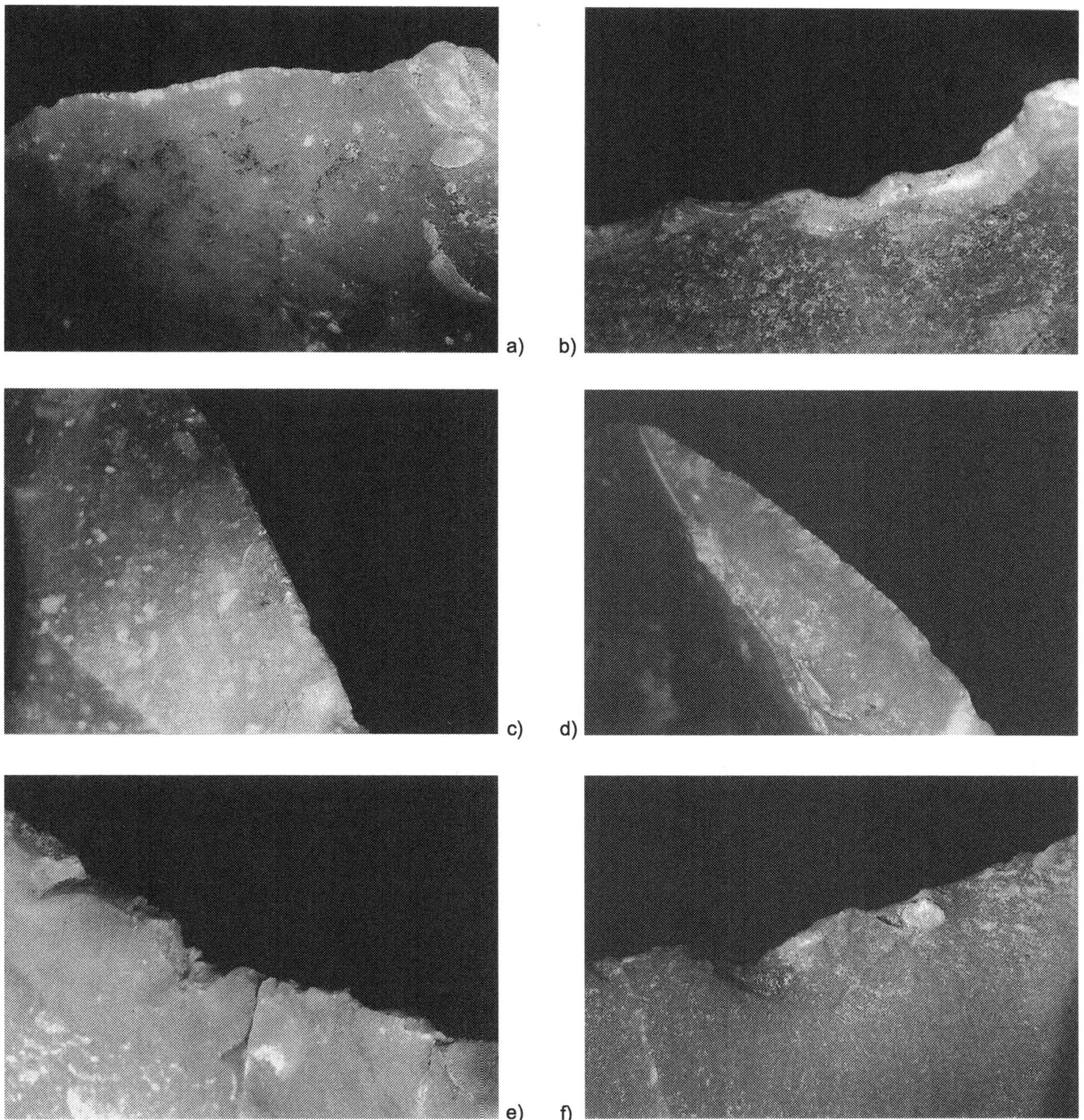

Fig.35 Grotta Breuil: photomicrographies d'enlèvements associés au travail de matières tendres, semi-dures et dures sur des pièces lithiques de la couche XX, de la couche 6 et de la couche 3. a) F6XX 15 action longitudinale sur la matière semi-dure (2.5 grossissements), b) F6XX 98 action transversale sur la matière dure (2.5 grossissements), c) E2XII 541 (9) coupe de la matière tendre (2.5 grossissements), d) E2XII 670 (4) amincissement d'une matière tendre (2.5 grossissements), e) E2XI 434 (28) amincissement d'une matière semi-dure (2.5 grossissements), f) F0 3.6 3 (8) action transversale sur une matière dure (2.5 grossissements).

en partie minoritaire, plano-concaves. Elles sont rectilignes en profil (90%) (*tableau 34*) et rectilignes en plan (70%) (*tableau 33*). Les angles de taillant (*tableau 36*) choisisprésentent une forte standardisation et ils se placent presque tous entre 40° et 60° environ avec une moyenne de 47°.

Une morphologie si spécifique ferait supposer un rapport avec le travail d'un petit ensemble de matières qui aurait demandé certains tranchants aux caractéristiques très précises pour être exploitées. Si l'on compare la morphologie des *AUA* qui ont travaillé de la matière tendre générique avec celles qui ont travaillé aussi bien des tissus charnus que des matières végétales on vérifie que leurs tranchants possèdent une morphologie un peu plus variée qui ne coïncide pas parfaitement avec celle du groupe des matières tendres. Néanmoins, un pourcentage assez élevé de tranchants à morphologie en section et en profil rectiligne a été utilisé pour le traitement des tissus charnus rapporté à l'écharnage. De plus, ces tranchants présentent un minimum de variation de leur profil qui est surtout rectiligne ou plano-concave. Toutes ces caractéristiques sont très semblables à celles qui ont été identifiées pour les *AUA* associées aux matières tendres génériques en suggérant qu' un bon nombre de ces *AUA* se rapporte à la coupe des tissus charnus.

Des tranchants à morphologie plus variée ont été choisis pour exploiter les matières dures. En effet, même si, en ce qui concerne la morphologie en section, c'est la plano-plane qui domine (41%) (*tableau 35*), il y a aussi un bon pourcentage de plano-convexe (22%), de plano-concave (11%) et de convexe-concave (26%) étroitement associées aux tranchants qui ont accompli du raclage en coupe négative (67%). Au contraire, la morphologie en profil (*tableau 34*) est moins variée et elle se présente surtout rectiligne et atteint 63% des tranchants utilisés. Encore, la morphologie en plan (*tableau 33*) est plutôt diversifiée et se divisent en rectiligne (30%) et concave (41%) suivies d'un assez bon pourcentage de convexe (19%). Les angles de taillant (*tableau 36*) choisis sont eux aussi plutôt variés bien qu'ils se concentrent vers des angles pas très forts compris entre 29° et 60°. Cette caractéristique est soulignée aussi par la moyenne des angles de taillant qui est de 47° seulement et qui se présente très homogène aussi bien par rapport au actions transversales (48°) que par rapport aux actions longitudinales (43°). Seulement les taillants qui ont accompli du raclage en coupe négative s'éloignent légèrement de ce tableau en présentant les angles de taillant les plus forts (64° en moyenne).

La variété morphologique des tranchants qui ont effectué du travail de la matière dure est sûrement en rapport avec une bonne varieté d'actions effectuées (sciage, gravure, raclage, amincissement). Cependant, elle suggère aussi que cet ensemble sont réunit plusieurs matières travaillées dans différents états de fraîcheur et de dureté en indiquant un tableau fonctionnel diversifié qui pourrait comprendre aussi bien du bois, que de la peau mais aussi l'os et le bois de cervidé. L'ensemble des tranchants rapportés aux matières semi-dures est caractérisé par une faible variété morphologique. Leur morphologie en section (*tableau 35*) est surtout plano-plane (76%) même s'il y a aussi quelques cas de section plano-convexe (12%) qui a été surtout choisie pour effectuer des actions transversales. La morphologie en profil (*tableau 34*) est dans la plupart des cas rectiligne (78%) tandis que celle en plan (*tableau 33*) se présente aussi bien rectiligne (42%) que convexe (36%). La morphologie rectiligne est plus strictement liée aux actions longitudinales tandis que celle convexe a été choisie plutôt pour celles transversales. Les tranchants qui ont été utilisés pour travailler la matière semi-dure comprennent un grand éventail d'angles de taillant qui signalent une série variée de matières exploitées au moyen d'actions différentes. Les angles de taillant (*tableau 36*) sont compris 26° et 78° mais il y a aussi quelques angles de taillant plus grands. La moyenne de l'angle de taillant des tranchants aux actions longitudinales est presque pareil à celle des tranchants aux actions transversales (respectivement 45° et 47°). Cependant, les premiers se placent surtout entre 24° et 56° tandis que les derniers présentent un tableau plus vaste qui va des angles aigus (à partir des 26°) à ceux plus forts (jusqu'à 98°). Néanmoins, les angles de taillant aigus sont privilégiés et suggèrent un travail plus significatif de matières pas particulièrement résistantes ou dans des états plutôt souples.

5.2.5.2 Fonction et technologie

La plupart des supports qui présentent des traces d'usage sont bruts de retouche en confirmant ainsi du point de vue fonctionnel une observation que les études technologiques avaient faite auparavant(Bietti/Grimaldi 1990-1991), c'est-à-dire que l'industrie lithique des couches les moins anciennes est caractérisée par peu de pièces retouchées.

En effet, parmi les supports où des traces diagnostiques ont été identifiées il y en a 156 (77%) bruts de retouches et seulement 47 (23%) qui présentent au contraire des tranchants retouchés. De plus, les *AUA* retouchées sont encore moins nombreuses (41 *AUA*, 15%) par rapport à celles brutes de retouche (227 *AUA*, le 85%). Dans ce cas, la quantité des *AUA* non retouchées pourrait être surestimée parce que les enlèvements d'usage sont visibles presque seulement sur ces tranchants tandis que sur les autres tranchants elles ne se distinguent que rarement de la retouche. Néanmoins, la quantité des supports non modifiés est supérieure à celle des supports retouchés en soulignant les potentialités fonctionnelles des premiers qui ont diminué fortement la nécessité de changer la morphologie originale de leurs taillants. Ces potentialités fonctionnelles sont confirmées par le fait qu'avec les *AUA* brutes de retouche tous les types de matières ont été travaillés au moyen d'un ensemble d'actions variées.

Du point de vue des matières travaillées les *AUA* retouchées possèdent, elles aussi, une certaine poly-fonctionnalité. Elles

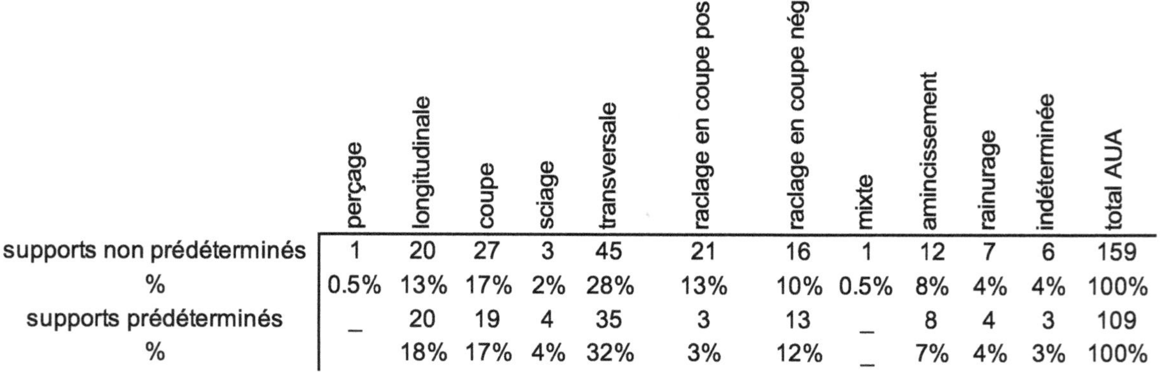

	perçage	longitudinale	coupe	sciage	transversale	raclage en coupe pos.	raclage en coupe nég.	mixte	amincissement	rainurage	indéterminée	total AUA
supports non prédéterminés	1	20	27	3	45	21	16	1	12	7	6	159
%	0.5%	13%	17%	2%	28%	13%	10%	0.5%	8%	4%	4%	100%
supports prédéterminés	_	20	19	4	35	3	13	_	8	4	3	109
%		18%	17%	4%	32%	3%	12%	_	7%	4%	3%	100%

Tableau 38 Grotta Breuil, couche 3: type de support et actions faites.

sont en rapport avec beaucoup de types de matières à l'exception des matières tendres génériques et des tissus charnus liés en particulier à la boucherie. Au contraire, les actions accomplies sont presque exclusivement des actions transversales (73%). Donc, même si les tranchants retouchés ont été utilisés pour beaucoup de fonctions ils ne possédaient évidemment pas une morphologie appropriée pour effectuer des actions de coupe sur des matières tendres. En effet leur angle de tranchant était plutôt épais en se plaçant surtout entre 60° et 80°.

Pour conclure, on a vérifié que, dans ce contexte lithique, la retouche n'a pas joué un rôle fondamental. Cette donnée pourrait avoir deux explications distinguées qui, néanmoins, ne s'excluent pas. Les tranchants bruts de retouche auraient pu couvrir toutes les nécessités fonctionnelles en laissant à ceux retouchés le rôle mineur d'augmenter ou de remplacer les premiers pour accomplir certaines types d'actions sur des matières semi-dures et dures. Ou encore, la permanence sur site n'était pas si longue pour demander un ré-affûtage important des tranchants utilisés. On pouvait laisser sur site les pièces exploitées tandis que les pièces plus fonctionnelles où il y avait quelques formes de conservation à long terme (ré-affûtage) étaient emportées.

Si la retouche n'a pas de lien important par rapport à la fonction, il paraît que la prédétermination des supports ait eu une certaine signification fonctionnelle même si elle n'était pas particulièrement accentuée.

Les supports prédéterminés aux *AUA* représentent un pourcentage important bien qu'inférieur au total des pièces aux traces d'usage de la couche 3. Il s'agit de 70 supports prédéterminés (34%) qui présentent 109 *AUA* c'est-à-dire 41% de l'ensemble des *AUA* identifiées. En proportion, les supports prédéterminés possèdent une quantité un peu plus élevée de *AUA* que les supports non prédéterminés. De plus, la quantité des *AUA* retouchées est légèrement inférieure pour les supports prédéterminés (13%) que pour les supports non prédéterminés (17%). Cela signifie que les pièces prédéterminées possèdent une potentiel fonctionnel plus vaste ayant aussi bien des tranchants utilisables pour chaque pièce que plus de morphologies du tranchant utilisables sans les modifier à la retouche.

Néanmoins, même si les pièces prédéterminées ont, du moins d'un point de vue quantitatif, un pouvoir fonctionnel plus élevé que les autres, les deux ensembles de supports sont polyfonctionnels (*tableaux 37-38*), étant donné que leurs tranchants ont travaillé tous les types de matières au moyen d'une série d'actions variées. L'unique petite différence entre les deux groupes regarde le travail du bois et des matières semi-dures. Il semble que les supports prédéterminés aient été utilisés dans un pourcentage légèrement plus élevé pour exploiter ces deux types de matières. Néanmoins, cette petite différence n'est pas suffisante pour définir des caractéristiques fonctionnelles spécifiques des deux groupes de supports qui, au contraire, ont une fonctionnalité interchangeable.

Donc, il paraît que la prédétermination joue un rôle important par rapport à la quantité de tranchants utilisables plutôt que par rapport à leur qualité fonctionnelle. Elle permet d'augmenter la quantité de supports utilisables produits avec un seul nucléus en soulignant l'évolution de la technique de débitage vers la production de supports de plus en plus standardisés qui annoncent les techniques de débitage du Paléolithique supérieur.

5.2.5.3 Fonction et typologie

Etant donné que les résultats fonctionnels rapportés aux différents types de supports sont très limités, il n'est pas possible de faire des considérations significatives en ce qui concerne le rapport fonction-type. Donc, les inférences fonctionnelles présentées ci-dessous ont une signification exclusivement descriptive.

En général, les matières combinées le plus avec les outils (*tableau 39*) ont été la peau (douze cas) et le bois (dix-huit cas), les matières semi-dures (quinze cas) et dures (neuf cas) même si quelques cas de travail des tissus animaux reliés à la boucherie sont témoignés (cinq cas).

Cette combinaison entre matières et types est montrée aussi par les racloirs simples qui ont été utilisés pour travailler différents types de bois, pour travailler la peau aussi bien fraîche que sèche mais aussi pour effectuer un petit peu de boucherie. Il faut encore souligner que les encoches sont surtout liées au travail des matières semi-dures (trois cas). Les denticulés ont travaillé seulement des matières semi-dures (trois cas) et, en particulier, du bois (deux cas). Enfin, les éclats retouchés (types 45-50), qui sont le groupe typologique les plus représenté en absolu ont été utilisés pour travailler la peau (cinq cas), le bois (quatre cas) et les matières semi-dures (neuf cas) et dures (six cas) tandis qu'ils n'ont pas eu un rôle significatif dans l'activité de boucherie (un cas seulement) et des matières tendres générales. La retouche légère qui caractérise ces outils et qui maintient l'angle de taillant original, était probablement utilisée pour ré-affûter le tranchant brut de retouche et continuer la fonction effectuée auparavant.

C'est surtout des actions transversales qui ont été effectuées (voir, pour une discussion en détail des actions faites, *tableau 40*) par les outils de la couche 3 (44 cas). Un nombre important d'actions longitudinales (18 cas) est aussi présent. Néanmoins, il faut rappeler que les tranchants retouchés ont été utilisés pour effectuer plus d'actions transversales que longitudinales. En particulier, les racloirs simples convexes (huit cas), les encoches (un cas) et surtout les éclats retouchés (six cas) ont été utilisés pour ce deuxième groupe d'action.

5.2.5.4 Les indices de préhension

Des indices de préhension ont été observés sur six pièces lithiques. Il s'agit de micro-traces et d'enlèvements identifiés sur des supports bruts de retouche qui ont été utilisés pour accomplir différentes fonctions telles que l'écharnage, la boucherie et le travail du bois.

La distribution, la morphologie et la combinaison des traces suggèrent que quatre supports ont été pris à la main tandis que les deux autres pourraient avoir été insérés dans un manche (voir, à ce propos, *3.6.1*).

	bois	végétaux	tissus charnus/os	peau fraîche	peau humide	peau non fraîche	peau seche	matiere semi-dure	matiere dure	indéterminée	total AUA	%
pointes pseudo-levallois	_	_	_	_	_	1	_	_	1	_	2	3%
pointes moustériennes	2	_	_	_	_	_	_	_	1	_	3	5%
racloir simples droits	1	_	_	_	_	_	_	_	_	_	1	1.5%
racloirs simples convexes	5	_	3	_	_	_	3	1	1	_	13	20%
racloirs simples concaves	_	_	_	1	_	_	_	_	_	_	1	1.5%
racloirs doubles bi-convexes	_	_	_	_	_	_	_	_	_	2	2	3%
racloirs doubles bi-concaves	1	_	_	_	1	_	_	_	_	_	2	3%
racloirs convergents convexes	2	_	_	_	_	_	_	_	_	_	2	3%
racloirs sur face plane	1	_	_	_	_	1	_	_	_	_	2	3%
racloirs a la retouche bifaciale	_	_	_	_	_	_	_	1		_	1	1.5%
grattoirs atypiques	_	_	_	_	_	_	_	_	_	1	1	1.5%
encoches	_	_	1	_	_	_	_	3	_	1	5	8%
denticulés	2	_	_	_	_	_	_	1	_	_	3	5%
éclats retouchés	4	1	1	3	1	_	1	9	6	1	27	41%
total AUA	18	1	5	4	2	2	4	15	9	5	65	100%
%	27.5%	1.5%	8%	6%	3%	3%	6%	23%	14%	8%	100%	

Tableau 39 Grotta Breuil, couche 3: type d'outils et matières travaillées.

En effet, les quatre premiers (*figs. 29c,e, fig. 32f*) montrent des taches de polis à texture lisse et mate sur des zones très localisées de leur surface ventrale. Ces taches se distribuent en bande sur un bord et s'étendent souvent vers l'intérieur de la pièce et elles ne sont jamais contigües au tranchant utilisé. Selon les données acquises pendant l'expérimentation et selon les données proposées en littérature par d'autres auteurs il est possible de suggérer l'hypothèse que ces micro-traces soient le témoignage d'une préhension à la main. Dans un cas particulier, des stries associées aux taches de polis signalent la présence de particules abrasives qui ont éraflé la micro-surface et le poli même. Il faut aussi souligner que ces traces de préhension sont placées près d'une zone corticale probablement parce que, comme on a pu constater expérimentalement, sa texture rugueuse empêche aux doigts de glisser et donc permet une prise ferme pendant l'activité (voir *3.1*).

Deux autres éclats (*fig. 30e,fig. 32a*) ont des indices de préhension qui diffèrent aussi bien pour leur distribution que pour leur morphologie de celles décrites plus haut. En effet, ces traces se présentent sur leurs extrémités, aussi bien sur la face ventrale que sur la face dorsale. De plus, le fait qu'elles se distribuent, en face dorsale sur les crêtes et qu'elles soient toujours combinées avec des enlèvements suggère le frottement avec une surface plutôt dure, c'est-à-dire un manche où les supports ont été insérés avec force. Dans un cas en particulier, le poli a une texture lisse et aux micro-trous et une topographie à réseau qui a été probablement développée par un manche un bois.

L'hypothèse que ces deux éclats ont été emmanchés est supportée directement par le type de traces observées mais aussi indirectement par leur morphologie qui est plutôt allongée, presque laminaire, et peu épaisse et, donc, bien indiquée pour être insérée dans un manche. Au contraire, la morphologie des autres éclats décrits auparavant, qui sont généralement courts et épais, paraît moins appropriée.

Enfin, outre aux caractéristiques morphologiques semblables, ces deux éclats allongés ont accompli la même fonction c'est-à-dire l'écharnage en coupe. L'écharnage suggère l'intention d'effectuer un travail prolongé, probablement sur plus d'une peau, et stable du point de vue des mouvements pour lesquelles l'emmanchement aurait été nécessaire (voir, à ce propos, aussi *5.2.1.4*).

5.2.6 Discussion

Les données tracéologiques relatives à cet assemblage offrent un bilan fonctionnel particulièrement diversifié. La boucherie, le traitement des peaux, la production et la réparation d'objets en bois, la production, bien qu'occasionnelle, d'objets en os et, probablement, aussi en bois de cervidé, la coupe des végétaux, ont été effectués sur site. Cet éventail d'activités, combiné avec la présence de toutes les parties anatomiques des carcasses sur place (Stiner 1994; Alhaique/Lemorini 1996 voir aussi *5.1.2*) et de l'intégrité des chaînes opératoires lithiques (Bietti/Grimaldi 1990-1991, 1993; Grimaldi 1995), supporterait l'hypothèse qu'il n'y avait pas de fréquentations finalisées à des buts spécifiques. Cependant l'assemblage lithique étudié vient d'une couche représentant une série complexe de fréquentations humaines, typique des sites denses (voir *5.1.1*). Par conséquent, la variété fonctionnelle observée a été sûrement influencée aussi bien par les variations dans la séquence de fréquentations qui se sont succédées.

En corroborant les résultats obtenus par les études zooarchéologiques (Stiner 1994; Alhaique/Lemorini 1996), les données tracéologiques montrent que la désarticulation et la décarnisation des carcasses était effectuée sur place (voir *le travail des matières animales* en *5.2.5.1*). L'exploitation pouvait arriver, bien que rarement, jusqu'au nettoyage soigneux des os débarrassés de tous les restes de viande (actions de raclage associées au contact avec les tissus charnus et l'os). Il s'agit d'un tableau fonctionnel très semblable à celui tiré de l'analyse de la couche 6. Par conséquent, je renvoie aux commentaires faits plus haut (voir *5.2.4*).

Le traitement de la peau était effectué sur site déjà à partir de l'étape initiale de l'écharnage qui, de plus, est l'étape la plus représentée du processus (voir *le travail de la peau* en *5.2.5.1*). La présence réduite du travail de la peau humide et sèche témoignerait la rareté des techniques de proto-tannage. Au contraire, elle ne témoignerait pas de la création de produits finis grossiers. En effet, ces techniques de proto-tannage auraient du être d'une certaine qualité, étant donné qu'il y avait une certaine diversification de la morphologie des tranchants et, de plus, il y avait un choix diversifié selon l'étape effectuée. Cela impliquerait que chaque étape était faite soigneusement au moyen de gestes précis pour lesquelles il fallait des tranchants spécifiques (voir *la morphologie des tranchants associés* liée au *travail de la peau* en *5.2.5.1* et, voir aussi, *3.1*). Le pourcentage bas du traitement de la peau après l'écharnage pourrait aussi témoigner que la plupart de cette activité de maintenance était généralement effectuée ailleurs, dans un autre endroit ou dans une autre zone de la grotte, par exemple, près de son entrée, en pleine lumière. Etant donné que la partie la plus proche de l'entrée de la grotte a été emportée par la mer, il ne sera pas possible, au cours de prochaines études, de vérifier cette dernière hypothèse.

Le choix des tranchants pour travailler le bois a été fait aussi soigneusement que pour ceux du travail de la peau (voir *le travail du bois* et *la morphologie des tranchants associés* en *5.2.5.1*). En effet, il y a une bonne standardisation de ces tranchants qui, néanmoins, varie légèrement selon l'action effectuée. Le choix soigneux implique, dans ce cas aussi, le besoin d'accomplir des gestes précis pour aboutir à des objets spécifiques. Outre au geste, la variété des actions (raclage, coupe, sciage, rainurage, amincissement) souligne que des outils, aussi bien en bois que, peut-être, en os et en bois de cervidé (voir *le travail des matières tendres, semi-dures et dures* en *5.2.5.1*), étaient produits ou réparés sur site, à côté des pièces lithiques, pour faciliter certaines actions.

De même que le travail du bois, celui des végétaux siliceux (des roseaux ou des herbes) ou du bois très doux (arbustes, petits rameaux) se rapporte à la production d'objets différents (des récipients, des pièges, des grabats, de petites structures) qui s'ajoutaient à l'ensemble des outils destinés aux activités de la vie quotidienne. Au contraire, il paraît difficile de donner une signification alimentaire à la récolte des plantes siliceuses pour en utiliser les épis qui pouvaient bien être récoltées à la main (Harlan 1992). En ce qui concerne l'acquisition et la consommation de la nourriture végétale, le contexte archéologique est presque muet, bien que quelques indices de la préparation sur site des tubercules et des racines puissent être indiqués par la présence du travail des matières tendres.

En résumant, le fait que seulement les premières étapes du traitement de la peau sont bien représentées sur site, qu'il n'y avait apparemment pas d'exploitation intensive des carcasses et qui, du point de vue technologique, peu de pièces retouchées

	longitudinale	coupe	sciage	transversale	raclage en coupe positive	raclage en coupe négative	amincissement	rainurage	indéterminée	total AUA	%
pointes pseudo-levallois	_	_	_	_	_	1	_	_	1	2	3%
pointes moustériennes	_	_	_	_	_	2	_	_	1	3	5%
racloir simples droits	_	_	_	1	_	_	_	_	_	1	1.5%
racloirs simples convexes	2	2	_	1	_	2	2	_	4	13	20%
racloirs simples concaves	_	_	_	_	_	_	_	_	1	1	1.5%
racloirs doubles bi-convexes	_	_	_	_	_	_	_	_	2	2	3%
racloirs doubles bi-concaves	_	_	_	1	_	_	_	_	1	2	3%
racloirs convergents convexes	_	_	_	_	_	2	_	_	_	2	3%
racloirs sur face plane	_	_	_	_	1	1	_	_	_	2	3%
racloirs a la retouche bifaciale	_	_	_	_	1	_	_	_	_	1	1.5%
grattoirs atypiques	_	_	_	_	_	1	_	_	_	1	1.5%
encoches	_	1	_	_	2	_	_	_	2	5	8%
denticulés	_	_	_	1	_	1	_	_	1	3	5%
éclats retouchés	_	3	1	3	1	1	2	1	15	27	41%
total AUA	2	6	1	7	5	11	4	1	28	65	100%
%	3%	9%	1.5%	11%	8%	17%	6%	1.5%	43%	100%	

Tableau 40 Grotta Breuil, couche 3: type d'outils et actions faites

ont été retrouvées (voir *5.1* et *5.2.5.2*), pourrait montrer que la permanence dans la grotte n'était pas tellement prolongée et qu'elle aurait pu s'insérer dans un système d'organisation du territoire où la mobilité du groupe jouait un rôle important. Cette hypothèse paraît supportée aussi par les inférences zooarchéologiques de Stiner (1990-1991) qui propose des fréquentations saisonnières du site. En plus, l'abandon de pièces très peu ré-affûtées, pourrait suggérer dans ce cas aussi (voir *5.2.4*) la mise en place de tactiques à bref terme d'exploitation de la matière première.

Le degré d'anticipation qui caractérisait le comportement des Néandertaliens, qui ont utilisé Grotta Breuil dans les périodes les plus récentes, est supporté par plusieurs arguments. Il est mis en évidence par le choix très précis que les hommes préhistoriques faisaient de la morphologie de leurs tranchants aussi bien par rapport à la matière travaillée que par rapport aux actions effectuées (voir *la morphologie des tranchants associés* en *5.2.5.1*). Et encore, il est mis en évidence par la variété des gestes effectués pour produire un grand éventail d'objets, au moyen d'actions telles que le sciage, le rainurage outre le raclage, l'amincissement, la coupe, et au moyen d'un ensemble varié de matières. En plus, la précision de ces gestes est soulignée par l'utilisation, bien que minimale, de l'emmanchement (voir *5.2.5.4*).

En plus, la morphologie des tranchants à utiliser semble avoir été prévue déjà au moment du débitage des supports. En effet, les éclats allongés qui étaient débités directement sur site pouvaient être utilisés pour beaucoup de fonctions au moyen de leurs tranchants bruts (voir sur ce sujet, Grimaldi/Lemorini 1995). La retouche avait une importance inférieure et limitée à la création de tranchants plutôt épais, adaptés aux actions transversales sur des matières plutôt résistantes.

5.2.7 Conclusions

Les données fonctionnelles proposées au moyen de l'analyse de trois différents assemblages lithiques de Grotta Breuil (voir *5.2.2, 5.2.4, 5.2.6*) montrent que cette méthode d'étude peut produire beaucoup d'inférences qui dépassent aussi le domaine étroitement fonctionnel.

Avant tout, il faut souligner que dans des contextes où les restes osseux ont été détruits ou ils sont trop altérés pour donner un résultat quelconque, les traces d'usage peuvent devenir le moyen pour aboutir à des données qui paraîtraient plutôt un domaine privilégié des études zooarchéologiques. Si on regarde l'exemple concernant la couche XX (voir *5.2.2*) ses caractéristiques stratigraphiques et la petite portion étudiée ne permettent pas d'argumenter à propos de la fonction du site. Cependant il a été possible de reconnaître des étapes de l'activité de boucherie, les techniques employées pour exploiter les carcasses, et supposer des comportements pour faire face à de possibles difficultés ou limitations dans l'approvisionnement en viande. Vu cet exemple, il est justifié de penser que, ayant l'opportunité d'utiliser des contextes archéologiques de référence à un degré de lisibilité raffiné, il serait possible d'aboutir, au moyen de l'analyse tracéologique d'industries lithiques suffisamment conservées, à une évaluation de la fonction du site même si les données faunistiques manquent ou possèdent un bas niveau d'interprétation.

En ce qui concerne la reconstitution des stratégies de subsistance, et tenant compte des limitations données par les contextes archéologiques de référence (voir *1.2*), il a été possible de formuler, pour les fréquentations les plus récentes, quelques hypothèse à ce sujet. La présence d'activités de maintenance (traitement de la peau, travail du bois et d'autres matières; exploitation intensive des carcasses) a été argumentée. De plus, il est possible de proposer quelques spéculations à propos de la fonction du site. En effet, les données tracéologiques, seules ou combinées avec celles zooarchéologiques et technologiques, ont suggéré la présence de fréquentations spécialisées (exploitation des carcasses et possible stockage des poissons), ou bien de zones spécialisées à l'intérieur du site. Et encore, elles ont suggéré de brèves fréquentations (peu d'exploitation intensive des carcasses, peu de traitement de la peau, peu de ré-affûtage des pièces utilisées), qui pourraient être liées à une certaine mobilité des groupes humains dans leur territoire.

Néanmoins, ce qu'on veut souligner à propos des résultats obtenus est que, au moyen des donnés des traces d'usage, on peut enrichir l'éventail d'interprétations du contexte archéologique. Paraphrasant Shott (1989, 301), on peut dire que, en introduisant la variable des "traces d'usage", la taxonomie de Chatters est utilisée, dans ce contexte, pour structurer de comparaisons, pour produire des prospectives et pour interpréter les modèles observés dans le contexte archéologique de référence.

En ce qui concerne les indices de prévision reconnues au cours de l'évaluation des trois assemblages lithiques, leur comparaison donne l'occasion de faire quelques considérations. Une certaine différence entre le degré d'anticipation fonctionnelle des fréquentations les plus anciennes par rapport à celles plus récentes semblerait exister. Un degré plutôt faible de prédétermination des activités effectuées, des objets produits et de l'efficacité des tranchants choisis, a été proposé pour la couche XX. De plus, un manque de planification des caractéristiques fonctionnelles des pièces lithiques, qui auraient été obtenues au moyen de comportements occasionnels, a été supposé. Au contraire, pour les couches 6 et 3, une plus forte attitude à la planification fonctionnelle a été supposée. En particulier en ce qui concerne l'exploitation de la matière première, cette attitude pourrait se traduire dans la production de supports ayant un degré de pouvoir fonctionnel élevé.

Que peuvent signifier ces différences? On a fait allusion auparavant (voir *5.2.2*), que les résultats obtenus par rapport aux fréquentations les plus anciennes pourraient indiquer un défaut de planification, ou bien des contextes spécifiques où des processus d'anticipation n'étaient pas tellement nécessaires. Une certaine incapacité à planifier paraît soulignée par le choix de chaînes opératoires comportant un fort gaspillage de matière première par rapport à la production de peu de supports fonctionnels. Néanmoins, il est vrai que ce gaspillage pourrait être partiellement justifié en supposant une grande facilité d'approvisionnement en matière première, supposition qui se maintient à un niveau exclusivement spéculatif, étant donné que il n'est pas possible de déterminer des fluctuations dans l'approvisionnement en petits galets. Il est, cependant, évident que pendant les fréquentations les plus récentes le degré d'anticipation augmente (voir *5.2.4* et *5.2.6*). En effet, le pouvoir fonctionnel des supports est prédéterminé par l'accomplissement de certains processus de taille, l'efficacité des tranchants à utiliser est prévue au moyen d'un choix visé de leur morphologie, les objets produits nécessitent plus d'élaboration, la morphologie laminaire et standardisée des supports les rendent plus appropriés à l'emmanchement et, donc, plus facilement insérés dans des tactiques de conservation des pièces à long terme.

Dans de récentes études regardant les sites côtiers du Latium au Paléolithique moyen, on a fortement remarqué le rapport entre changements des comportements et adaptation au milieu (Kuhn 1995). Au moyen de cette recherche, on peut ajouter: les changements des couches supérieures pourraient avoir leurs racines dans des changements du milieu qui auraient provoqué des processus d'adaptation innovateurs. Il est évident, selon notre vision d'hommes modernes, que le plus grand degré d'anticipation a apporté, dans ce cas spécifique, des améliorations dans le contrôle et dans l'exploitation des ressources. Le degré d'anticipation plus élevé pourrait réfléchir des processus évolutifs des groupes des Néandertaliens qui fréquentaient le promontoire du Circé et ses alentours qui, à leur tour, pourrait avoir eu lieu en réponse à des pressions adaptatives.

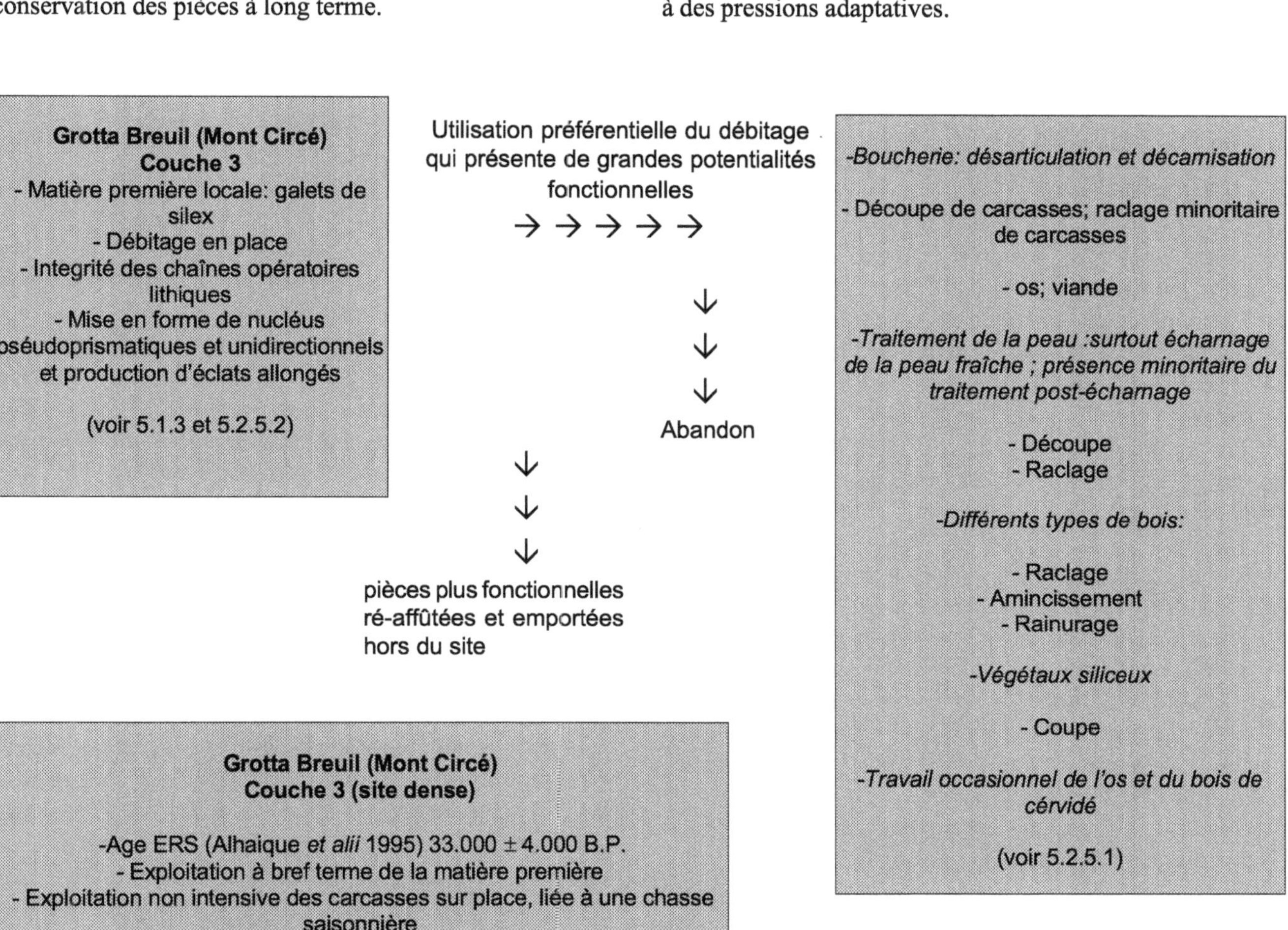

Fig. 35a Grotta Breuil, couche 3: hypothèse d'utilisation du site.

6 L'ABRI DE LA COMBETTE (BONNIEUX, VAUCLUSE, FRANCE)

6.1 Introduction

L'abri de La Combette se situe dans le département de Vaucluse, au coeur du massif du Luberon (*fig.* 36a) et aux confins méridionaux d'une région caractérisée par son unité géographique et géologique, naturellement délimitée à l'ouest par le couloir rhodanien, au sud et à l'est par la large vallée du puissant cours d'eau que fut la Durance, au nord enfin, par les contreforts méridionaux du Mont Ventoux et de la montagne de Lure dont les sommets culminent à près de 2000m.

Le Luberon, d'orientation Est-Ouest, se développe parallèlement à l'alignement Monts-de-Vaucluse/Plateau d'Albion/Montagne de Lure, et en est isolée par deux larges vallées d'orientation Est-Ouest pui Nord-Sud: la Durance au Sud, le Coulon-Calavon au Nord. Les matières premières (Crétacé-urgonien et oligocène), relativement rares dans le Luberon, abondent dans la vallée du Coulon-Calavon et particulièrement dans les Monts de Vaucluse, sur le plateau d'Albion ainsi que sur leurs contreforts. Les caractéristiques géographiques de la région, la présence de falaises escarpées offrant de nombreuses possibilités d'abri, la richesse du réseau hydrographique, en ont fait un lieu particulièrement recherché par les hommes préhistoriques dont on a un large témoignage depuis le Paléolithique moyen.

L'abri de La Combette se présente comme un site de toute première importance pour appréhender la dynamique d'exploitation d'un territoire par des populations néandertaliennes.

Initié par Tavoso et poursuivi par Texier, un programme de recherche interdisciplinaire où l'analyse fonctionnelle joue un rôle important, a commencé a produire des résultats fondamentaux pour la compréhension de la dynamique de fréquentation de l'abri (Texier *et alii* 1996, 1998). Ce programme n'est en réalité qu'une partie d'une étude régionale impliquant les équipes de trois autres sites en cours d'étude, de fouille ou d'évaluation: Bérigoule, Le Bau de l'Aubesier et les Argiliers.

Je présenterai ici en détail les aspects fonctionnels les plus significatifs, intéressant le niveau le plus ancien de La Combette (D), le plus net dans la stratigraphie et ayant fait l'objet d'un décapage sur près de $40m^2$. L'étude des niveaux anthropiques les plus récents, relativement difficiles à cerner dans la stratigraphie, en étant encore à un stade préliminaire, je me contenterai d'exposer les résultats de l'analyse fonctionnelle des pièces qui en proviennent, en leur donnant une signification plus globale qui complète néanmoins les tableaux fonctionnels dressés pour le niveau D.

6.2 Le site[11]

L'abri sous roche du pont de La Combette s'ouvre à 327m au dessus du niveau de la mer. Situé au pied d'une falaise molassique sur le flanc septentrional de l'anticlinal du Luberon, cet l'abri moustérien bien abrité des vents, s'ouvre à l'est dans un vallon tributaire de l'Aiguebrun alimenté par plusieurs petites sources pérennes. Les gorges de l'Aiguebrun, en incisant profondément en cluse le massif, ont facilité les communications entre les vallées de la Durance au sud et du Calavon au nord. A La Combette, le fond de vallon relativement humide ne voit que très peu le soleil lors des journées d'hiver, mais bénéficie d'un bon ensoleillement estival. Les espèces végétales ordinairement rencontrées près des cours d'eau sous climat méditerranéen peuplant le fond du vallons, laissent la place sur les versants, à des espèces moins exigeantes comme le chêne pubescent, le chêne vert ou le pin d'Alep.

Ce gisement moustérien a été découvert en 1971 par Livache et Brochier. Les fouilles systématiques ont commencé en 1986 sous la direction de Tavoso. Après une interruption en 1988,

11 Toutes les données concernant ce paragraphe ont été tirées de Texier, P.-J. 1994 L'abri de La Combette, site paléolithique moyen à Bonnieux (Vaucluse), Fouille programmée, rapport de synthèse 1989-1994, de Texier, P.-J. et col. 1998: Abri du pont de La Combette, site paléolithique moyen à Bonnieux (Vaucluse), Rapport intermédiaire 1998, 21p. et de Texier P.-J., C.Lemorini, J.-P. Brugal, L.Wilson (1998): une activité de traitement des peaux dans l'habitat moustérien de La Combette (Bonnieux, Vaucluse, France), Quaternaria Nova: 189-211.

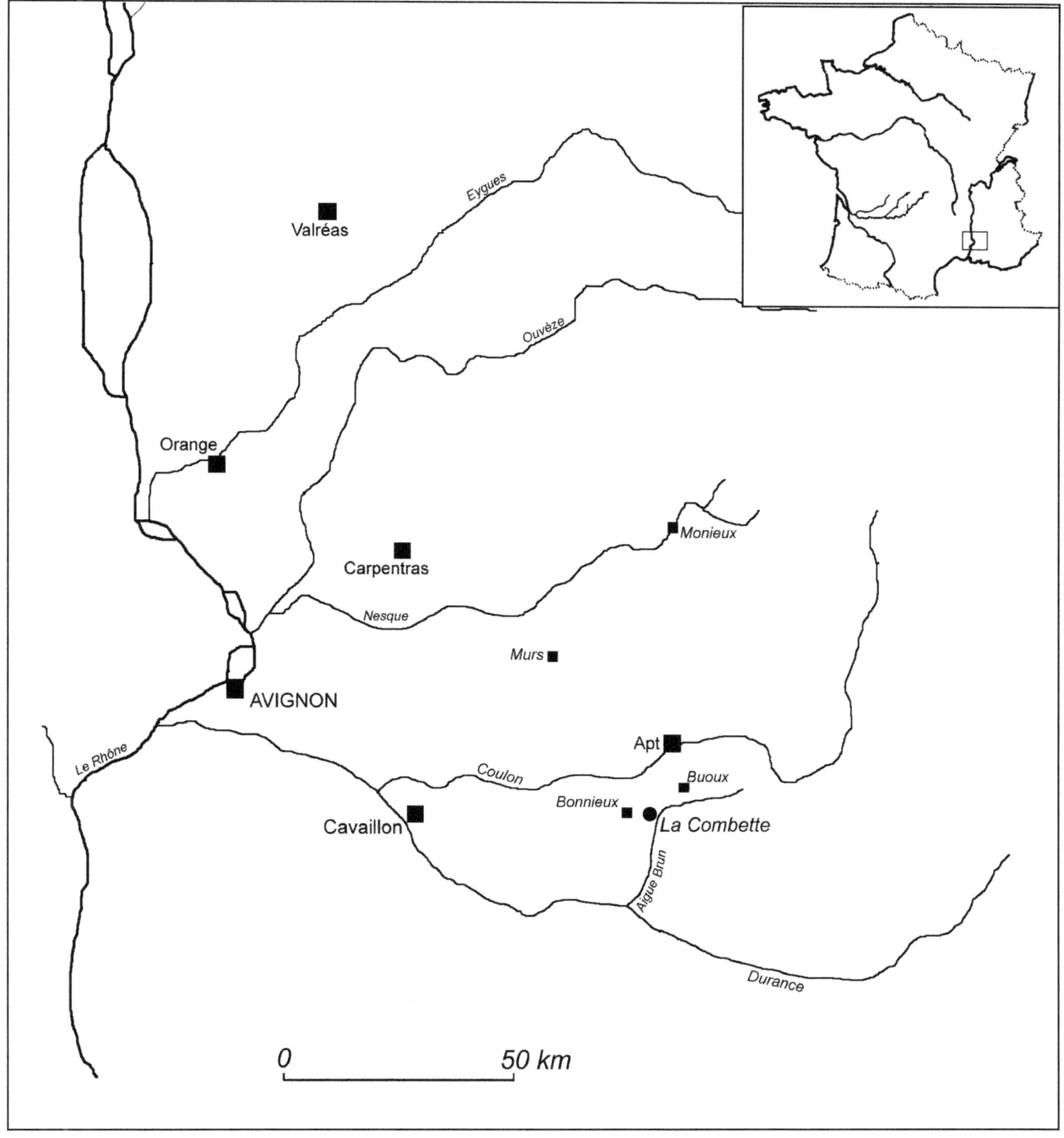

Fig.36a La Combette: localisation topographique.

les fouilles ont repris en 1989 sous la direction de Texier et ont été momentanément interrompues en 1994 après le démontage des niveaux archéologiques les plus anciens présentés dans ce travail.

Le dépôt sédimentaire qui se développe sur près de 7m d'épaisseur semble s'être formé pendant une unique phase climatique. Il est contitué par une longue séquence limoneuse, interrompue par un apport brutal de graviers calcaires blocs qui témoigne d'un bref mais puissant épisode torrentiel (*fig.* 36b).

De 1995 et 1998, plusieurs niveaux archéologiques ont été mis en évidence dans les strates les plus anciennes de la séquence au cours d'une opération de sondage puis d'une nouvelle fouille programmée.

Ainsi, un niveau anthropique (E) partiellement tronqué, a t'il été découvert au sein des graviers et blocs correspondant à l'épisode torrentiel. Tandis que plusieurs niveaux archéologiques (F & G) apparaissaient dans l'ensemble limoneux inférieur. Les vestiges archéologiques mis au jours dans ces trois niveaux profondément marqués par l'action du feu, son nombreux. Les pièces lithiques, souvent brûlées sont toutefois en assez bon état de conservation tandis que les restes fauniques apparaissent comme très fragmentés très fragmentés et marqués par l'action de l'homme (action du feu, stries, points d'impact, éclats d'os...).

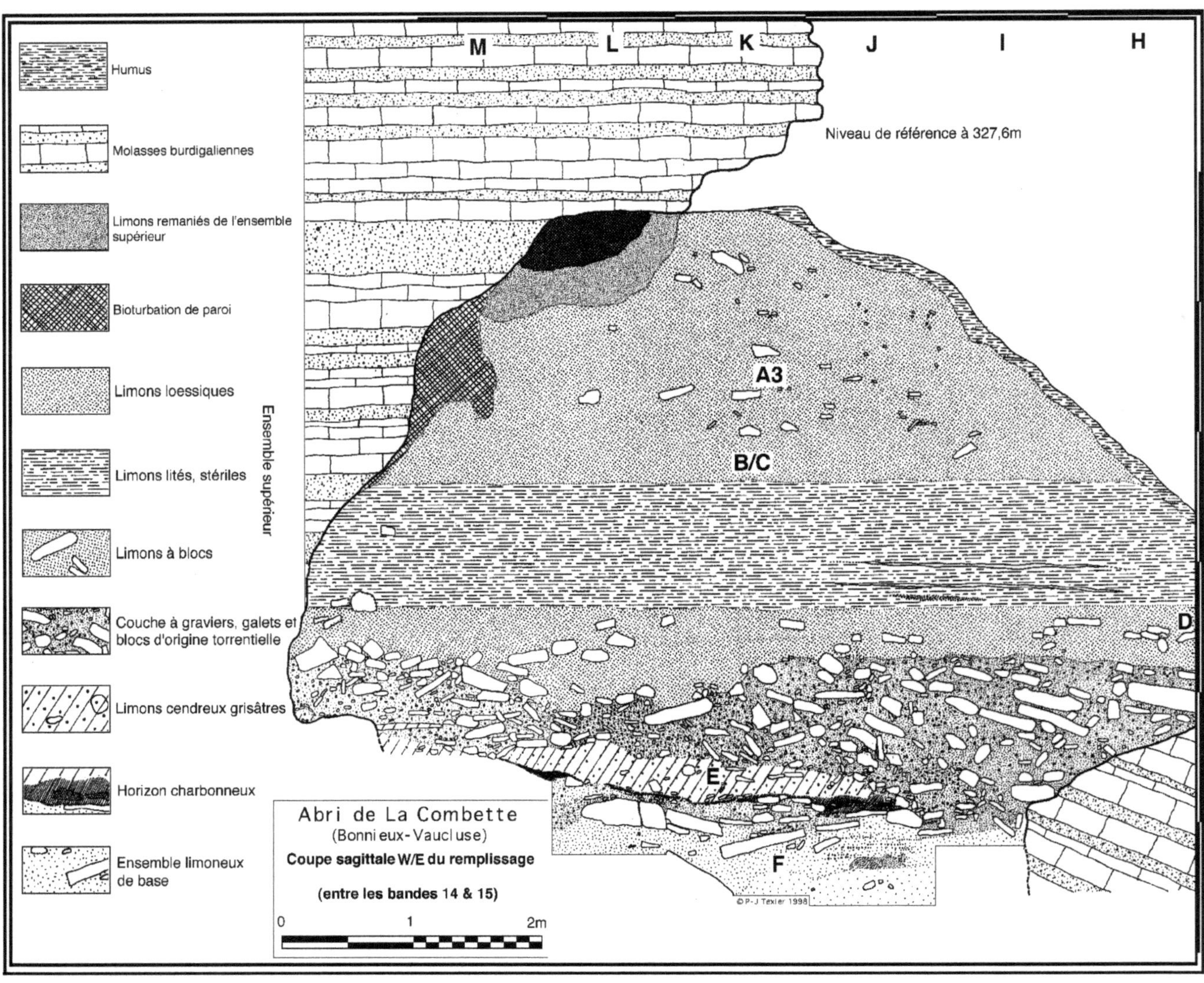

Fig.36b La Combette: coupe schématique du remplissage (paroi Nord-Sud).

Stratigraphie: les observations effectuées au cours des deux dernières campagnes de fouilles n'ont pas changé l'interprétation du processus de remplissage de l'abri qui peut globalement s'interpréter de la manière suivante (*fig.* 36b):

- dépôt sur un fond rocheux à environ 7 m sous le niveau zéro de référence, d'un ensemble limoneux inférieur renfermant les vestiges de plusieurs occupations moustériennes (couches F et G), dont la fouille au cours des prochaines campagnes de terrain, permettra d'évaluer la complexité.

- mise en place d'un premier apport torrentiel à graviers blocs et dalles, en discordance de ravinement sur les limons inférieurs.

- dépôt de sédiments limoneux corrélativement à une importante occupation moustérienne (très nombreux vestiges: silex, fragments osseux, charbons de bois, cendres...), couche E.

- mise en place relativement violente, d'un second apport torrentiel à graviers, blocs et grandes dalles de molasse, ravinant le niveau archéologique (E) et le tronquant totalement dans la partie méridionale et orientale de l'abri. Ce beau niveau d'occupation est en revanche, bien préservé quart nord-est de l'abri.

- le début de l'ensemble supérieur est marqué par une changement brutal de sédimentation: aux graviers et blocs succèdent un dépôt sub-horizontal, à la fois rapide et calme, de limons dits "à blocs", dans lequel a pu être décapé un sol d'habitat moustérien sur une quarantaine de m^2 (niveau D).Plusieurs foyers y ont été reconnus, tandis que la distribution au sol des vestiges suggère une certaine organisation de l'espace (étude en cours).

- dépôt de limons "lités" ruisselés, stériles, sur près d'un mètre d'épaisseur.

- dépôt sur plus de deux mètres d'épaisseur, de limons passant à des loess francs vers le sommet au sein desquels plusieurs niveaux archéologiques ont été identifiés.

La partie supérieure des dépôts limoneux, qui débute à environ 3,70m sous le niveau zéro de référence, a été subdivisée, nous venons de le voir, en trois sous-ensembles: les limons inférieurs, moyens et supérieurs. Le niveau archéologique D caractérise les limons inférieurs. Riche en industrie lithique et en restes osseux il a aussi livré plusieurs aires de combustion dont un foyer partiellement aménagé. Après la sous-phase des limons moyens lités, totalement stériles, on atteint la sous-phase des limons loessiques supérieurs dont une analyse sédimentologique fine a permis la subdivision en cinq sous-niveaux. Deux de ces sous-niveaux, le plus ancien (niveau B) et le niveau moyen (niveau A3) sont caractérisés par des vestiges anthropiques. D'après les données préliminaires provenant de l'analyse sédimentologique, tous les niveaux archéologiques individualisés se sont constitués lors de courtes périodes de fréquentation, relativement rapprochées dans le temps.

Ces caractéristiques, associées au fait que des structures de combustion ont été retrouvées, font que les conditions optimales sont remplies pour que nous puissions, dans un proche avenir, avoir une bonne compréhension de l'organisation de l'espace à l'intérieur de l'abri. L'attribution fonctionnelle qui a pu être faite pour plusieurs pièces par la tracéologie (voir 6.3), constituera une contribution fondamentale pour délimiter des espaces liés au déroulement d'activités distinctes dont la présence a été mise en lumière au cours de l'analyse fonctionnelle (traitement de la peau, exploitation des carcasses, travail du bois).

Plusieurs laboratoires travaillent à la datation difficile de ce gisement (Lab. des Faibles Radioactivités à Gif-sur-Yvette, Laboratoire d'Archéométrie à Rennes, Max Planck Intitut à Heidelberg, IPH à Paris). Plusieurs méthodes ont été tentées: TL, ESR, OSL, RPE, sur sédiments éoliens, chauffés ou non, silex, pierres et molasse chauffés (Valadas; Loyer; Wagner; Walther/Lang; Falguères/Laurent). Une série de mesures ISRL effectuées sur les limons loessiques (Wagner *et alii* inédit) donnent un âge moyen de 57,4 ± 4,3 kA pour le dépôt des sédiments de l'ensemble supérieur. Une série de mesures TL sur silex brûlés provenant des niveaux D, E et F est actuellemnt en cours (Texier *et alii* 1998).

Les données sédimentologiques et biostratigraphiques vont également dans le sens d'un dépôt pendant le Pléistocène supérieur au cours du début du dernier glaciaire. L'assemblage osseux mis au jour dans les niveaux anthropiques du dépôt est très fragmenté. Il n'est représentatif que de quelques-unes seulement des parties anatomiques des proies. Outre quelques rares vestiges osseux témoignant de la présence du cerf dans les niveaux inférieur et la présence discrète de deux petits carnivores, le lynx et le renard, les espèces les mieux représentées dans tous les niveaux sont le cheval et le bouquetin dont les restes ne se rapportent toutefois qu'à un petit nombre d'individus.

La fragmentation considérable des os, d'origine anthropique indiscutable (nombreux points d'impact, éclats osseux), ainsi que la présence de nombreuses traces de découpe, témoignent de l'importance de l'exploitation humaine des gibiers sur le site même. Les données préliminaires tirées de l'étude de ces restes, laissent supposer qu'une chasse sélective s'est effectuée vers de jeunes adultes tandis que certaines parties des carcasses ont été transportées sur le site pour y être consommées. L'abri apparaît donc comme un campement saisonnier avec une occupation très limitée dans le temps. Les hommes préhistoriques ont su en exploiter efficacement toutes les potentialités. En effet, le site était un lieu de passage forcé pour des animaux de plaine tel que les chevaux qui parcouraient le Luberon tandis que le massif était l'habitat naturel d'animaux de pente tels que les bouquetins.

6.2.1 L'approvisionnement en matières premières

Selon des données préliminaires fournies par Wilson, les matières premières (il s'agit essentiellement de silex) importées à La Combette, sont très variées et se répartissent en une trentaine de types différents. Un fort pourcentage de ces types est à rattacher à des sources voisines du site (situées entre 5 et 10km environ, vallée du Calavon) et un peu plus lointaines (situées entre 25 et 40km environ, Monts de Vaucluse, plateau d'Albion) tandis qu'une petite partie, de moindre qualité, est d'origine strictement locale (deux types représentant environ 7%).

	longitudinale	coupe	sciage	transversale	racler fermé	racler ouvert	mixte	amincir	rainurage	indéterminée	total AUA	%
bois	2	_	2	3	5	2	_	2	_	1	17	28%
tissus charnus/os	1	4	_	_	_	_	_	_	_	1	6	10%
peau fraîche	_	2	_	1	_	_	1	_	_	_	4	7%
peau humide	1	_	_	2	1	1	_	_	_	_	5	8%
peau non fraîche	_	_	_	1	2	_	2	_	_	_	5	8%
peau seche	1	_	_	_	2	_	_	_	_	_	3	5%
calcaire?	_	_	_	_	_	_	_	_	1	_	1	1%
matiere tendre	2	_	_	1	_	_	_	_	_	_	3	5%
matiere semi-dure	2	1	_	5	_	_	_	_	_	_	8	13%
matiere dure	1	_	_	_	2	1	1	_	_	_	6	10%
indéterminée	1	_	_	_	2	_	_	_	_	_	3	5%
total AUA	12	7	2	15	12	4	4	2	1	2	61	100%
%	20%	11%	3%	24%	20%	7%	7%	3%	2%	3%	100%	

Tableau 41 La Combette, niveau D: matières travaillées et actions faites.

On peut supposer que les hommes préhistoriques ont exploité des blocs de bon silex à même plusieurs affleurements qu'il connaissaient déjà, jalonnant leur route vers l'abri. Ainsi furent importés dans ce campement provisoire, une majorité de produits finis, qu'ils s'agisse d'éclats bruts de débitage ou d'éclats déjà retouchés en racloirs.

6.2.2 L'industrie lithique

1270 pièces lithiques ont été récoltées de 1986 à 1994, au cours des fouilles dans l'abri. Il s'agit de petits éclats parmi lesquels un certain nombre d'éclats de façonnage ou de retouche, de grands éclats bruts, ou bien de racloirs auxquels

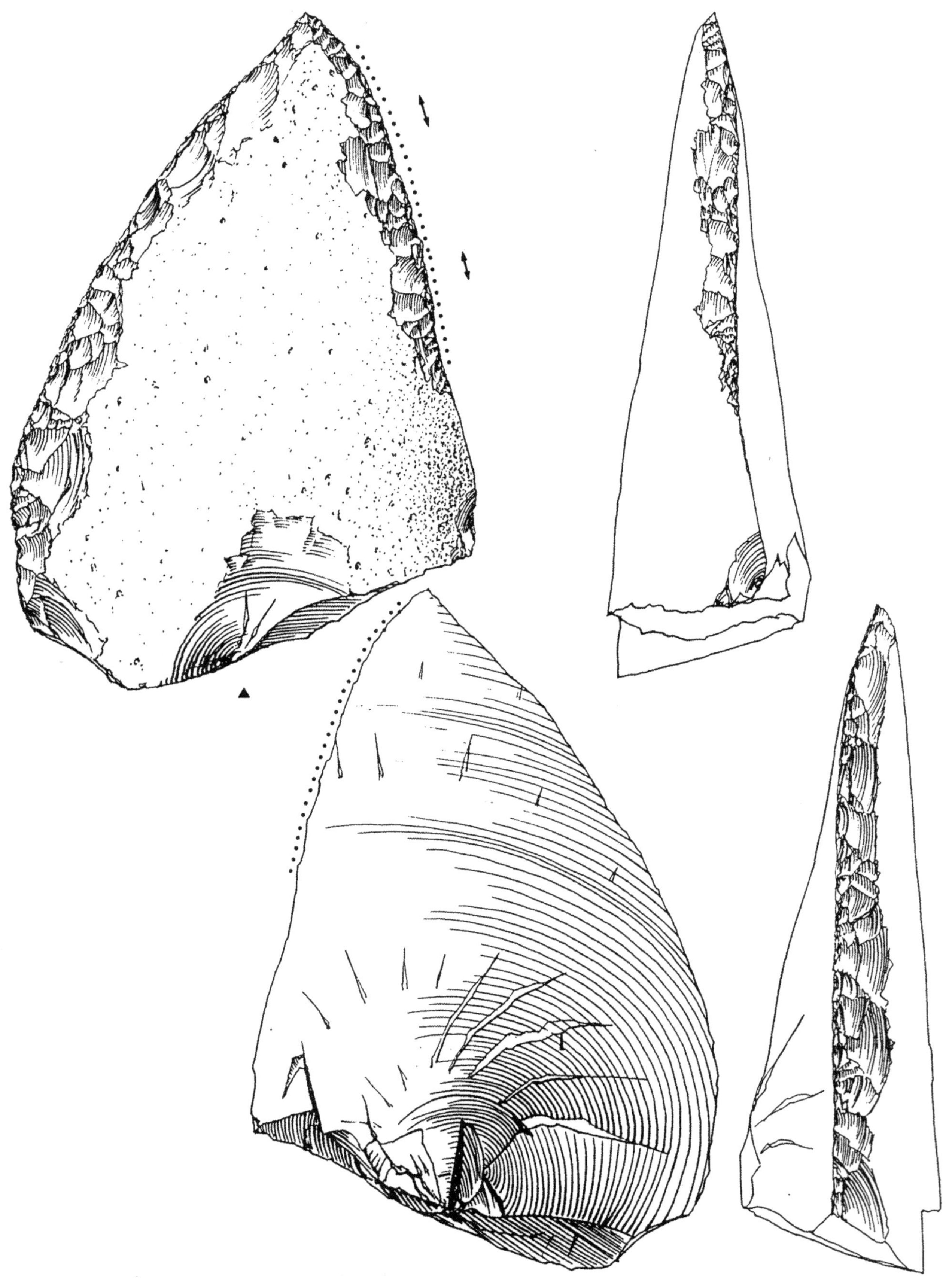

Fig.37 La Combette, niveau D: LC M14 D 55 pièce utilisée pour écharner en coupe de la peau fraîche. Echelle métrique 1:1.

il faut ajouter quelques rares nucléus. Les niveaux A3, B, et D particulièrement concernés par l'analyse fonctionnelle qui va suivre, ont respectivement livré 662 éclats de retouche éclats bruts ainsi que 114 racloirs (A3 et B), 363 éclats de retouche ou éclats bruts 37 racloirs (D). Malgré le caractère très largement dominant des importations, il s'avère cependant que le débitage et la retouche ont également été pratiqués sous l'abri. Ceci est attesté par quelques remontages, la présence de quelques nucléus et d'éclats de retouche en nombre largement déficitaire mais témoignant toutefois de l'aménagement ou du ré-affûtage occasionnel de tranchants de racloirs.

Les chaînes opératoires identifiées dans les différents ensembles lithiques sont d'une surprenante diversité: débitage Levallois récurrent centripète, débitage d'éclats-nucléus, aménagement en racloirs de grands éclats corticaux, de grands éclats de gel, de plaquettes...

Il semble que le but recherché au travers des diverses modalités de production identifiées, ait été principalement l'obtention de grands supports au périmètre convexe bien exploitable, sur lequel la retouche a permis d'obtenir de longs tranchants à la morphologie plutôt standardisée. Nous verrons que cette interprétation paraît trouver une explication tout à fait satisfaisante dans l'analyse fonctionnelle.

6.3 L'analyse fonctionnelle[12]

La relative modestie des ensembles lithiques mis au jour à La Combette a permis de procéder à une étude fonctionnelle globale du matériel lithique venant de toute la surface décapée. Pour mon travail de thèse, j'ai décidé de présenter les résultats de l'analyse de l'industrie lithique du niveau D, qui est, pour le moment, le mieux individualisé du point de vue stratigraphique et qui présente un foyer partiellement aménagé et des aires de combustion. Le fait que ce niveau archéologique s'est constitué lors d'une courte période de fréquentation, justifie une interprétation de détail en ce qui concerne les stratégies de subsistance et le rôle du site dans le territoire (voir 1.2). L'analyse spatiale permettra peut-être par elle même de délimiter des aires d'activités spécifiques. J'ai également opté pour une présentation des résultats de l'analyse des ensembles lithique des niveaux A et B, traités comme un complexe unique, pour effectuer une comparaison entre le tableau fonctionnel associé au niveau d'occupation plus ancien (D) et celui des occupations plus récentes (A et B).

Les 192 pièces analysées possèdent 298 PUA en total dont 136 (46%), correspondant à 88 pièces, sont aussi des AUA (61 AUA pour la couche D et 75 AUA pour les couches A et B).

6.3.1 Les limons inférieurs (niveau D)

Les 61 AUA de l'assemblage lithique de ce niveau ont effectué un assez large éventail de fonctions (*tableau* 41) qui vont de l'exploitation des matières animales telles que la peau et les tissus charnus liés à l'exploitation des carcasses d'animaux, jusqu'à l'exploitation du bois végétal. Cependant, cet ensemble présente un éventail un peu moins diversifié que celui présenté par les pièces recueillies dans les limons supérieurs (*tableau* 46) où, comme on le verra plus loin, le travail des végétaux (plantes siliceuses) et du bois de cervidé est également attesté. En revanche, l'éventail des actions effectuées par les pièces provenant du niveau D paraît un peu plus varié: à des actions transversales (51%), longitudinales (19%) et mixtes (7%), s'ajoutent le sciage (3%), le rainurage (2%) et le rabotage (3%), qui n'ont pas été reconnus sur les pièces provenant des limons supérieurs.

6.3.1.1 Le travail du bois

Le pourcentage des supports ayant travaillé le bois (*tableau* 41, *fig.* 41a) est identique à celui des supports ayant travaillé la peau. S'il n'a pas été possible de préciser la nature et l'état des différents matériaux ligneux travaillés, il n'en reste pas moins que les actions effectuées et identifiées sont très diversifiées. Des actions de sciage, de raclage en coupe négative et positive, mais aussi d'amincissement, ont été accomplies. Cela laisse supposer que plusieurs types d'objets en bois ont été réparés ou créés directement sur le site. Des écrans végétaux utilisés pour des chasses à l'affût pourraient en faire partie.

6.3.1.2 Le travail des matières animales (tissus charnus et os)

Avec 10% seulement du total des matières travaillées (*tableau* 41), c'est un aspect relativement peu important de l'ensemble des fonctions accomplies (ou tout au moins enregistrées) sur le site. Les tranchants ayant participé à ce type d'activité ont tous travaillé en coupe et ne sont que très occasionnellement entrés en contact avec des os (trois cas sur six).

Ces observations croisées avec celles de la archéozoologie, confirment que c'est plutôt à une décarnisation des masses musculaires qu'à une désarticulation des carcasses, que les hommes préhistoriques auraient procédé sur le site. En effet, la désarticulation aurait du être indiquée par un contact plus accentué avec les os que celui observé. Néanmoins, la petite quantité de tranchants utilisés pour cela (auxquels pourraient s'ajouter les tranchants porteurs d'indices du travail de matières tendres individualisés dans ce contexte) laisse penser que cette activité fut plutôt épisodique et qu'elle n'est pas le reflet fonctionnel des activités les plus importantes qui se sont déroulées sur le site.

6.3.1.3 Le travail de la peau

Le traitement des peaux constitue une activité importante avec 28% (*tableau* 41) des fonctions reconnues sur le site. En évaluant point par point les données fonctionnelles liées à ces traces d'usage, il apparaît que la première étape du traitement, l'écharnage (*figs.* 37-38, *fig.* 42a) en l'occurrence (quatre cas), est moins bien représenté que les étapes suivantes.

[12] Les données proposées dans ce paragraphe ont été présentées sous forme réduite dans les publications signalées dans la note n°1: à celle-ci ont été ajoutées quelques évaluations encore inédites.

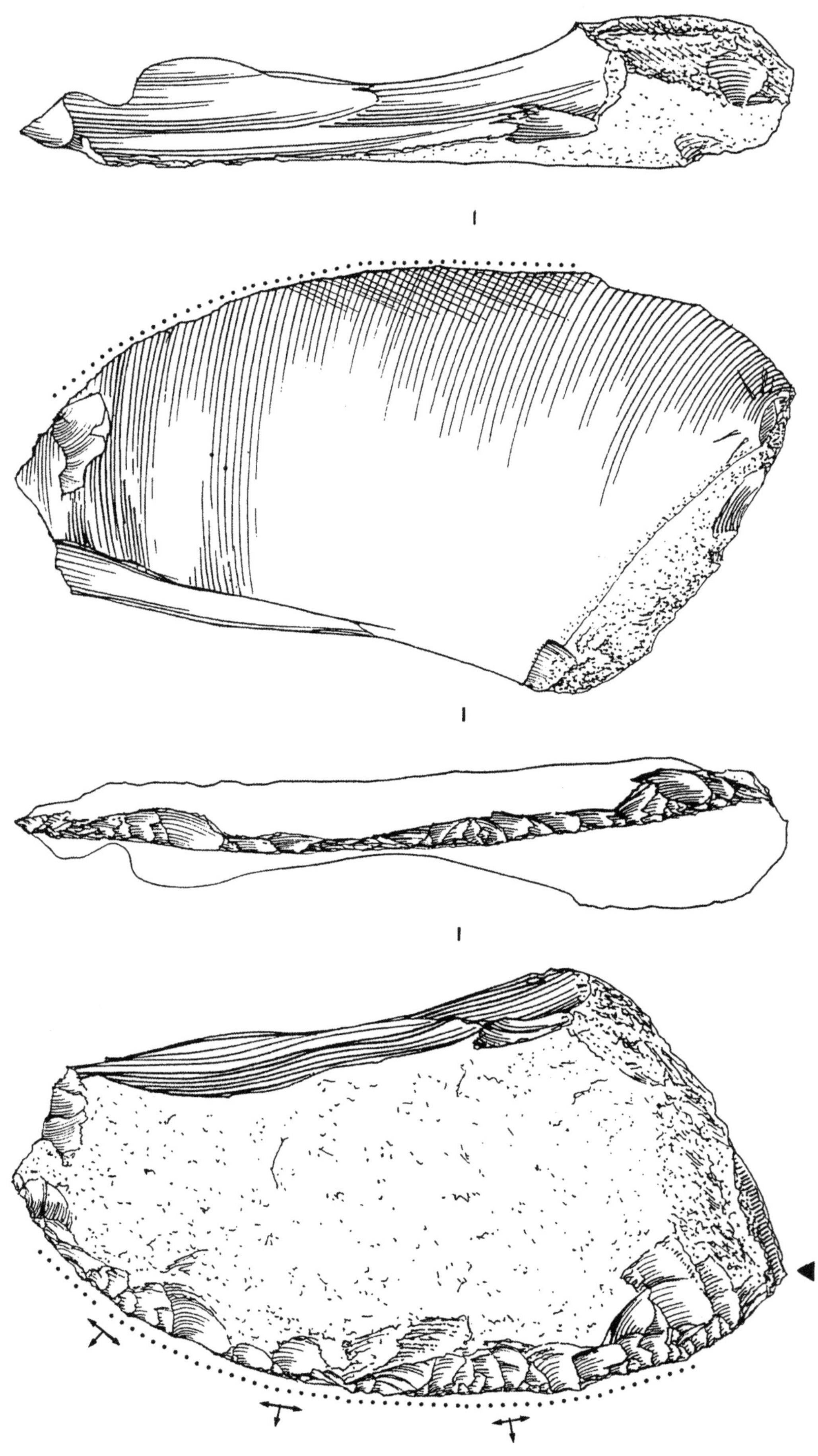

Fig.38 La Combette, niveau D: LC M15 D 39 pièce utilisée pour effectuer des actions mixtes sur de la peau fraîche et sur de la peau non fraîche. Echelle métrique 1:1.

	rectiligne	convexe	concave	pointue	indéterminée	total AUA	%
bois	5	9	1	_	2	17	28%
tissus charnus/os	2	4	_	_	_	6	10%
peau fraîche	2	2	_	_	_	4	6%
peau non fraîche	_	5	_		_	5	8%
peau humide	1	4	_	_	_	5	8%
peau seche	1	2	_		_	3	5%
calcaire?	_	_	_	1	_	1	2%
matiere tendre	2	_	1	_	_	3	5%
matiere semi-dure	3	3	2	_	_	8	13%
matiere dure	4	_	2	_	_	6	10%
indéterminée	3	_	_	_	_	3	5%
total AUA	23	29	6	1	2	61	100%
%	38%	47%	10%	2%	3%	100%	

Tableau 42 La Combette, niveau D: morphologie en plan des tranchants et matières travaillées.

La caractérisation des polis liés au travail des peaux à différents états d'humidité (*figs.* 38-39b, *fig.* 42b) (peau non-fraîche, peau humide, peau sèche) signifie que des activités de proto-tannage (voir 3.3) assez élaborées ont été accomplies sur le site. Il faut également noter la présence d'une pièce présentant des polis d'usage lisses, brillants qui pourraient témoigner de la présence d'un agent lubrifiant tel qu'un additif animal (gras, cervelle, foie).

A l'exception des quelques études tracéologiques effectuées sur des sites d'Arménie, de la Plaine Russe et du Caucase (voir 1.3), c'est la première fois que, pour le Paléolithique moyen, le déroulement d'un processus de tannage a été démontré. Jusqu'à présent en effet, l'accomplissement d'activités structurées de traitement des peaux n'a été reconnu qu'en relation avec des sites plus récents (van Gijn 1990; Sliva/Keeley 1994; Moss 1983). Cela suggère en outre que les Néandertaliens de La Combette avaient non seulement le savoir-faire mais aussi la volonté et le temps de se consacrer à une tâche complexe supposant le franchissement de plusieurs étapes réalisées selon un ordre bien défini.

Le peu d'écharnage effectué à proximité de l'abri a été fait en utilisant les tranchants avec une action longitudinale (coupe) (*fig.* 37), transversale ou mixte (*fig.* 38) sur la matière d'oeuvre. En revanche, les autres étapes du traitement des peaux ont essentiellement été réalisées en action transversale (neuf cas) (*fig.* 39b) avec en particulier, des mouvements de raclage en coupe positive. Dans une moindre proportion, l'action des tranchants a été longitudinale (deux cas) ou mixte (deux cas) (*fig.* 38).

6.3.1.4 Le travail des matières tendres, semi-dures et dures

Un pourcentage relativement élevé de tranchants (28% au total) (*tableau* 41) ne présente que des enlèvements d'usage. Leur examen a permis de déterminer que des matières tendres (trois cas), semi-dures (huit cas) ou dures (six cas) on été soumises à différents types d'actions. Les matières tendres ont surtout été exploitées en coupe (deux cas sur trois). Cela pourrait indiquer soit un traitement de matières animales telles que des tissus charnus, soit l'exploitation de végétaux non siliceux (tubercules, racines, fruits), dans un but alimentaire. Dans la première hypothèse, ces pièces seraient à rattacher à des activités comme le découpage des carcasses ou l'écharnage des peaux. D'après les données expérimentales, l'exploitation de végétaux siliceux ne développent pas de polis mais seulement des légers enlèvements sur les tranchants avec lesquels ces derniers entrent en contact (Sievert 1992). Compte-tenu de la nature des matières d'oeuvre identifiées par les polis d'usage, il paraît justifié de supposer que les matières semi-dures et dures identifiées, sont à rattacher au travail du bois ou au travail de la peau non fraîche. Enfin, soulignons qu'un polis à la morphologie particulière a été mis en évidence sur l'extrémité pointue d'un éclat (*tableau* 41 variable "calcaire?", *fig.* 41d). La distribution de ce polis indique avec certitude que l'action accomplie à l'aide de cette pointe naturelle a été le rainurage. Sa texture et sa topographie ont suggérés, au moins en première évaluation, un travail sur du bois de cervidé. Dans un second temps, nous avons pu apprécier l'étroite similitude existant entre la morphologie de ce polis et celle d'un polis obtenu en produisant les trous (boutonnières) nécessaires pour tendre une peau sur un cadre[13] ou sur le sol. Ainsi avons-nous réalisé une série de petites incisions avec la pointe d'un éclat expérimental. Ces incisions ont été pratiquées sur le pourtour d'une peau fraîche appuyée à même la face plate d'un petit galet de calcaire. Le contact de la pointe avec la peau et la pierre - qui a également été incisée par la petite pointe en silex (*fig.* 9f) - a provoqué la formation d'un polis semblable au polis archéologique (*fig.* 7d).

Le développement de tels polis et leur localisation particulière sur certains supports, pourrait être imputé à la phase initiale du proto-tannage des peaux. L'idée d'utiliser des petits galets aplatis comme plans d'appui pour inciser des boutonnières

13 L'expérimentation qui a porté sur le traitement d'une peau de veau tendue sur un cadre de bois, a été réalisée par Cuono, Iovino et Lemorini.

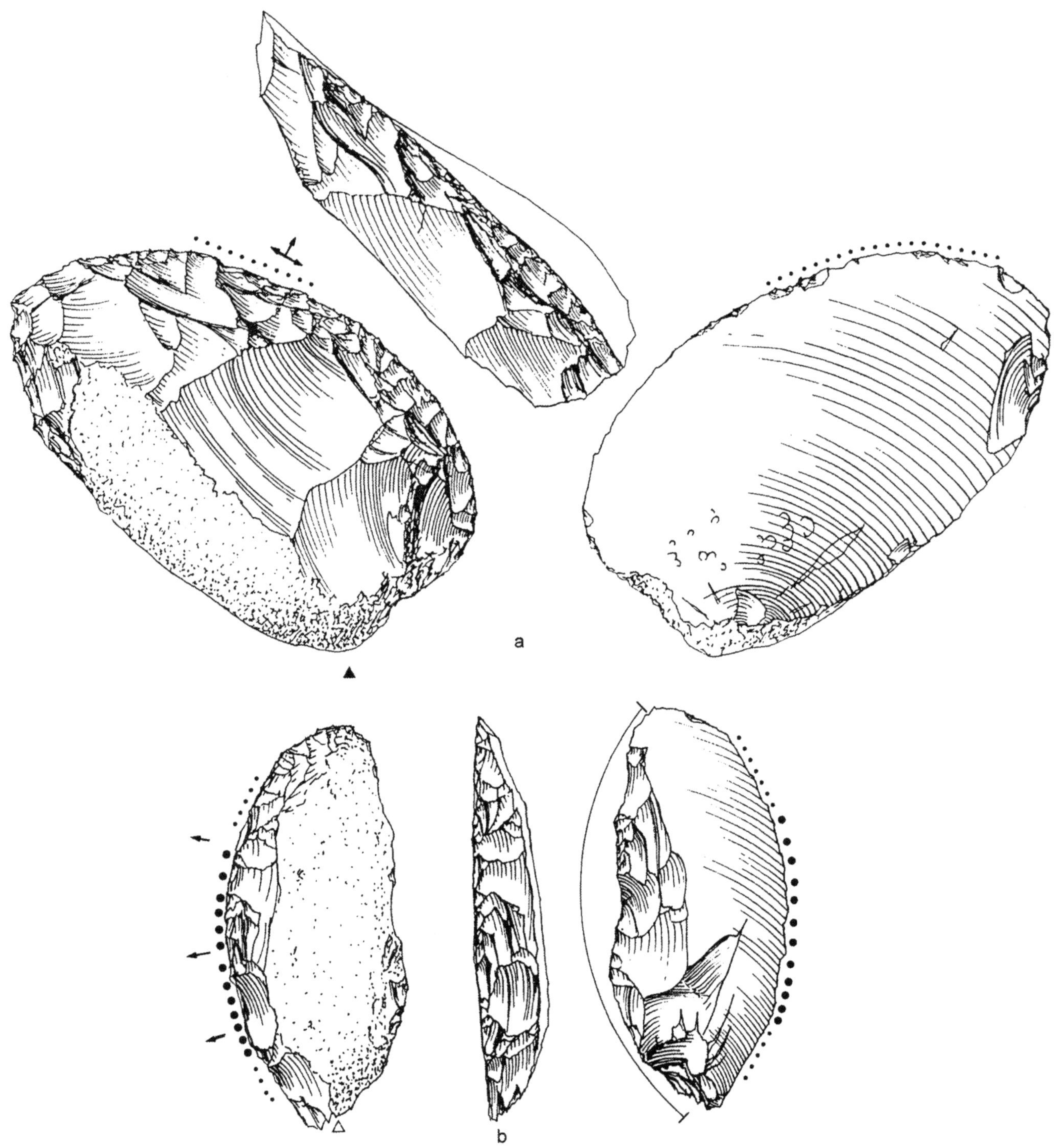

Fig.39 La Combette, niveau B: a) LC K19 B 54 pièce utilisée pour travailler la peau non fraîche par action mixte; La Combette, niveau D: b) LC M15 D 40 pièce utilisée pour racler de la peau humide en coupe négative. Cette pièce présente aussi des polis associés à la préhension au moyen d'un manche. Echelle métrique 1:1.

dans les peaux, découle directement de l'observation du matériel archéologique. En effet, une demi douzaine de petits galets calcaires aplatis ont été mis au jour dans le niveau D. Ils présentent tous sur une de leur face plane, un ou deux réseaux de stries sub-parallèlles (*fig.* 41e). C'est pour tenter d'expliquer la présence de ces galets et de leurs zones striées, que ces expériences ont été tentées en tenant compte de l'importance du travail de la peau suggéré par l'étude fonctionnelle des autres outils (un premier test expérimental a d'ailleurs été réalisé à La Combette au cours de l'été '94[14]).

[14] Le proto-tannage expérimental d'une peau de chèvre a été réalisé à La Combette par Plisson et Lemorini (Texier 1994).

6.3.1.5 La morphologie des tranchants associés

De nombreux tranchants d'objets lithiques porteurs de traces d'usage et provenant de la couche D, sont retouchés. Ceux-ci représentent en effet 57% du total des tranchants utilisés et se rapportent dans ce cas à des fonctions bien spécifiques. La plupart du travail de la peau et du bois a été effectué à concurrence de 88% et 71% à l'aide de tranchants retouchés tandis que ce taux tombe à 17% seulement pour les tranchants des outils entrant dans les activités de boucherie. De plus, il apparaît que les tranchants retouchés ont majoritairement été utilisés avec des déplacements transversaux (74%) sur la

	rectiligne	convexe	concave	indéterminée	total AUA	%
bois	13	1	1	2	17	28%
tissus charnus/os	5	1	_	_	6	10%
peau fraîche	4	_	_	_	4	7%
peau non fraîche	3	2	_	_	5	8%
peau humide	4	1	_	_	5	8%
peau seche	3	_	_	_	3	5%
calcaire?	_	_	_	1	1	1%
matiere tendre	2	_	1	_	3	5%
mariere semi-dure	6	_	2	_	8	13%
matiere dure	6	_	_	_	6	10%
indéterminée	3	_	_	_	3	5%
total AUA	49	5	4	2	61	100%
%	80%	8%	7%	3%	100%	

Tableau 43 La Combette, niveau D: morphologie en profil des tranchants et matières travaillées.

matière d'oeuvre. Bien que moins utilisés pour des actions longitudinales (38%), leur pourcentage n'en est pas pour autant négligeable. En contrepartie, il s'avère que les tranchants bruts de débitage ont été majoritairement utilisés pour couper les tissus charnus sur les carcasses après l'abattage des animaux. Ce type de tranchants est aussi associé au travail des matières tendres, dures et semi-dures. Cette association s'explique plutôt par le fait que les enlèvements d'usage sont bien plus visibles sur des tranchants non retouchés que caractéristiques d'une spécificité fonctionnelle. Les tranchants ayant participé au traitement des peaux ont été choisis selon des critères morphologiques stricts. Cette rigueur affecte notamment leur morphologie en profil (*tableau* 43) et en plan (*tableau* 42) qui est respectivement rectiligne (82%) et convexe (76%). Par contre, la délinéation de leur section (*tableau* 44) est plus diversifiée et se répartit en sections plano-plane (24%), plano-convexe et la plano-concave (35%). Dans un cas seulement, la section est convexe-concave. Tous ces profils sont intervenus aussi bien au niveau de l'écharnage, que lors des phases suivantes du proto-tannage. Cependant, il faut remarquer que les tranchants à la délinéation plano-convexe ayant travaillé la peau non-fraîche sont strictement liés au déroulement d'actions transversales sur la peau non-fraîche et sèche. L'angle du taillant (*tableau* 45) est compris entre 40° et 80° avec une moyenne de 54° qui permet d'effectuer soit des actions requérant des tranchants relativement minces, soit des actions nécessitant l'utilisation de tranchants plus forts.

Des tranchants à la morphologie assez spécialisée ont été employés pour le travail du bois. C'est essentiellement leur délinéation en profil qui présente une forte spécificité. Elle est presque exclusivement rectiligne (76%) tandis que leur délinéation en plan et en section offre plus de variabilité bien que toujours limitée. En effet, la délinéation en plan est convexe (53%) et rectiligne (29%). En section enfin, la délinéation est surtout plano-plane (41%) et plano-convexe (29%). Les angles du taillant des pièces liées au travail du bois, comme ceux des pièces documentant le traitement des peaux, ne sont pas très variés. Ils sont en effet compris entre 40° et les 80° avec une moyenne de 56° (*tableau* 44). Les tranchants bruts de retouche qui ont été utilisés pour décarniser les carcasses présentent eux-aussi une morphologie assez standardisée. Outre une délinéation en profil presque uniquement rectiligne (83%), ces tranchants ont une morphologie en section surtout plano-concave (83%) qui est particulièrement adapté pour des taillants à angle de taillant peu épais et coupant. En conclusion, les données qui viennent d'être présentées montrent avant tout que la retouche avait une grande importance aussi bien d'un point de vue strictement quantitatif en étant associée à un fort pourcentage de tranchants, que d'un point de vue fonctionnel compte tenu du fait que les tranchants retouchés sont plus spécifiquement liés au travail de la peau et du bois. Il se confirme de surcroît,

	plano-plane	plano-convexe	plano-concave	convexe-concave	concave-concave	indéterminée	total AUA	%
bois	7	5	1	_	1	3	18	29%
tissus charnus/os	1	_	5	_	_	_	6	10%
peau fraîche	1	1	2	_	_	_	4	6%
peau non fraîche	1	3	1	_	_	_	5	8%
peau humide	2	_	3	_	_	_	5	8%
peau seche	_	2	_	1	_	_	3	5%
calcaire?	_	_	_	_	_	1	1	1%
matiere tendre	1	1	_	1	_	_	3	5%
matiere semi-dure	6	_	2	_	_	_	8	13%
matiere dure	2	1	_	1	1	1	6	10%
indéterminée	1	2	_	_	_	_	3	5%
total AUA	22	15	14	3	2	5	61	100%
%	36%	24%	23%	5%	3%	8%	100%	

Tableau 44 La Combette, niveau D: morphologie en section des tranchants et matières travaillées.

	<20°	20°-39°	40°-59°	60°-79°	80°-99°	>100°
bois	_	2	7	3	_	_
tissus charnus/os	_	3	2	_	1	_
peau fraîche	_	1	1	2	_	_
peau humide	_	_	2	1	_	_
peau non fraîche	_	1	2	1	_	_
peau seche	_	1	1	1	_	_
calcaire?	_	_	1	_	_	_
matiere tendre	_	_	_	1	_	_
matiere semi-dure	_	4	1	_	1	1
matiere dure	_	1	1	2	_	_

Tableau 45 La Combette, niveau D: angle du taillant et matières travaillées.

que la retouche permettait de bien contrôler la morphologie du tranchant, d'obtenir une assez grande variété de morphologies et de standardiser ainsi les tranchants selon les nécessités fonctionnelles. La retouche n'émoussait pas l'angle du tranchant mais permettait de maintenir une épaisseur limitée à des valeurs moyennes. Les outils pouvaient ainsi être adaptables à une variété relativement importante de fonctions.

La petite quantité d'éclats de retouche retrouvés est la démonstration indirecte de la relative longévité fonctionnelle des tranchants utilisés. En tout état de cause il apparaît que les tranchants des outils utilisés de La Combette n'ont pas fait l'objet de nombreux ré-affûtages. De plus, lors d'utilisations relativement longues comme la préparation d'une peau, les tranchants s'épuisent rapidement. Les Néandertaliens de La Combette on paré à cet inconvénient en utilisant de très longs tranchants qui se sont probablement substitués à l'opération de ré-affûttage, qui est néanmoins attestée par l'éclat de ré-affûtage d'un racloir présentant un polis caractéristique du raclage de la peau sèche. Ils ont en effet souvent utilisé pour le travail des peaux, des racloirs aménagés sur de très grands éclats. Les dimensions importantes de certains supports ont permis l'aménagement de longues lignes de retouches qui jouaient ainsi le rôle de plusieurs parties tranchantes (voir *figs.* 37-38). Ceci est attesté sur plusieurs racloirs de grandes dimensions sur lesquels ont pu être mis en évidence l'accomplissement d'étapes différentes du traitement des peaux- écharnage et traitement de la peau humide ou encore traitement de la peau humide et de la peau sèche - sur des parties adjacentes d'un même tranchant.

Au contraire, quelques pièces ont pu faire l'objet d'un ré-affûtage important. C'est ce qui s'est produit notamment, lorsque nous avons pu démontrer que certains supports ont été emmanchés, la pièce étant extraite du manche quand elle était totalement épuisée. C'est précisément le cas de deux racloirs (voir *fig.* 39b) ayant raclé de la peau non-fraîche: ils montrent, outre des taches de polis témoignant la préhension, une retouche surélevée indice de ré-affûtages successifs responsables du raccourcissement de la partie non protégée par le manche.

	perçage	longitudinale	coupe	transversale	racl. coupe pos.	racl. coupe nég.	mixte	indéterminée	total AUA	%
bois	_	2	_	3	3	2	_	_	10	13%
bois blanc	_	1	_	1	_	1	_	_	3	4%
tissus charnus/os	_	1	8	2	_	2	3	1	17	23%
peau fraîche	1	_	3	_	_	_	_	1	5	7%
peau non fraîche	_	_	2	_	1	_	2	_	5	7%
peau seche	_	_	_	_	2	1	_	_	3	4%
végétaux	_	_	1	_	_	_	_	_	1	1%
bois de cervidés	_	2	_	_	_	1	_	_	3	4%
matiere semi-dure	_	8	4	11	_	_	_	1	24	32%
matiere dure	_	1	_	1	_	1	_	_	3	4%
indéterminée	_	_	_	1	_	_	_	_	1	1%
total AUA	1	15	18	19	6	8	5	3	75	100%
%	1%	20%	24%	25%	8%	11%	7%	4%	100%	

Tableau 46 La Combette, niveau (A et B): matières travaillées et actions faites

6.3.2 Les limons supérieurs (niveaux A et B)

La caractéristique fonctionnelle la plus évidente de cet ensemble lithique est la grande variété des matières qui ont été travaillées (*tableau* 46). En effet, le travail de matières d'oeuvre d'origine animale, ainsi que celui de diverses matières végétales a été mis en évidence. Les traces d'usage attribuables au travail de matières d'oeuvre d'origine animale sont les plus nombreuses. Les polis qui ont permis de diagnostiquer cette grande variété de matières travaillées, se combinent avec un assez large éventail d'actions effectuées longitudinalement (44%), transversalement (44%), mixtes

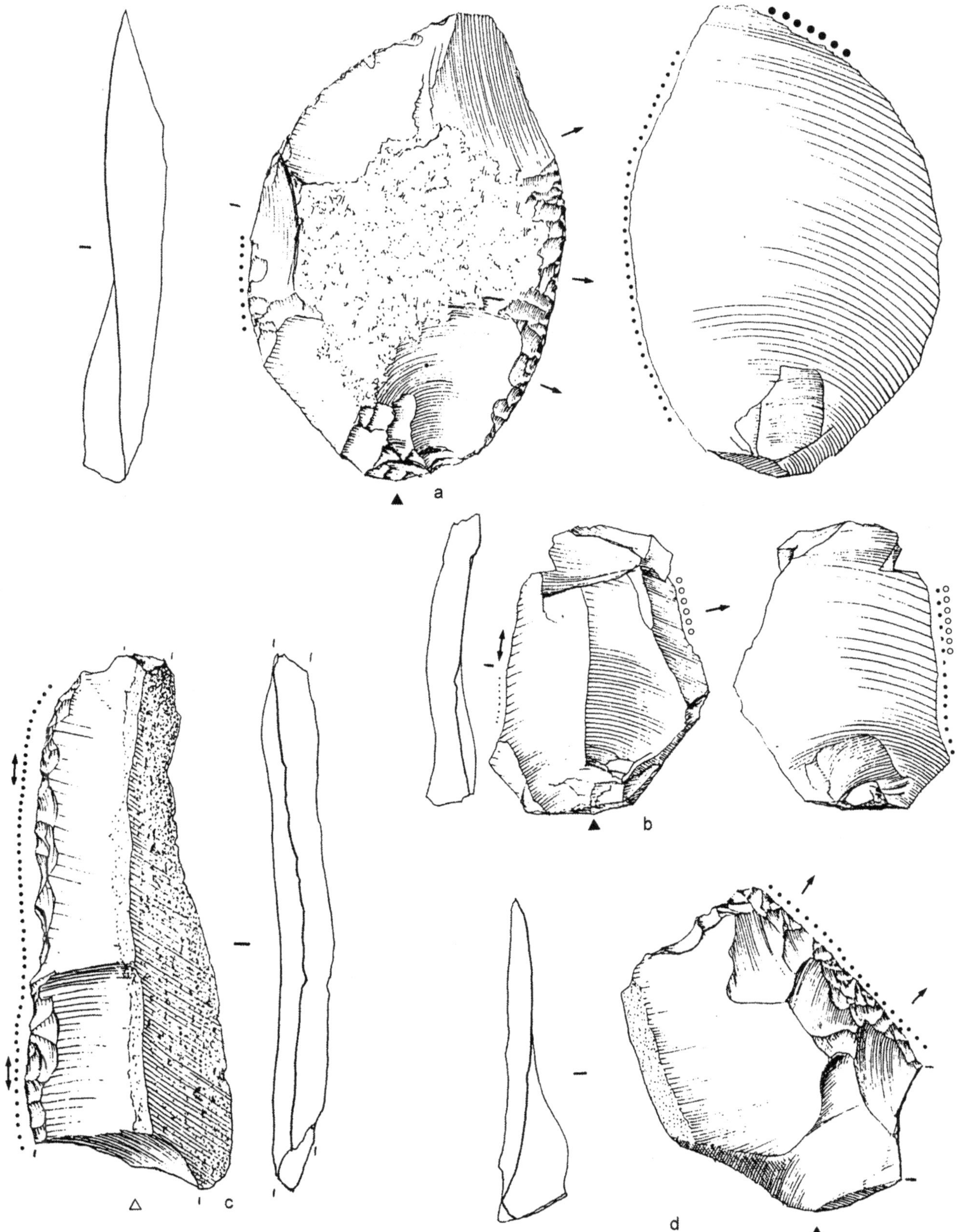

Fig.40 La Combette, niveaux A et B, (a;d) pièces utilisées pour travailler du bois, (b-c) pièces utilisées pour des activités de boucherie. a) LC K9 A 11 (fig.42b*) raclage en coupe positive, b) LC J9 A 7 action de coupe et action transversale, c) LC J18 B 59 travail de boucherie en coupe (*fig.42c*), d) LC J11 B Rem. raclage en coupe positive. Echelle métrique 1:1.*

(7%) ou en rotation (1%). Curieusement, l'amincissement, action que l'on retrouve souvent associée aux pièces ayant travaillé le bois, n'apparaît pas dans cet ensemble lithique.

6.3.2.1 Le travail du bois

Avec un taux de 13% (*tableau* 46), le travail du bois est moins bien représenté que celui des autres matières identifiées. Toutefois un certain nombre de pièces ayant travaillé des matériaux semi-durs indéterminés, pourraient lui être imputées. Comme cela a déjà été souligné, l'amincissement du bois n'a jamais été reconnu dans ce contexte. Il reste toujours la possibilité qu'il n'aie pas été reconnu parmi les objets lithiques témoignant d'actions transversales (quatre cas) ou longitudinales (trois cas) et indéterminées qui pourraient être associés à cette matière, ainsi que des pièces témoignant du raclage en coupe positive (trois cas) (*figs.* 40 a,d) et du raclage en coupe négative (deux cas). Il faut souligner que le travail de différents types de bois est attesté à trois reprises avec certitude, par l'exploitation de bois blancs.

6.3.2.2 Le travail des matières animales (tissus charnus et os)

Les polis de tissus charnus liés à une activité de boucherie (*fig.* 41c) sont très bien représentés (23%) (*tableau* 46) et dans la plupart des cas (onze sur quatorze), associés à de petites taches de polis d'os. Cette combinaison de polis témoigne du contact fréquent avec l'os, des tranchants utilisés. En accord avec les observations de la archéozoologie, on peut en déduire que les préhistoriques ne se sont pas seulement livrés sur le site à la décarnisation des masses musculaires, mais aussi à la désarticulation de certaines parties des carcasses. La plupart des activités de boucherie ont été accomplies au moyen d'actions de coupe (huit cas) (*figs.* 40 b-c). Cependant, des activités mixtes ont été de même effectuées (trois cas) ainsi que des actions transversales de raclage (*fig.* 40b). Il est intéressant de souligner que ces raclages confirment les observations de Brugal effectuées sur de nombreuses esquilles: le "nettoyage" des restes de tissus charnus des os a été effectué soit pour récolter les dernières parcelles de viande soit pour favoriser la fracturation des os dans le but de récupérer la moelle, en améliorant la qualité du contact entre l'os et le percuteur de bois ou de pierre (expérimentations en cours par Brugal et Texier).

6.3.2.3 Le travail de la peau

Bien qu'en plus faibles proportions, le traitement de la peau est toujours bien représenté (18%) (*tableau* 46). D'autres étapes de ce travail ont aussi été mises en évidence dans les niveaux archéologiques des limons supérieurs. L'écharnage y reste minoritaire (38%) par rapport aux étapes suivantes (62%). L'étape précédant immédiatement l'écharnage est attestée par un seul cas de perçage sur de la peau fraîche: il s'agit de pratiquer une série de petits trous périphériques permettant de tendre la peau sur un cadre avec des liens ou bien sur le sol au moyen de piquets de bois. L'écharnage a été accompli essentiellement avec des actions de coupe tandis que les autres étapes du travail de la peau ont été réalisées par des actions bien plus diversifiées qui vont de la coupe, au raclage en coupe négative et positive (*figs.* 42 e-f), en passant par des actions mixtes (*fig.* 39a, *fig.* 42c).

6.3.2.4 Le travail des matières dures et semi-dures

Ce sont les matières semi-dures qui sont bien représentées dans ce contexte avec 32% tandis que les matières dures sont présentes en faible proportion (4% seulement) (*tableau* 46). Compte tenu de la répartition des matières travaillées individualisées par les polis d'usage, on peut supposer que les matières semi-dures individualisées seraient plutôt à imputer au travail du bois et de la peau après écharnage. La diversité des tâches réalisées sur des matériaux semi-durs est attestée par la variété des actions associées longitudinales (douze cas) ou transversales (onze cas), lisibles sur les vestiges lithiques étudiés. Enfin, il faut signaler la présence sur une seule pièce, de traces attribuables à la coupe de plantes siliceuses. D'après ce que le comportement des groupes des chasseurs-cueilleurs actuels paraît suggérer (Harlan 1992), cet indice est difficilement imputable à des fins alimentaires. Au contraire, ces traces pourraient être le témoignage ténu de la création de quelques structures provisoires, de litières ou encore de récipients de fibres végétales. Le travail du bois de cervidé a également été identifié sur trois tranchants qui ont accompli des actions longitudinales (deux cas) et une action de raclage en coupe négative. Le développement des polis témoigne d'un travail assez intense mais pas particulièrement prolongé dans le temps. Dans ce contexte il est possible que des objets ont été occasionnellement préparés ou réparés sur le site à l'aide de bois de cervidés.

6.3.3 L'abri de la Combette: un camp d'appui pour le traitement des peaux

Les données issues de l'analyse fonctionnelle des ensembles lithiques de La Combette, permettent d'entrer dans le détail des principales activités qui se sont déroulées sur le site. Elles permettent notamment de préciser les caractéristiques de ce campement qui, comment le suggèrent conjointement les données de la technologie et de l'archéozoologie, a été utilisé à plusieurs reprises comme camp d'appui à l'occasion d'opérations de chasse.

Les vestiges témoignant des fréquentations les plus anciennes du site restituent l'image d'un campement provisoire et spécialisé. L'exploitation des carcasses s'avère plus faible que dans les niveaux supérieurs, par contre le traitement des peaux y paraît plus important et mieux structuré. Les données de l'analyse tracéologique, croisées avec les indications provenant de l'étude archéozoologique du matériel osseux, indiquent que la désarticulation des carcasse n'a pas tenu une part prépondérante sous l'abri. Par contre, la découpe des masses musculaires y aurait été une activité beaucoup plus fréquente (voir 6.3.1.1 et *tableau* 41). Cela pourrait signifier que la consommation ne concernait alors que les besoins du petit groupe d'individus séjournant sous l'abri tandis que d'autres étaient éventuellement engagés dans la chasse. L'absence de certaines parties des squelettes évoquerait des activités de dépeçage, de stockage et de traitement de la viande avant son transport en direction d'un campement principal. Il

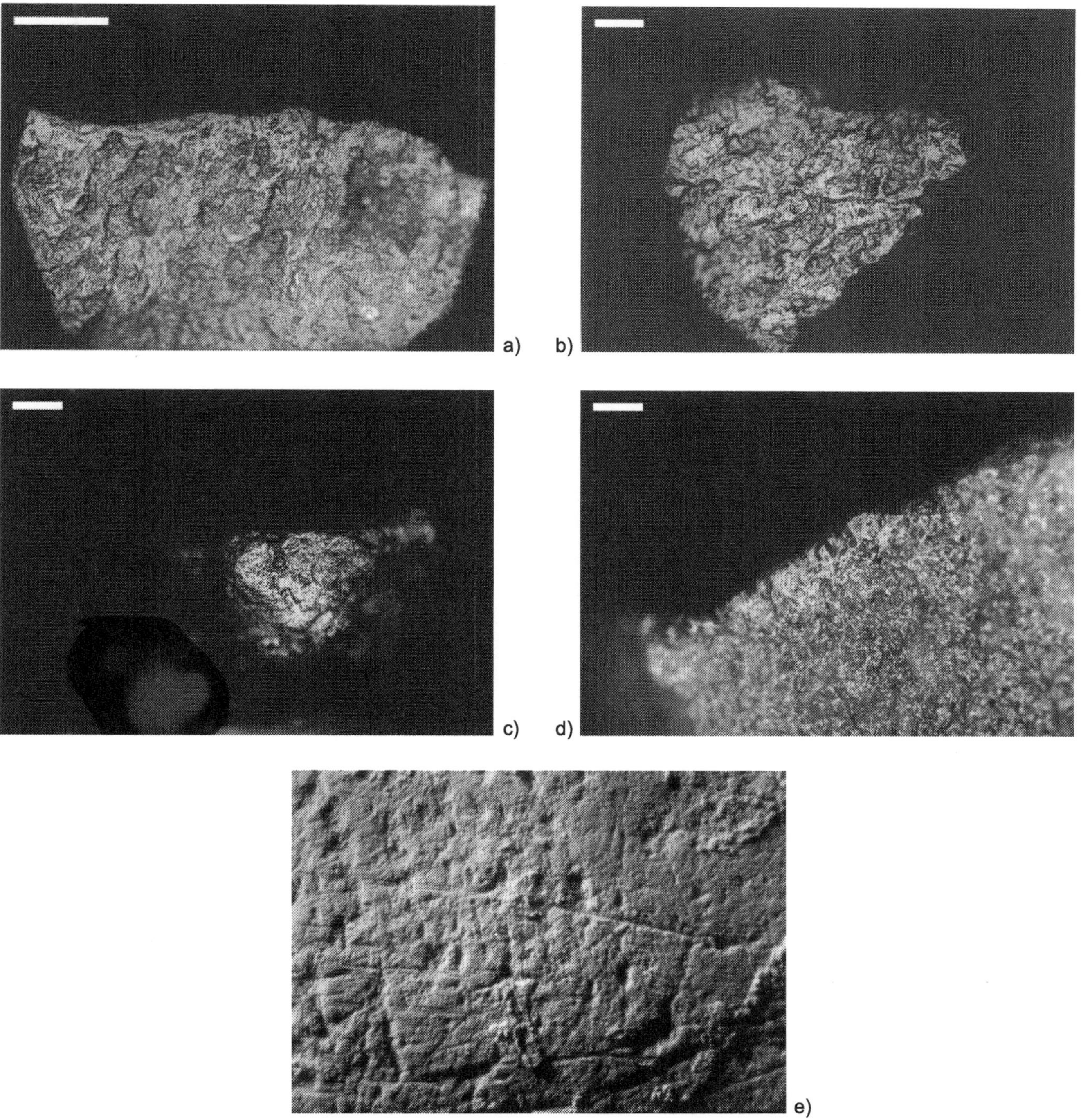

Fig.41 La Combette: (a-b) (fig.41) *photomicrographies de polis associés au travail du bois, c) (*fig.41*) photomicrographie de polis associés à la boucherie, (d-e) photomicrographies de polis et macro-stries qui pourraient être associés à l'ouverture en coupe de boutonnières dans de la peau écharnée: a) LC L13 D 87 raclage en coupe positive (400x), b) LC K9 A 11 raclage en coupe positive (200x), c) LC J18 B 59 coupe (200x), d) LC J14 D 100 rainurage (200x), e) galet calcaire présentant des stries d'utilisation. Les échelles métriques des photomicrographies (a-d) correspondent à 50µ. La photomicrographie (e) corresponde à 2.5 grossissements.*

est intéressant de souligner qu'il n'y a pas de traces de raclage des tissus charnus des os. Ce pourrait être l'indication d'une exploitation non intensive des carcasses. Ce comportement pourrait être lié à l'absence de stress alimentaires. Contrairement à la boucherie, le travail du bois et de la peau sont très bien représentés sur le site. La quantité des tranchants ayant travaillé le bois et la variété des actions accomplies (sciage, raclage, amincissement) sont la démonstration d'une production non occasionnelle (voir 6.3.1.3 et *tableau* 41). Il semble au contraire y avoir eu une production relativement importante d'outils de bois complétant évidemment les outils silex dans l'accomplissement de différentes activités. Suivant un processus complexe, le traitement de la peau occupe une part importante des activités réalisées sur le site, au même titre que le travail du bois. (voir 6.3.1.2 et *tableau* 41). S'il y a quelques cas d'écharnage en coupe auxquels viennent s'ajouter ce que nous interprétons comme des indices de préparation de trous pour tendre les peaux sur un cadre ou sur le sol (voir discussion en 6.3.1.4), cette première étape du traitement paraît s'être surtout déroulée en dehors du site,

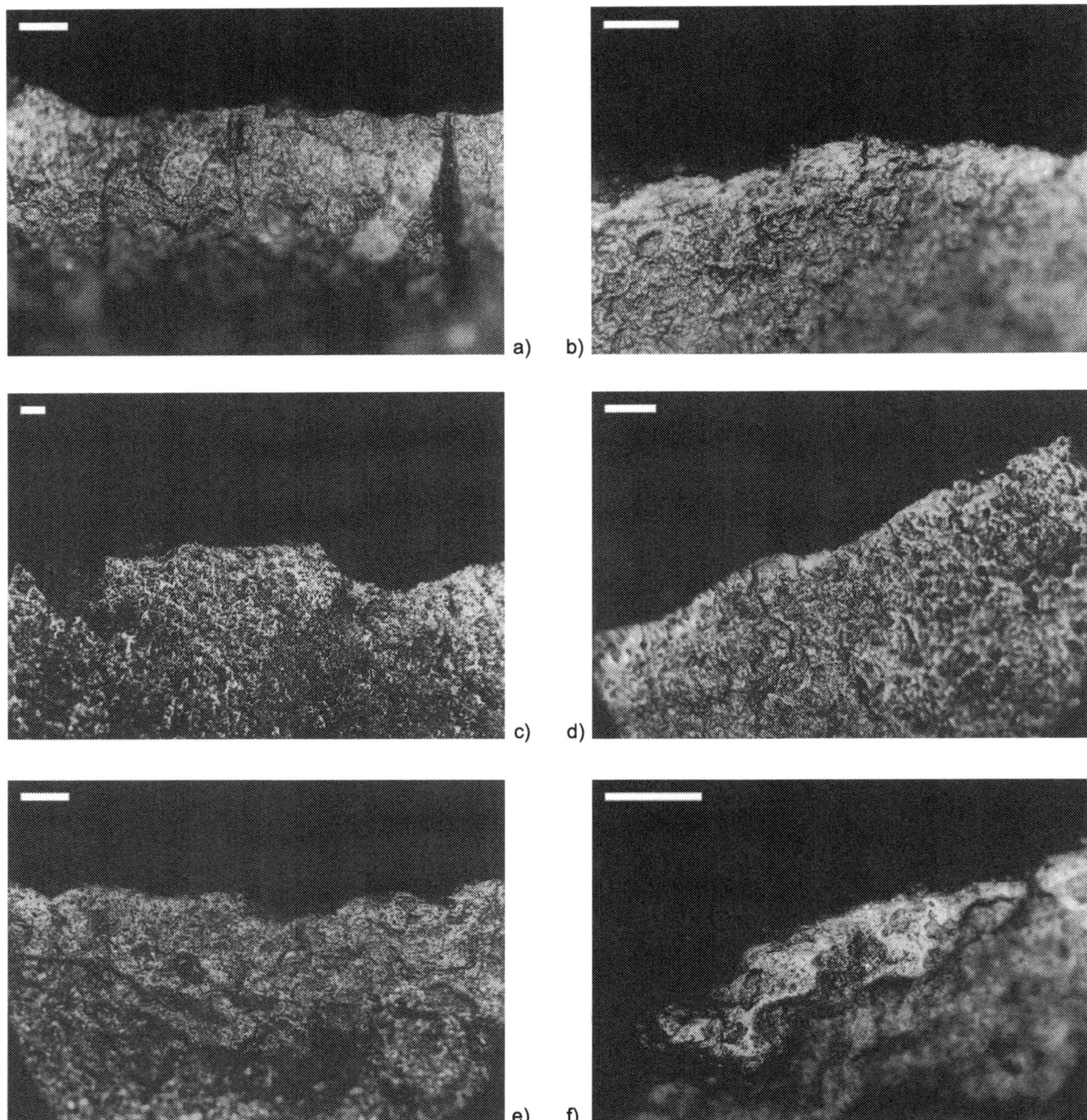

Fig.42 La Combette, photomicrographies de polis associés au traitement de la peau: a) LC N16 D 42 écharnage en coupe (200x), b) LC L12 D 23 raclage en coupe positive d'une peau fraîche-humide (300x), c) LC L17 B 68 action mixte sur de la peau non fraîche (100x), d) LC N15 D 24 action transversale sur de la peau humide (200x), e) LC L17 A 45 raclage en coupe positive d'une peau sèche (200x), f) LC M17 A 23 raclage en coupe positive d'une peau sèche (400x). Les échelles métriques correspondent à 50μ.

probablement sur le lieu de dépeçage. La succession des autres étapes du proto-tannage qui se sont déroulées sous l'abri est illustrée par la variété d'états dans lesquels les peaux furent traitées (peau à différents états d'humidité, peau avec des additifs, peau séchée) ainsi que par la variété des gestes effectués parmi lesquels le raclage en coupe positive, tient une place particulière. Un processus expérimental de tannage (voir 3.2), effectué sur le site à l'aide d'un équipement technique comparable, a nécessité deux jours de travail pratiquement ininterrompu. Il est donc légitime d'avancer que cette activité de maintenance qui n'autorisait pas d'absences prolongées, a pu être accomplie par des individus ne participant pas activement à la chasse.

En ce qui concerne les niveaux les plus récents, on passe d'une spécialisation résolument orientée vers le traitement des peaux, à des fréquentations où l'intervention sur les carcasses d'animaux abattus à la chasse l'emporte sur le traitement des peaux. La part de cette activité est encore loin d'être négligeable. Les niveaux les plus récents paraissent caractérisés par des apports plus importants de quartiers de viande: ainsi des portions de carcasses ont-elles été désarticulées, les os décarnisés et soigneusement nettoyés par raclage des restes de tissus charnus (voir 6.3.2.2 et *tableau* 46). Ces raclages pourraient correspondre à la nécessité de préparer les os pour en faciliter la fracturation dans le but d'en extraire la moelle (voir aussi la discussion faite au niveau expérimental 3.1 ainsi que les considérations faites pour Grotta Breuil, 5.2.2). Ce peut être aussi le témoignage indirect d'une lutte contre le froid qui consiste à recueillir puis à consommer un maximum de viande et de graisses pendant les saisons rigoureuses durant lesquelles il est plus difficile

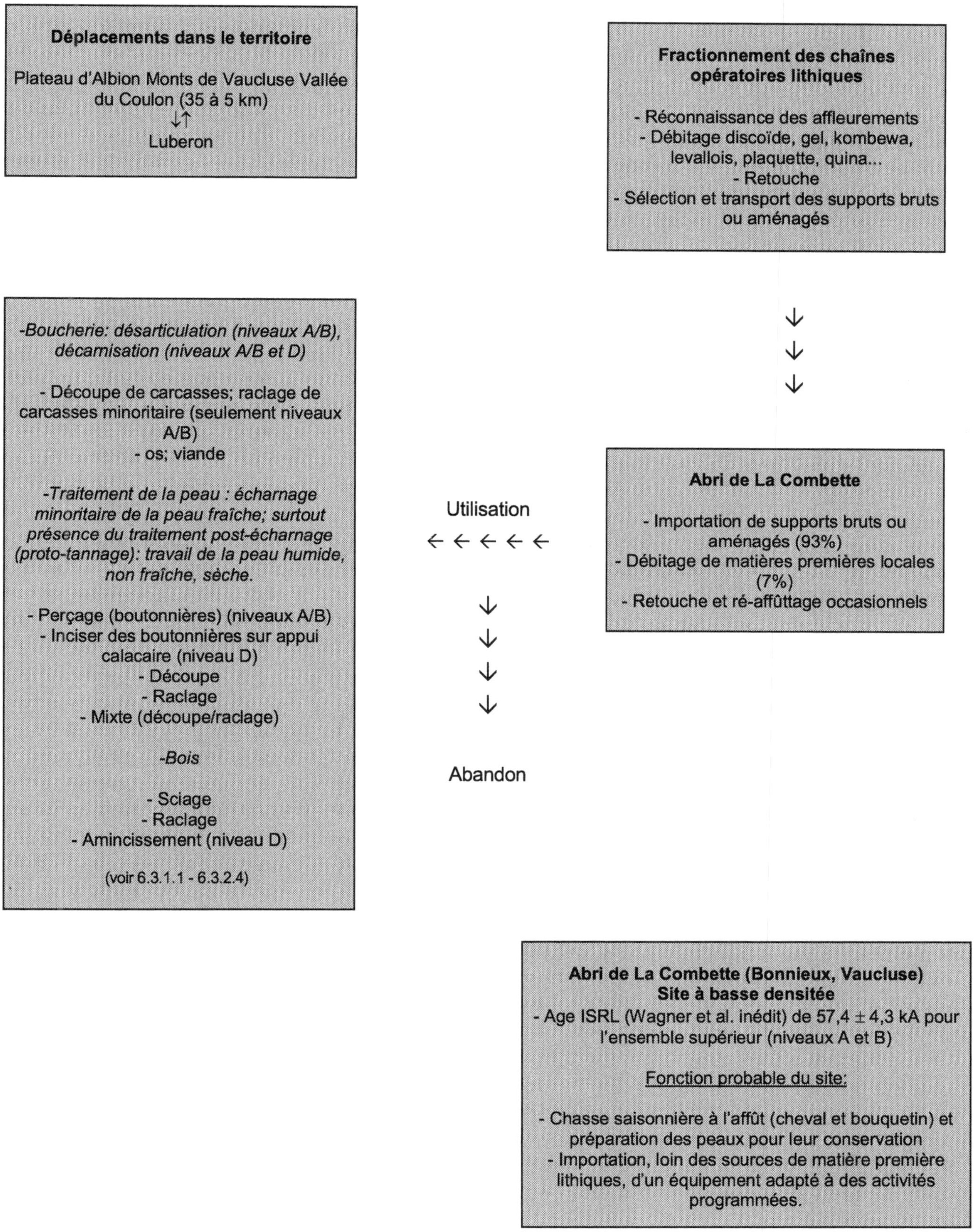

Déplacements dans le territoire

Plateau d'Albion Monts de Vaucluse Vallée du Coulon (35 à 5 km)
↓↑
Luberon

Fractionnement des chaînes opératoires lithiques

- Réconnaissance des affleurements
- Débitage discoïde, gel, kombewa, levallois, plaquette, quina...
- Retouche
- Sélection et transport des supports bruts ou aménagés

↓
↓
↓

Abri de La Combette

- Importation de supports bruts ou aménagés (93%)
- Débitage de matières premières locales (7%)
- Retouche et ré-affûttage occasionnels

Utilisation
← ← ← ← ←

-Boucherie: désarticulation (niveaux A/B), décarnisation (niveaux A/B et D)

- Découpe de carcasses; raclage de carcasses minoritaire (seulement niveaux A/B)
- os; viande

-Traitement de la peau : écharnage minoritaire de la peau fraîche; surtout présence du traitement post-écharnage (proto-tannage): travail de la peau humide, non fraîche, sèche.

- Perçage (boutonnières) (niveaux A/B)
- Inciser des boutonnières sur appui calacaire (niveau D)
- Découpe
- Raclage
- Mixte (découpe/raclage)

-Bois

- Sciage
- Raclage
- Amincissement (niveau D)

(voir 6.3.1.1 - 6.3.2.4)

↓
↓
↓
↓

Abandon

Abri de La Combette (Bonnieux, Vaucluse)
Site à basse densitée

- Age ISRL (Wagner et al. inédit) de 57,4 ± 4,3 kA pour l'ensemble supérieur (niveaux A et B)

<u>Fonction probable du site:</u>

- Chasse saisonnière à l'affût (cheval et bouquetin) et préparation des peaux pour leur conservation
- Importation, loin des sources de matière première lithiques, d'un équipement adapté à des activités programmées.

Fig. 43 La Combette: hypothèse d'utilisation du site. Schéma élaboré à partir d'un schéma proposé par P.-J. Texier.

de se procurer de la nourriture (confronter avec les discussions à 5.2.2, 5.2.4, 5.2.6 pour le contexte de Grotta Breuil).

Les peaux des animaux tués étaient traitées sur place (voir 6.3.2.3 et *tableau* 46), écharnage compris. Néanmoins l'écharnage ne constitue pas l'étape la plus représentée. Cela permet de supposer que cette première étape du processus de conservation a pu être partiellement effectuée sur les lieux de chasse. Les étapes du proto-tannage, accomplies sous l'abri, paraissent avoir été assez diversifiées aussi bien d'après ce que nous savons de l'état des peaux traitées que de l'action exercée sur ce matériau par les différents outils utilisés. L'articulation entre les différentes étapes identifiées par l'analyse techno-fonctionnelle, semble bien confirmer le déroulement d'activités orientées vers la production par proto-tannage, de cuirs d'une certaine qualité. Cependant, il faut souligner qu'il devait s'agir dans les niveaux supérieurs, de processus moins élaborés que ceux mis en jeu dans les fréquentations les plus anciennes où la variété des étapes paraît encore plus ample. A côté de la boucherie et du traitement des peaux, on retrouve également le travail du bois végétal (voir 6.3.2.1 et *tableau* 46) et du bois de cervidé pour la création d'une petite quantité d'objets. Cependant, compte tenu de la faible quantité d'objets concernés et de la faible diversification des actions imputées à ces matières d'oeuvre, ces activités semblent avoir été tout à fait occasionnelles. Cela pourrait n'être également qu'une conséquence de l'importation, comme c'est le cas pour les outils de pierre, d'outils de bois déjà façonnés n'ayant alors fait l'objet que d'ajustements ou de réparations. Aucun vestige de bois de cervidé n'ayant été mis au jour dans les niveaux supérieurs où les restes osseux sont par ailleurs conservés, on peut supposer que ces matériaux ont été emportés hors de l'abri.

La morphologie des tranchants des outils utilisés par les Néandertaliens de La Combette pour réaliser les activités les mieux représentées (tannage des peaux, travail du bois, boucherie), semble obéir à des critères de standardisation assez précis. Plus exactement, nous avons pu mettre en évidence l'existence d'une combinaison d'attributs morphologiques propres à chacune de ces activités (voir 6.3.1.5 et *tableaux* 42-45). Cette distinction peut se faire à une échelle encore plus fine, au niveau des étapes d'une même activité, comme celle du traitement des peaux. Ces dernières considérations trouvent leur correspondance dans les résultats de l'expérimentation (voir 3.2) qui ont souligné la nécessité qu'il y avait à prévoir avec soin la morphologie des tranchants à utiliser pour mener à bonne fin l'opération de tannage à effectuer. En conclusion, il s'agit d'un choix attentif visant à obtenir l'efficacité des tranchants à utiliser pour une tâche bien précise. Ceci est attesté dans ce contexte, par une longévité fonctionnelle n'impliquant pratiquement aucun ré-affûtage. Ajoutons qu'à la longévité des tranchants, les Néandertaliens de La Combette ont parfois obtenus des pièces d'une grande longévité. De très longs périmètres tranchants susceptibles de faire face, par exemple, à plusieurs étapes du processus de tannage, y ont été aménagés.

Sur ce point, la Combette s'avère donc être un site exceptionnel en ceci qu'à notre connaissance, jamais un tel niveau de résolution n'a pu être atteint dans l'étude fonctionnelle d'un ensemble lithique du Paléolithique moyen, pour décrire les différentes étapes et le fractionnement d'une chaînes opératoire de traitement d'un matériau organique. Les particularités morphologiques des tranchants utilisés pour le travail du bois ou pour celui de la peau, ont été obtenues par le biais de la retouche qui a donc une importance fondamentale pour la caractérisation fonctionnelle des supports. L'analyse technologique a souligné qu'un nombre relativement important de supports avait été retouché avant d'arriver sous l'abri où ils étaient presque exclusivement destinés au travail du bois et de la peau. Des blocs de bon silex trouvés en plusieurs points jalonnant la route vers l'abri, ont été exploités afin d'obtenir des tranchants dont la morphologie répondait aux exigences d'activités devant se dérouler en un autre lieu. La technique de retouche mise en oeuvre permettait de diversifier ou au contraire, de standardiser à la demande la morphologie des tranchants des supports travaillés. De ce point de vue, le support a une importance fonctionnelle minime qui se limite à ses dimensions. Les grands supports étaient particulièrement privilégiés, probablement parce qu'on pouvait créer des zones tranchantes diversifiées sur une même pièce. Outre une meilleure aptitude de la matière première sous-corticale à la retouche (Texier *et alii* 1994), la surface rugueuse du cortex a pu influer sur le choix d'éclats corticaux, de préférence à d'autres, car ils permettent une préhension durable particulièrement pendant l'exploitation des matières animales qui rendent les pièces glissantes. A contrario, il y a aussi quelques exemples de préhension au moyen d'un manche, de pièces utilisées pour travailler la peau après écharnage. Les indices d'emmanchement sont alors en combinaison avec des tranchants fortement ré-affûtés. Ceci permet de supposer que cette maintenance de la pièce a été nécessaire pour faire face au long travail de raclage des peaux, qui provoque une usure rapide du bord actif.

7 DISCUSSION

Les nouvelles données touchant au comportement l'Homme de Néandertal mises en lumière au cours de cette étude, sont résumées ici. Elles sont enrichies des conclusions que d'autres auteurs ont pu tirer des observations qu'ils ont pu faire sous des perspectives différentes. Les données obtenues sont en particulier à celles disponibles dans la littérature comme relevant du comportement de l'Homme anatomiquement moderne.

7.1 Les stratégies de subsistance

Cette étude, m'a amenée à faire un certain nombre d'observations. Bien qu'étroitement conditionnées par le degré de lisibilité du contexte de référence (voir, à ce propos, *1.2*), les déductions que l'on peut faire, montrent que les traces d'usage sont en tout état de causes un fort stimulant pour l'élaboration d'un large éventail d'interprétations (voir, à ce propos, *5.7*). "Les matières travaillées et les actions faites" ont notamment un potentiel interprétatif qui n'est pas subordonné à celui d'autres domaines de recherche. En d'autres mots, l'analyse fonctionnelle n'est pas seulement un moyen pour aider à préciser les données de la zooarchéologie, de la technologie et d'autres domaines de recherche (voir *1.1*), mais elle est aussi par elle même, un moyen d'interprétation original et autonome.

Les résultats les plus significatifs obtenus à Grotta Breuil (*5.2.2, 5.2.4, 5.2.6, 5.2.7*) en termes de modalités de subsistance, suggéreraient de brèves fréquentations de la grotte, spécialisées ou non, laissant supposer une certaine mobilité des groupes humaines dans leur territoire. Ces considérations s'adaptent assez bien au modèle de groupes de cueilleurs néandertaliens se déplacent en exploitant les ressources du milieu. Ce modèle proposé dans les études actuelles (Gamble 1993; Stringer/Gamble 1993), et a été notamment appliqué dans une publication récente (Kuhn 1995) au contexte archéologique du Latium côtier - dont fait partie le Mont Circé. Cet auteur propose des schémas de mobilité résidentielle étroitement conditionnés par les changements du milieu en termes d'approvisionnement en matière première et de changements du territoire situé devant les sites, en raison des fluctuations du niveau de la mer. Au cours des longues périodes chronologiques correspondant aux sites intensément occupés du Latium côtier, il paraît justifié de supposer que de tels changements ont eu lieu et auraient conditionné - nous ne savons cependant pas jusqu'à quel degré - le comportement des Néandertaliens. Il faut souligner à ce propos que la prévision fonctionnelle à court terme des supports débités sur place (voir *5.2.4* et *5.2.6*), suggérerait une certaine facilité et richesse d'approvisionnement en matière première locale durant les fréquentations les plus récentes de Grotta Breuil. Le gaspillage assez important en matière première observé dans la production des supports utiles pendant les fréquentations les plus anciennes (voir *5.2.2*), pourrait partiellement trouver sa justification dans un approvisionnement relativement aisé en petits galets locaux.

Dans les niveaux supérieurs de La Combette en revanche, la rareté, le module et la qualité moyenne de la matière première locale ainsi que la présence connue de bon silex le long du trajet N/S vers le site (Texier 1994; Texier *et alii* 1996) imposaient une prévision à long terme impliquant la production d'un certain nombre de supports appropriés aux projets, avant même d'arriver au site. Aucune chaîne opératoire n'ayant été privilégiée de préférence à une autre, la retouche a constitué un moyen de contrôle de la morphologie des tranchants des pièces, tout à fait indépendant des méthodes de taille (voir *6.3.1.5*). Les différentes techniques (modes de percussion et/ou gestuelles) mises en oeuvre pour la retouche ont ainsi permis d'aménager à l'avance, un certain nombre de tranchants d'outils, utilisés par la suite sous l'abri pour des tâches précises. Il n'est pas possible en revanche, d'établir si cette prédétermination fonctionnelle est la manifestation d'une tradition technique. S'agissait-il de recueillir ou de débiter le long de la route vers l'abri, des supports adaptés à un projet précis plutôt que s'alourdir de nucléus à tailler sur place (avec les aléas que cela comporte), ou bien la retouche était-elle seulement la réponse à des contraintes imposées par le milieu? Il n'en demeure pas moins, au delà des causes qui ont déterminé ces prises d'options, qu'il est évident que la pensée à l'origine de ces comportements, est parfaitement structurée et capable de trouver les solutions adaptées à la spécificité du milieu environnant. Ce milieu était, évidemment, propice à l'établissement d'un site spécialisé, en appui pour la chasse et plus particulièrement dédié aux activités liées aux processus de tannage des peaux des gibiers chassés. L'analyse fonctionnelle (voir *6.3.3*) confirme et précise que l'abri n'a connu à ce moment particulier, que de brèves fréquentations spécialisées. Ceci sous-entendrait l'existence d'autres campements en direction desquels les Néandertaliens se déplaçaient à l'issue des chasses en transportant les peaux traitées ou en cours de tannage et probablement aussi, de la viande stockée. La stratégie de subsistance serait donc liées à l'existence d'un campement de base et de sites spécialisés. Les Néandertaliens se seraient organisés dans ce contexte particulier pour exploiter une ressource à court terme (le passage des chevaux qui traversant le Luberon) (voir aussi *6.2*) en apportant sur place un outillage prêt à l'emploi. L'importation sur le site de pièces préalablement façonnées en vue d'une utilisation particulière peut être considérée un comportement de conservation à long terme (dans le sens que Thacker 1996 p.119, donne à la définition de conservation à long terme). Le stockage et la préparation de matériaux organiques (peaux) pour une consommation et une utilisation différée, correspondraient à des comportements similaires. Pour résumer, nous dirons que l'organisation qui transparaît à l'étude de ce site suggère des schémas de mobilité logistique. Quelles conclusions peut-on tirer de ces considérations-ci?

Les comportements suggérés par l'étude de La Combette paraissent aller au delà des schémas jusqu'à présent proposés par les groupes de chasseurs-cueilleurs Néandertaliens. L'hypothèse de l'existence de campements spécialisés et de campements de base rapproche leur comportement de celui l'Homme anatomiquement moderne. Des résultats semblables peuvent cependant être obtenus de sources différentes. Le comportement des Néandertaliens serait le résultat de l'interaction avec un milieu particulièrement favorable et stimulant, tel que le Vaucluse. *Au contraire*, pour l'Homme anatomiquement moderne, les comportements de mobilité logistique étaient conçus *a priori* comme une stratégie adaptative à appliquer à différents milieux, ce qui a permis d'exploiter aussi bien les milieux les plus défavorables.

7.2 Les activités

A ce niveau d'évaluation l'observation fonctionnelle met en lumière un certain nombre de différences entre les Néandertaliens et l'Homme anatomiquement moderne mais aussi des ressemblances de base.

Cette recherche a démontré que, au moins pour ce qui concerne le Paléolithique moyen final, les Néandertaliens avaient les capacités d'élaborer des activités structurées en différentes actions, plutôt prolongées dans le temps, réalisées avec des gestes précis et qui faisaient appel à des tranchants aux caractéristiques morphologiques particulières. Rappelons à ce l'articulation des étapes du traitement des peaux effectuées pendant les fréquentations les plus récentes de Grotta Breuil (voir *5.2.3.1* et *5.2.5.1*) et à La Combette (voir *6.3.1.3* et *6.3.2.3*). Il faut rappeler aussi le choix des morphologies des tranchants pour effectuer des actions différentes aussi bien en ce qui concerne le travail de la peau (couches 3, *5.2.5.1 la morphologie des tranchants associés*, et 6, *5.2.3.1 la morphologie des tranchants associés*, de Grotta Breuil et niveau D de La Combette, *6.3.1.5*) que le travail du bois (couche 3, *idem*, de Grotta Breuil et niveau D de La Combette, *idem*) et le travail de boucherie (couches 3 et 6 de Grotta Breuil, *idem* et niveau D de La Combette, *idem*).

Ce comportement témoignerait des mécanismes de planification visant à des buts spécifiques, comme la réalisation de tâches spécifiques et la production d'objets. Cela demandait un certain investissement en temps et en énergie. Un autre exemple sur ce sujet, est la confection de produits en bois, et peut-être, en os et en bois de cervidé, par une succession d'actions (sciage, rainurage, perçage, raclage) qui apparaît pendant les fréquentations les plus récentes de Grotta Breuil. Au contraire, on remarquera l'absence d'objets en os, en bois de cervidé, en ivoire, que de la production de projectiles, à l'aide de pièces lithiques. L'absence d'une production quantitativement et qualitativement importante d'objets obtenus à partir de ces matériaux est un argument qui fait autorité avec l'absence de manifestations artistiques. Cet argument a été utilisé pour marquer la distance entre les Néandertaliens et l'Homme anatomiquement moderne (Mellars 1989). L'étude fonctionnelle de Grotta Breuil et de La Combette, et les études fonctionnelles précédentes (Anderson-Gerfaud 1981; Beyries 1987; Shchelinskj 1993), confirment le défaut constant de ce type d'activité liée à la production de ces objets. On peut parfois observer une production éphémère d'objets en os et en bois de cervidé n'arrivant jamais au niveau de standardisation et d'élaboration que l'on constate à partir du Paléolithique supérieur. En ce qui concerne Grotta Breuil et La Combette, cette affirmation est basée sur le fait qu'il n'y a pas été fait de découverte de ce type sur le site et que les traces d'usage associées ne sont pas assez nombreuses et développées pour supporter l'hypothèse d'une production standardisée. Il y a une discordance indiscutable entre l'éventail de matières travaillées par les Néandertaliens et par les Hommes anatomiquement modernes, soulignant la diversité limitée de l'outillage qui, au Paléolithique moyen, est monopolisé par le bois et la pierre.

En ce qui concerne l'absence de projectiles, il faut souligner que des différences ont été déterminées entre les contextes du Proche Orient et les contextes de l'Europe. L'analyse fonctionnelle des gisements Levantins du Paléolithique moyen paraissent confirmer l'utilisation de pièces lithiques, des pointes Levallois ou moustériennes et des racloirs convergents, comme projectiles probablement insérés dans de longs affûts (Shea 1993). Cette évidence, contestée par des études récentes (Plisson/Beyiries 1999), montrerait que, du moins dans le Proche Orient, il y avait un bagage commun du point de vue des techniques de chasse basées sur l'utilisation d'armatures complexes. Le fait que les Néandertaliens et l'Homme anatomiquement moderne aient fréquenté en même temps ces lieux pendant une longue période ferait supposer que quelques formes d'influence réciproque pourraient avoir abouti à des solutions semblables du point de vue de la fabrication des outils employés pour la chasse. Les pointes en os et en bois de cervidé n'apparaissant toutefois qu'au commencement du Paléolithique supérieur. Il paraît difficilement compréhensible qu'il y ait si peu d'évidences de pièces lithiques utilisées comme projectiles en Europe. Ce déficit est confirmé par l'analyse des couches de Grotta Breuil et de La Combette où on n'a retrouvé aucun témoignage de ce type. Cela ne signifie pas qu'en Europe, les Néandertaliens possédaient des techniques de chasse peu élaborées. Durant des moments récents du Paléolithique moyen, les données de l'analyse zooarchéologique, ont mis en évidence, aussi bien en ce qui concerne les Néandertaliens (Chase, 1989; Farizy/David 1989; Patou 1989; Stiner 1994), une exploitation du gibier supposant l'élaboration de techniques de chasse spécialisées. Néanmoins, même en connaissant des techniques d'emmanchement les Néandertaliens n'utilisaient pas les projectiles. A Grotta Breuil, la méthode "protolaminaire" de taille permettait de produire des supports suffisamment standardisés pour créer des armatures dont nous n'avons cependant aucun témoignage. L'inclination limitée, au niveau conceptuel, des Néandertaliens à élaborer des outils composés (voir, à ce propos, *7.4*) pourrait être l'une des raisons de l'utilisation de simples affûts en bois. Leur présence a été confirmée par une découverte récente en Allemagne de huit épieux de 2m40 de long (Thieme 1997). Cependant, on pourrait suggérer, au niveau purement spéculatif, d'autres explications. L'absence de projectiles en pierre ou en d'autres matières, pourrait signifier un investissement plus réduit des Néandertaliens dans l'activité de chasse comme suggéreraient certains auteurs (Chase 1990; Mellars 1989).

Au contraire, au commencement du Paléolithique supérieur, cette activité pourrait avoir acquis une plus grande importance en tant que moyen pour établir des rapports à l'intérieur et à l'extérieur du groupe, comme, par exemple, dans les rapports de réciprocité observés dans des groupes de chasseurs actuels (Haikes 1993) afin d'obtenir des bénéfices sociaux à long terme (prestige social, alliances, augmentation des possibilités reproductives). L'importance du succès de la chasse auraient poussé l'Homme anatomiquement moderne à créer des projectiles plus fonctionnels. Dans ce but, il aurait été favorisé par le fait qu'il pouvait contrôler étroitement la morphologie des supports lithiques et par sa capacité à élaborer des manches et à produire des outils multiples appropriés à une meilleure prise de précision par rapport à celle des Néandertaliens (Churchill *et alii* 1996).

7.3 La conception de l'outil

Au Paléolithique supérieur le rôle acquis par l'emmanchement et par l'utilisation de composants multiples en tant que tranchants, détache l'outil du rapport étroit avec les caractéristiques morphologiques du support lithique qui devient une partie de l'outil et non l'outil lui même. Au Paléolithique moyen le support coïncide avec l'outil et est conçu comme la somme de plusieurs zones fonctionnelles. Celles-ci peuvent être créées pour des fonctions spécifiques (travail de la peau à La Combette), ou encore, pour satisfaire l'exécution d'un éventail de fonctions (supports lithiques des couches 6 et 3 de Grotta Breuil) à l'aide de tranchants dont la morphologie varie dans des limites précises qui en garantissaient le potentiel fonctionnel. Un exemple de cette conception est l'utilisation, à La Combette, de grands supports corticaux dont la préhension manuelle était optimale (cela a été vérifié expérimentalement, voir *3.1*) et où une retouche soigneuse permettait d'obtenir plusieurs zones fonctionnelles, dont chacune était adaptée à des étapes spécifiques de la chaîne opératoire du traitement de la peau (voir *6.3.1.3, 6.3.1.5, 6.3.2.3*). Ces observations suggèrent que les Néandertaliens avaient une vision mentale de l'objet se subdivisant en une unité (le support) et en sous-unités (les zones fonctionnelles) pouvant éventuellement avoir un rapport avec un manche. L'Homme anatomiquement moderne aurait plutôt eu une vision de l'outil en deux sous-unités paritaires (le support et le manche) constituant une unité articulée (l'outil). Cela ne signifie par que les Néandertaliens n'emmanchaient pas leurs supports. On dispose de témoignages d'emmanchement se rapportant à des étapes du tannage de la peau à la Combette (Texier *et alii* 1994; voir aussi *6.3.1.5, figs. 37-38*) et à l'écharnage à Grotta Breuil (voir *5.2.1.4* et *5.2.5.4*, (voir *5.2.1.4* et *5.2.5.4*) ainsi que d'autres témoignages dans des sites MTA français (Anderson-Gerfaud/Helmar 1987; Anderson-Gerfaud 1990; Beyries 1988) et des sites de la Plaine Russe (Shchelinskij 1993) se rapportant surtout au travail du bois. La conception du support n'est cependant pas intimement associée à l'existence d'un manche comme au Paléolithique supérieur où la morphologie de pièces est souvent fonction de leur mode d'emmanchement. L'importance du rapport pièce-manche est directement proportionnelle à la diminution de variabilité fonctionnelle de l'outil qui acquiert des caractéristiques de plus en plus spécialisées pour une certaine action sur une certaine matière exécutée par une zone tranchante spécifique. Pour résumer, on peut affirmer que les Néandertaliens paraissent concentrer sur le support, aussi bien le contact de préhension entre la main et l'outil que le contact entre le tranchant et la matière travaillée (voir, à ce propos, les propositions de l'étude techno-fonctionnelle de Lepot 1992-1993). On pourrait de plus supposer, et ceci sur un plan purement spéculatif (il n'y a pas, pour le moment, de données tracéologiques pour soutenir cette hypothèse), que ces zones de contact pouvaient être interchangeables. Tandis que l'Homme anatomiquement moderne préfère l'autonomie du contact de préhension, qui est de plus en plus concentrée sur un manche, et du contact transformatif, qui est concentré sur la pièce lithique. Ces contacts ne pouvaient pas être interchangeables.

D'après les données de l'analyse fonctionnelle, la vision du support-outil plutôt que de l'outil support-manche ne paraît pas avoir de répercussions limitatives au niveau de la spécialisation des activités, excepté dans les cas où ces limitations dérivent directement des caractéristiques morphologiques du support. Pour donner un exemple à partir des contextes étudiés, à Grotta Breuil les dimensions réduites des supports limitaient considérablement le nombre et les dimensions des zones fonctionnelles à utiliser (voir, à ce propos, Grimaldi/Lemorini 1993). Ces limitations n'ont pas été surmontées par la création d'outils emmanchés dont la présence est sporadique, tandis que la préhension paraît avoir toujours été privilégiée (voir *5.2.1.4, 5.2.3.4, 5.2.5.4*). De études récentes ont mis en évidence la présence d'un petit pourcentage de silex "exotiques" dans les couches supérieures de Grotta Breuil (Kuhn 1995), à partir desquels auraient été produits les supports de plus grandes dimensions. Une vérification de cette proposition est possible par l'étude des sources de matière première. Elle montre les Néandertaliens ne recherchaient pas systématiquement hors de leur territoire du Circé, directement ou au moyen d'échanges, des blocs matières premières de module plus important, pour obtenir des supports aux potentiel fonctionnel plus élevé.

7.4 Technologie et fonction

Ce qui fait la différence entre le débitage du Paléolithique supérieur et celui du Paléolithique moyen est la qualité et la quantité des supports produits (voir, à ce propos, Manzi/ Grimaldi/Destro-Bisol 1994). Dans le premier cas, les méthodes de taille mises en oeuvre sont orientées vers la production de supports très standardisés, exploitant au maximum le volume du nucléus à débiter. Tout en sous-entendant une conception volumétrique du débitage différente de celle que pouvaient avoir les Néandertaliens, ce type de production vise à obtenir des supports dont la morphologie est particulièrement bien contrôlée et adaptable et réadaptable à un manche, ce qui conduit à un outillage très spécifique. Dans le second cas, les méthodes de taille très variées que l'on peut rencontrer, bien que basées sur des conceptions volumétriques aux bases communes, mènent à la production de supports ayant des caractéristiques morphologiques assez différentes d'un contexte à l'autre. Ce constat pourrait trouver sa justification dans le fait qu'il était nécessaire pour les Néandertaliens d'obtenir le plus grand nombre possible de zones fonctionnelles pour chaque pièce, tout en s'adaptant aux contraintes de la matière première (Grimaldi/Lemorini 1995).

Grotta Breuil et la Combette permettent de bien montrer cette variabilité des comportements technologiques examinés d'un point de vue fonctionnel. En ce qui concerne Grotta Breuil, on peut metttre en évidence une véritable progression du caractère fonctionnel de supports obtenus par une correction progressive des méthodes de taille. Ainsi débute t'on par une méthode de débitage fondamentalement centripète ne permettant pas une exploitation optimale des galets de silex (Bietti/Grimaldi 1993 et *5.1.2*) et aboutissant à la production de supports ayant un potentiel fonctionnel bas dont une grande partie est, dès le commencement, écartée (voir *5.2.1.2*). Dans cette situation la retouche intervient comme un moyen efficace pour étendre les zones utilisables de la pièce et pour maintenir "en vie" le plus longtemps possible des supports fonctionnels. Pendant les phases finales de fréquentation du site la mise en de chaînes opératoires uni- et bipolaires limitent les erreurs de taille et permettent une meilleure exploitation de la matière première (Bietti/Grimaldi 1993; Grimaldi 1995 et *5.1.2*). Ce comportement technique autorise la production de supports longs dont l'écart fonctionnel est faible (voir *5.2.3.2* et *5.2.5.2*). Ces supports présentent un grand nombre de tranchants potentiels aux caractéristiques morphologiques (morphologie du tranchant, angle du taillant) permettant leur utilisation à un plus large éventail d'actions sans l'intervention de la retouche. Celle-ci acquiert, dans ce contexte, la fonction de ravivage épisodique.

Dans les niveaux supérieur de la Combette Au contraire, l'investissement technique au niveau du débitage est peu important. La possibilité d'obtenir de grands supports, débités ou recueillis dans la nature (éclats de gel), permettait la mise en oeuvre de techniques de retouche sophistiquées. C'est surtout par la retouche que l'on produisait des zones fonctionnelles dont, on pouvait contrôler avec précision les caractéristiques morphologiques (voir *6.3.1.5* et *6.3.3*). Il est intéressant de souligner que, si l'activité à accomplir ne faisait pas appel à des tranchants très spécifiques, on utilisait de préférence des tranchants bruts de retouche. Des tranchants généralement très affûtés étaient par exemple requis (voir *6.3.1.5*) dans les activités de boucherie. Au contraire, il était nécessaire pour le traitement des peaux aussi bien que pour le travail des objets en bois, de disposer de tranchants présentant des caractéristiques morphologiques précises. La retouche était alors utilisée pour aboutir à certaines morphologies du tranchant plutôt qu'à un angle de taillant plus petit ou plus grand selon les actions à accomplir. A Grotta Breuil, la retouche a eu une fonction identique bien que le petit module des supports n'aie pas permis une utilisation optimale du potentiel de la retouche. On a pu observer l'application d'une retouche mince et envahissante (Grimaldi/ Lemorini 1993) pour obtenir aussi bien des tranchants coupants ou adaptés à des actions transversales que pour maintenir les caractéristiques du tranchant d'origine et pour accomplir ou pour poursuivre le même type de travail.

Pour conclure, nous dirons que les Néandertaliens géraient le potentiel fonctionnel de leurs outils en faisant varier et en combinant les méthodes de débitage et des techniques de retouche. Cela témoigne d'une souplesse d'adaptation au niveau mental qui leur permettait d'imaginer des solutions sophistiquées, adaptées aux problèmes spécifiques du contexte. Cette souplesse conceptuelle leur permettait également de s'adapter aux caractéristiques physiques de la matière première tandis que l'Homme anatomiquement moderne a surmonté ce problème par le biais de méthodes de débitage laminaires en utilisant ses capacités mentales à un autre niveau.

La tendance des Néandertaliens a fragmenter le support du point de vue fonctionnel et à le concevoir également comme un outil spécialisé dédié à une fonction déterminée pourrait être responsable de l'absence de production d'objets hautement spécialisés en os, en bois de cervidé, en ivoire et d'une manière générale, d'armatures de projectile.

7.5 Typologie et fonction

L'absence de caractéristiques fonctionnelles précises associées aux types du Paléolithique moyen est un problème qui a été soulevé d'une manière que l'on peut qualifier de diffuse par les études tracéologiques effectuées jusqu'à présent (Anderson 1980; Beyries 1987; Lemorini 1996), et qui a été confirmé par les données obtenues au cours de cette recherche (voir *5.2.1.3; 5.2.3.3; 5.2.5.3*). Cette "anarchie" fonctionnelle est justifiée par le fait que la typologie est une classification univoque de certaines morphologies découlant de la combinaison de plusieurs variables: la matière première utilisée, les méthodes de débitage et de retouche mises en oeuvre, les finalités fonctionnelles de la pièce. Ces variables changent selon le contexte et suggérant des comportements différents liées à des processus spécifiques d'adaptation au milieu (voir, à ce propos, *chapitre 8*). Les pointes moustériennes ou Levallois et les racloirs convergents auraient été surtout utilisés comme projectiles au Levant (Shea 1993), mais il s'agit d'une hypothèse critiquée par des études récentes (Plisson/Beyries 1999), comme couteaux de boucherie dans des sites de l'Arménie (Kazaryan 1993), comme racloirs pour le travail du bois dans le site en plein air de Biâche-Saint-Vaast, en France (Beyries 1988). A mon avis, la morphologie potentiellement polyfonctionnelle (Lemorini 1996) est leur vrai dénominateur commun, car, ayant une zone pointue associée à des zones tranchantes latérales, ces pièces peuvent être adaptées à une panoplie d'actions différentes. En revanche, pour ce qui concerne les autres types, il est nécessaire de décomposer leurs caractéristiques morphologiques pour identifier un dénominateur commun. Ainsi, la spécificité des racloirs peut avoir ses racines dans les connotations fonctionnelles que la retouche donne à leurs tranchants. Le façonnage permet selon le cas à ces types de s'adapter mieux à des actions transversales de raclage ou, Au contraire, à des actions longitudinales de coupe et d'amincissement tandis que les couteaux à dos trouvent leur justification dans l'unicité de leur tranchant coupant. Du point de vue fonctionnel, cette caractéristique les rend parfaitement assimilables à plusieurs supports bruts de retouche. Enfin, les éclats retouchés (types 45-50 de la typologie de Bordes) trouvent leur spécificité dans une retouche mince et envahissante qui permet de maintenir les caractéristiques coupantes du tranchant originel.

Pour conclure, la lecture synthétique de l'outil du point de vue de la typologie peut induire en erreur si elle est utilisée dans un but qui est différent d'une simple classification (voir aussi, à ce propos, Lepot 1993, 14-15). Elle exprime en effet une logique contraire à celle que les Néandertaliens auraient appliquée à leurs outils, conçus comme un ensemble de parties distinctes ayant chacune ses propres caractéristiques. Cela ne signifie qu'on ne peut pas retrouver des constantes fonctionnelles au niveau de quelques groupes de types (voir, Lemorini 1996). Il s'agit, cependant, de constantes fonctionnelles se situant au niveau de zones fonctionnelles plutôt qu'au niveau de l'outil. Si l'on suit ce raisonnement et compte-tenu de ces limitations, la structuration de la méthode typologique pourrait mieux fonctionner au niveau interprétatif que pour les industries du Paléolithique supérieur (Juel Jensen 1988). Dans ce contexte, les connotations fonctionnelles de certains outils se rapportant à des morphologies distinctes dont on peut plus aisément effectuer la classification, deviennent de plus en plus spécifiques.

8 CONCLUSIONS

Au fil des discussions suscitées par cette recherche (*5.2.2, 5.2.4, 5.2.6, 6.3.3, 7*) et en m'appuyant sur les résultats de l'analyse fonctionnelle, j'ai cherché à argumenter les processus prévisionnels qui transparaissent dans ce que nous pouvons savoir du comportement des Néandertaliens. En faisant une lectures des données tracéologiques en termes d'anticipation de l'efficacité du tranchant, d'anticipation du pouvoir fonctionnel du support, d'anticipation de la production de l'objet (voir *1.1 LES PROCESSUS DE PREVISION*), il est possible de faire ressortir de manière très nette une planification fonctionnelle de ces objets et d'y distinguer différents degrés de développement. Ainsi, associés aux premières fréquentations de Grotta Breuil (voir *5.2.2*), des processus d'anticipation peu élaborés paraissent avoir été mis en place. Dans ce contexte, l'efficacité des tranchants utilisés, du pouvoir fonctionnel des supports et des actions à effectuer pour la production d'objets rudimentaires ne sont que très faiblement prédéterminées. Ce constat laisse plutôt supposer une succession rapide entre la formulation du projet (dans ce cas il s'agit de l'obtention d'un tranchant utilisable ou la production d'un objet) et son exécution. En faisant le parallèle avec un modèle de développement des capacités de planification basé sur l'évaluation du comportement enfantin (Parker/Milbrath 1993, 316-317), la contiguïté fonctionnelle entre la formulation du projet et son exécution (*planning of action*, selon le modèle proposé) pourrait être l'indice d'un manque de planification délibérée qui se limiterait au contraire à une réponse immédiate aux contraints venant de l'extérieur.

Au contraire, pendant des phases récentes du Paléolithique moyen aussi bien à Grotta Breuil (voir *5.2.4*, *5.2.6*) qu'à La Combette (voir *6.3.3*) les processus de planification fonctionnelle paraissent changer et se développer. Le pouvoir fonctionnel des pièces se manifeste clairement par la standardisation des tranchants, par la taille des supports (à Grotta Breuil), par leur aménagement par retouche effectué préalablement à l'arrivée sur le lieu d'utilisation (La Combette). La qualité de certains produits (par exemple, les peaux) est elle-aussi prise en compte dans une succession d'actions précises comportant l'utilisation de tranchants de morphologie appropriée. Cette constatation témoigne de la capacité des Néandertaliens à imaginer des stratégies particulières dans un but spécifique, pouvant être accomplies dans l'immédiat (voir à ce propos *5.2.4* et *5.2.6*) ou dans des moments chronologiques différés (voir à ce propos *6.3.3*). En faisant un parallèle avec le modèle cité précédemment, ils obtiendraient, au moins dans des périodes récentes de leur évolution, une pleine conscience de la nécessité d'un projet, du processus de sa formulation, et de son exécution (*planning as a strategy*, selon le modèle proposé), ce qui les rapprocherait du comportement de l'Homme anatomiquement moderne.

Soulignons que l'analyse fonctionnelle permet d'identifier des caractères discriminants entre Néandertaliens et Homme anatomiquement moderne, durant la transition Paléolithique moyen-Paléolithique supérieur. Pour ce qui est en particulier de l'identification des processus mentaux, l'analyse fonctionnelle permettrait notamment de mettre en évidence une différence fondamentale entre les processus caractérisant respectivement les Néandertaliens et les Hommes anatomiquement moderne: les premiers auraient une structure mentale tournée vers une conception plus morcelée ou "analytique" de la réalité (l'outil est conçu comme une série de zones fonctionnelles interchangeables, assemblées sur un même support) tandis que les second en auraient une vision unificatrice ou "synthétique" (l'outil est cette fois-ci conçu comme un objet unique constitué par un support, un tranchant, un manche) (voir *7.3*). Ceci témoigne indirectement de différences plus importantes touchant à l'ensemble de la structuration cérébrale des Néandertaliens et des Hommes anatomiquement modernes. La conception néandertalienne de l'outil, auraient semble t-il, bien plus de points communs avec celle qu'en a eu *Homo heidelbergensis* (Rightmore 1998). La conception des bifaces produits par ce dernier va par exemple, plutôt dans le sens d'une série de zones fonctionnelles associées à un support unique, que dans celui d'un outil unique (Boëda 1994*b*; Lemorini 1994). Des témoignages d'une structure mentale différente pourraient indirectement conforter le modèle du réplacement, le *Out of Africa*, et aller à l'encontre du modèle évolutif multirégionale (*ME*) qui plaide en faveur d'un passage graduel entre les formes archaïques et l'Homme anatomiquement moderne dans différentes régions, par des mécanismes de flux génique (voir, pour une synthèse sur le sujet Manzi/Grimaldi/Destro-Bisol 1994, voir aussi, *chapitre 1, introduction à la recherche*).

De plus, ces différences de conception fonctionnelle ne paraissent pas conforter l'idée d'une discontinuité minimale entre les Anciens du Paléolithique Moyen et les Modernes du Paléolithique Supérieur qui, selon une théorie récente (*Mode 3 theory*, voir Foley/Lahr 1997), auraient eu de fortes affinités biologiques venant d'un substratum technologiques *commun*, le *Mode 3 sensu lato*.

De l'avis général, les similitudes de comportement identifiées dans les deux groupes d'hominidés (méthodes avancées de subsistance, exécution d'activités spécialisées comportant une division du travail à l'intérieur du groupe etc., production de supports proto-laminaires) pourraient s'accorder avec ces affinités biologiques. Cependant, il pourrait s'agir d'une convergence de comportement présentant des caractéristiques spécifiques pour chacun des deux groupes d'hominidés: les méthodes de taille adoptées ou les solutions choisies pour caractériser les outils du point de vue fonctionnel en seraient un exemple.

Nous dirons pour résumer que nous pensons que notre recherche a contribué à montrer qu'au Paléolithique moyen final, les Néandertaliens étaient capables de comportements aussi diversifiés que complexes. Sur le plan purement spéculatif elle suggère cependant que leur aptitude à projeter la réalité de façon "analytique" (dans la mesure ou la perception de l'outil pouvait s'étendre au niveau de la perception de la réalité) aurait pu faire la différence avec les Hommes anatomiquement modernes. La propension affirmée à la synthèse et à la spécialisation de ces derniers, aurait pu faciliter la production de schémas de classification globale de la réalité (Klein 1991). Combinés avec les procédés analogiques, ceux-ci auraient pu amplifier leurs capacités cognitives, augmentant ainsi le potentiel adaptatif de l'Homme anatomiquement moderne par rapport à celui des Néandertaliens. Toutefois ces argumentations sont purement spéculatives et demandent donc à être confirmées par d'autres recherches. Notre démarche est avant tout de suggérer qu'une approche de la question n'est possible que si l'on garde toujours à l'esprit que les Néandertaliens possédaient une intelligence aux caractéristiques propres.

En comparant des groupes humains à la structure mentale apparemment très semblable, comme lors de la transition Paléolithique moyen-Paléolithique supérieur, on doit partir du principe que l'on va étudier des témoignages laissés par des formes d'intelligence différentes. Si l'on veut les décoder de l'intérieur et les comparer sans chercher à identifier des indices de supériorité et d'infériorité, on pourra trouver les causes qui ont mené l'Homme anatomiquement moderne au succès adaptatif. Celui-ci vient de la combinaison et de l'influence réciproque de plusieurs facteurs responsables de l'événement spécifique qui se produit dans tous les processus historiques.

La question de la variabilité au Paléolithique moyen est un autre sujet à propos duquel les résultats de cette recherche pourront initier de nouvelles discussions. Je préfère ne pas parler de "variabilité au Moustérien" car cette formulation se rapporte à une perspective limitée à la situation Européenne. Le vrai sujet de discussion réside au contraire dans l'identification des méthodes pour approcher la totalité des témoignages laissés par l'Homme de Néandertal.

J'ai précédemment insisté sur le fait que la typologie ne peut être un instrument d'évaluation de ces contextes (voir *7.5*). Au Paléolithique supérieur la spécificité des attributs fonctionnels, technologiques, ou stylistiques, conditionne plusieurs morphologies d'outils permettant la reconnaissance aisée d'un type pouvant devenir un véritable marqueur culturel. Au Paléolithique moyen au contraire, une même morphologie d'outil est le produit de plusieurs variables dont on doit reconnaître, cas par cas , la variable dominante pouvant constituer la caractéristique typologique distinctive. Le petit nombre de types associés à un manque apparent de variabilité morphologique des outils, restitue la vision déformée d'une uniformisation culturelle des contextes Néandertaliens (Rolland 1990). Pour mieux étudier les changements et les persistances au Paléolithique moyen, on doit chercher les clefs de lecture dans le contexte, en évitant de rechercher une explication à l'aide de classifications imposées par l'extérieur. Ainsi, peut-on identifier les caractéristiques du comportement des groupes humains et les évaluer en termes de changements évolutifs et de réponses adaptatives au milieu. Grâce à ce type d'approche, on pourrait aborder correctement l'aspect le plus intriguant de ce type de recherche, à savoir l'identification de la variabilité des réponses adaptatives des Néandertaliens au milieu, c'est-à-dire l'identification de "l'argument par anomalie" (Gould/ Watson 1982).

L'analyse fonctionnelle contextuelle proposée dans cette recherche a permis d'identifier des variabilités *intra* sites et d'en donner des clefs de lecture. Grâce à l'interaction de ces données avec celles d'autres analyses, nous avons pu distinguer des variations temporelles dans le rapport de l'homme avec son milieu. Ces changements seraient associés à une amélioration des comportements adaptatifs (Grotta Breuil) et à des modifications dans les ressources à exploiter (Grotta Breuil et La Combette). Les études devraient montrer, derrière certaines différences, l'élaboration de réponses adaptatives se rapportant à des traditions comportementales distinctes des groupes Néandertaliens. Pour mieux étudier ce sujet il est nécessaire de faire ressortir les caractéristiques comportementales des hominidés du Paléolithique moyen avec un maximum de précision. Il faut pour cela que les différentes disciplines élargissent leur sphère d'intérêt tout en rassemblant leurs données aussi bien que leurs méthodologies, afin d'aboutir à une évaluation interdisciplinaire certainement plus complète et plus objective (voir, à ce propos, les commentaires en Lepot 1993), du contexte.

Cette étude a voulu démontrer le pouvoir interprétatif de l'analyse tracéologique appliquée aux contextes anciens. J'espère également avoir réussi à monter qu'une organisation interdisciplinaire de la recherche est indispensable à l'évaluation des liaisons entre nos Ancêtres et les racines de notre espèce.

BIBLIOGRAPHIE

Alhaique F., A. Bietti, S. Grimaldi, T. Kotsakis, S. Kuhn, C. Lemorini, G. Manzi, A. Recchi, H. P. Schwarcz 1996 Nuovi risultati sul musteriano finale di Grotta Breuil (S.Felice Circeo, Latina) In: C. Peretto/S. Milliken (Eds.), L'adattamento umano all'ambiente *(Documenti 2), 177-188.*

Alhaique F., C. Lemorini 1996 Butchering with stone tools: an experimental approach to use wear analysis and taphonomic studies of the archaeological material from Grotta Breuil In: A. Bietti/S. Grimaldi (Eds.), Reduction processes ("chaînes opératoires") for the European Mousterian, *(Quaternaria Nova VI), 393-412.*

Andersen H. H., H. J.Whitlow 1983 Wear traces and patination on Danish flint artifacts, Nuclear Instruments and Methods in Physics Research *218, 468-474.*

Anderson, P.C. 1980 A testimony of prehistoric tasks: diagnostic residues on stone tool working edges, World Archaeology *12, 181-194.*

Anderson-Gerfaud, P.C. 1981 Contribution méthodologique à l'analyse des microtraces d'utilisation sur les outils préhistoriques, *Bordeaux (thèse).*

Anderson, P.C. 1994 Reflection on the significance of two PPN typological classes in light of experimentation and microwear analysis: flint "sickles" and obsidian "Çayönü tools" In: H.G. Gebel/S.K. Kozlowski (Eds.), Neolithic Chipped Stone Industries of the Fertile Crescent, *Berlin, (SENEPSE 1), ex oriente, 61-82.*

Anderson-Gerfaud P., D. Helmer 1987 L'emmanchement au moustérien In: D. Stordeur (Ed.) La Main et l'Outil: Manche et Emmanchements Préhistoriques, Lyon (Travaux de la Maison de l'Orient 15), 37-54.

Astruc L., P.C. Anderson, V. Beugnier, S. Beyries, B. Gassin, J. Gonzales, J.J. Ibanez, H. Juel Jensen, A. van Gijn, A. Rodriguez, H. Plisson 1996 Etude fonctionnelle des outils de silex taillé mis en oeuvre pour la récolte et le traitement des végétaux, Thèmes de communication du CRA, *Valbonne.*

Bermudez de Castro J.M., E. Arsuaga, E. Carbonell, A. Rosas, I. Martinez, M. Mosquera 1997 A hominid from the Lower Pleistocene of Atapuerca, Spain: possible ancestor to Neandertals and Modern Humans, Science *276, 1382-1395.*

Beyries, S. 1987 Variabilité de l'industrie lithique au Moustérien, *Oxford (BAR Int.Ser., 328).*

Beyries, S. 1988 Etude tracéologique des racloirs du niveau IIA. In: A. Tuffreau/J. Sommé (Eds.), Le gisement paléolithique moyen de Biâche-Saint-Vaast (Pas-de-Calais), Volume 1, Mémoires de la Societé Préhistorique Française *21, 215-230.*

Beyries, S. 1990 Problems of interpreting the functional results for ancient periods. In: H. Knutsson, K. Knutsson, J. Taffinder (Eds.), The interpretative possibilities of microwear studies *(AUN 14), 71-76.*

Beyries S., E. Boëda 1983 Etude technologique et traces d'utilisation sur des "éclats débordants" de Corbehem (Pas de Calais), Bulletin de la Société Préhistorique Française *80, 275-279.*

Bietti A., S. Kuhn, A.G. Segre, M.C. Stiner 1990-1991 Grotta Breuil: a general introduction and stratigraphy In: A. Bietti/G. Manzi (Eds.) The fossil man of Monte Circeo. Fifty years of studies on the Neandertals in Latium, *Rome (Quaternaria Nova I), 305-324.*

Bietti A., S. Grimaldi 1990-1991 Patterns of reduction sequences at Grotta Breuil: statistical anlyses and comparisons of archaeological vs experimental data. In: A. Bietti/G. Manzi (Eds.) The fossil man of Monte Circeo. Fifty years of studies on the Neandertals in Latium, *Rome (Quaternaria Nova I), 379-406.*

Bietti A., S. Grimaldi 1993 Mousterian assemblages in central Italy: "cultural facies" or behavioral adaptations?, Quaternaria Nova *III, 21-38.*

Bietti A., S. Morganti, L. Zanello 1994 Image processing in the micro-wear analysis of polished flint artefacts: one tentative of quantifing texture proprieties, Methods in the Mountains, *Proceedings of U.E.S.P. IV, Commition IV, Mount Victoria, Australia 1993, J. Jhonson, Sidney.*

Binford, L.R. 1981 Bones: Ancient Men and Modern Myths, *Academic Press, New York.*

BINFORD L., S. BINFORD 1966 *A preliminary analysis of functional variability in the Mousterian and upper Paleolithic,* American Anthropologist *68, 236-295.*

BOËDA, E. *1994* Le concept Levallois. variabilitè des méthodes, *Paris (Monographies du CRA 9).*

BOËDA, E. *1994* Barbas 1994, rapports de fouille programmée, *Paris.*

BORDES, F. *1961* Typologie du Paléolithique Ancien et Moyen, *CNRS, Paris.*

BORDES F., D. *Sonneville-Bordes 1970 The significance of variability in Paleolithic assemblages,* World Archaeology *2, 61-73.*

BOURGUIGNON, L. *1992 Analyse du processus opératoire des coups de tranchant latéraux dans l'industrie Moustérienne de l'Abri du Musée (Les Eyzies-de-Tayac, Dordogne),* Paléo *4, 69-89.*

BRAMFORTH, D.B. *1986 Technological efficiency and tool curation,* American Antiquity *51 81), 38-50.*

BUNN H.T., L.E. BATRAM, E.M. KROLL *1988 Variability in bone assemblage formation from Hadza hunting, scavenging, and carcass processing,* Journal of Anthropological Archaeology *7, 412-457.*

CHASE, P.G. *1989 How different was Middle Palaeolithic subsistence? A zooarchaeological perspective on the Middle to Upper Paleolithic transition In: P. Mellars/C. Stringer (Eds.)* The Human Revolution. Behavioural and Biological Perspectives on the Origins of Moderns Humans, *Edinburgh University Press, 321-337.*

CHATTERS, J.C. *1987 Hunter-gatherer adapations and assemblage structure,* Journal of Anthropological Archaeology *6, 336-375.*

CHRISTENSEN M., P. WALTER *1991 Physico-chimie en tracéologie. Le cas des couteaux égyptiens,* La Pierre Préhistorique, *149-171.*

CHURCHILL S.E., A.H. WEAVER, W.A. NIEWOEHNER *1996, Late Pleistocene human technological and subsistence behaviour: functional interpretations of upper limb morphology In: A. Bietti/S. Grimaldi (Eds.)* Reduction processes ("chaînes opératoires*") for the European* Mousterian, *Rome, (Quaternaria Nova VI), 413-47.*

D'ARPINO, A. *1991* Indagine paleoambientale sui giacimenti wurmiani del Circeo: analisi preliminari, *Rome (thèse).*

DIBBLE, H.L. *1988 The interpretation of middle Palaeolithic scraper reduction patterns In: M. Otte (Ed.)* L'Homme de Néandertal, La Technique, *Liège (ERAUL 30, 4), 49-58.*

DIBBLE H.L., M.C. BERNARD *1980 A comparative study of basic edge angle measurement techniques,* American Antiquity *45, 4, 857-865.*

DUMONT, J.V. *1982 The quantification of microwear traces: a new use for interferometry,* World Archaeology *14, 206-217.*

EGLOFF, M. *1987 Emmanchements du Néolithique à l'Age du Bronze dans les palafittes d'Auvernier In: D. Stordeur (Ed.),* La main et l'outil: manches et emmanchements préhistoriques, *Lyon (Travaux de la Maison de l'Orient, 15), 229-245.*

FARIZY D., F. DAVID *1989 Chasse et alimentation carnée au Paléolithique moyen, l'aport des gisements de plein air In: M. Otte (Ed.)* L'Homme de Néandertal, La Subsistence, *Liège (ERAUL 30, 6), 59-62.*

FÉBLOT-AUGUSTIN, J. *1993 Mobility strategies in the Late Middle Palaeolithic of Central Europe and Western Europe: elements of stability and variability,* Journal of Anthropological Archaeology *12, 211-265.*

FISHER A., P.V. HANSEN, P. RASMUSSEN *1984 Macro and microwear traces on lithic projectile ponts. Experimental results and prehistoric samples,* Journal of Danish Archaeology *3, 19-46.*

FLENNIKEN J.J., J.C. HAGGERTY *1979 Trampling as an agency in the formation of edge damage,* North West Anthropological Research Notes *13, 208-214.*

FOLEY R., M. MIRAZÓN LAHR *1997 Mode 3 technologies and the evolution of Moderns Humans,* Cambridge Archaeological Journal *7, 3-36.*

FRAME, H. *1986 Microscopic use -wear traces In: P. Callow/ J.M. Cornford (Eds.),* La Cotte de St. Brelade 1961-1978, *Norwich, 353-362.*

GAMBLE, C. *1993* Timewalkers. The Prehistory of Global Colonization, *Penguin Books, London.*

GASSIN, B. *1996* Évolution socio-économique dans le Chasséen de la grotte de l'Église supérieure, *Valbonne (Monographies du CRA 17).*

GENESTE, J.-M. *1989 Economie des ressources lithiques dans le Mousterien du Sud-Ouest de la France In: M. Otte (Ed.)* L'Homme de Néandertal, La technique, *Liège (ERAUL 30, 4), 75-97.*

GENESTE J.-M., H. PLISSON *1996, Production et utilisation de l'outillage lithique dans le Moustérien du sud-ouest de la France: les Tares, à Sourzac, Vallé de l'Isle, Dordogne In: Bietti A./S. Grimaldi (Eds.),* Reduction processes ("chaînes opératoires*") for the European* Mousterian, *Rome, (Quatrenaria Nova VI), 343-67.*

GIJN, A.L. VAN *1986 Fishy polish, fact and fiction In: L.R. Owen/G. Unrath (Eds.),* Technical aspects of microwear on stone tools, *Tübingen, 13-28.*

GIJN, A.L. VAN *1989 A functional analysis of the Belvédère flints In: W. Roebroeks, From find scatters to early hominid behaviour. A study of Middle Paleolithic riverside settelements at Maastrich-Belvédère (The Netherlands),* Analecta Praehistorica Leidensia *21, 125-132.*

GIJN, A.L. VAN *1990 The wear and tear of flint. Principles of functional analysis applied to Dutch Neolithic assemblages,* Analecta Praehistorica Leidensia *22.*

Gould R.A., D.A. Koster, A.H.L. Sontz 1971 The lithic assemblages of the western desert Aborigines of Australia, American Antiquity *36, 149-169.*

Gould R.A., P.J. Watson 1982 A dialogue on the meaning and use of analogy in ethnoarchaeological reasoning, Journal of Anthropological Archaeology *1, 355-381.*

Grace, R. 1989 Interpreting the fonction of stone tools. The quantification et computerisation of microwear analysis, *Oxford (BAR Int. Ser., 474).*

Grimaldi S., 1995 Variabilità ambientale e concetto Levallois. Ipotesi di modelli comportamentali neandertaliani in Italia centrale attraverso lo studio tecnologico di alcune industrie litiche. Roma (thèse).

Grimaldi S., C. Lemorini 1993 Retouche spécialisée et/ou chaîne de ravivage? Les "racloirs" moustériens de la Grotta Breuil (Monte Circeo, Italie) In: P.C. Anderson/S. Beyries/M Otte/H. Plisson (Eds.) Traces et fonction: les gestes retrouvés, *(ERAUL 50,1), 67-78.*

Grimaldi S., C. Lemorini 1995 Technology and microwear: the predeterminated flakes of the Mousterian site of Grotta Breuil (Monte Circeo, Italy) In: H.L. Dibble/O. Bar-Yosef (Eds.) The Definition and Interpretation of Levallois Technology *(Monographs in World Archaeology 23), 143-155.*

Harlan, J. 1992 Wild grass seed harvesting and implication for domestication In: P.C. Anderson (Ed.) Préhistoire de l'Agriculture. Nouvelles approches expérimentales et ethnographiques, *Paris (Monographie du CRA 6), 21-28.*

Hawkes, K. 1993 Why hunter.gatherers work. An ancient version of the problem of public goods, Current Anthropology *34, 4, 341-361.*

Hayden, B. (Ed.) 1979 Lithic use-wear analysis, *New York, 133-135.*

Hayden, B. 1990 The right rub: hide working in high ranking households In: Bo Graslund (Ed.), The interpretative possibilities of microwear studies, *Uppsala (Aun 14), 89-102.*

Ingold, T. 1986 The appropriation of nature. Essays on human ecology and social relations, *Manchester University Press.*

Iovino, M. 1996 La funzione dell'ossidiana nei siti neolitici. die casi campione: Masseria Candelaro (FG) e Grotta dell'Uzzo (TP), Roma (thèse).

Juel Jensen, H. 1988 Functional analysis of prehistoric flint tools by high-powear microscopy: a review of West-European research, Journal of World Prehistory *2, 53-88.*

Kazaryan, H. 1993 Butchery knives in the Mousterian sites of Armenia In: P.C. Anderson/S.Beyries/M.Otte/H.Plisson (Eds.) Traces et fonction: les gestes retrouvés, *(ERAUL 50,1), 79-86.*

Keeley, L.H. 1980 Experimental determination of stone tool uses. A microwear analysis, *Chicago.*

Klein, S. 1991 The invention of computationally plausible knowledge systems in the Upper Palaeolithic In: R.A.Foley (Ed.) The Origins of Human Behaviour, *Unwin Hyman Ltd, London, 67-81.*

Knutsson H., K. Knutsson, J. Taffinder (Eds.) 1990 The interpretative possibilities of microwear studies *(AUN 14), 71-76.*

Krings M., A. Stone, R.W. Schmitz, H. Krainitzki, M Stoneking, S. Pääbo 1997 Neanderthal mtDNA sequences, Abstracts of Papers Presented at the Cold Spring Harbor Laboratory, *New York, 41.*

Kuhn S.L., 1995 Mousterian lithic technology. An ecological perspective, *Princeton, University Press.*

Lemorini C. 1994 Analyse tracéologique de la couche C'3 de Barbas (F). En: E.Boëda, Barbas 1994, rapports de fouille programmée, *100-111.*

Lemorini, C. 1996 Variabilité ou spécialisation fonctionnelle? Une révision du rapport entre forme et fonction au Moustérien, Analecta Praehistorica Leidensia *25, 17-24.*

Lemorini, C. 1999 Hide treatment in a Middle Palaeolithic site: use -wear analysis and experimental reconstruction of the chaînes opératoires *In:* Urgeschichtliche Materialhefte *14, Tübingen, 23-33.*

Lemorini C., P.-J. Texier 1994 Etudes fonctionnelle des industries lithiques, L'abri de La Combette, site paléolithique moyen à Bonnieux (Vaucluse). Rapport de fouille programmé 1989-1994, *29-32.*

Lemorini C., F. Alhaique 1996 L'analyse fonctionnelle rencontre l'analyse zooarcheologique: l'exemple de Grotta Breuil (Mont Circé, Italie), XIII UISPP Congress 1996, Workshops *6, 2, ABACO, Forlì, 1143-49.*

Lepot, M. 1992-1993 Approche techno-fonctionnelle de l'outillage lithique moustérien: essai de classification des parties actives en termes d'efficacité technique, *Paris X Nanterre, (mémoire de maîtrise).*

Levi-Sala, I. 1986 Use wear and post-depositional surface modification: a word of caution, Journal of Archaeological Science *13, 229-244.*

Levi-Sala, I. 1988 Processes of polish formation on flint tool surface In: S. Beyries (Ed.), Industries lithiques: tracéologie et technologie, *Oxford (BAR Int.Ser., 411, 2), 83-98.*

Levi-Sala, I. 1993 Use.wear traces: processes of development and post-depositional alterations In: P.C. Anderson/S. Beyries/M. Otte/H. Plisson (Eds.) Traces et fonction: les gestes retrouvés, *(ERAUL 50), 401-416.*

Longo., L. 1994 L'industria litica. L'analisi delle tracce d'uso In: C.Peretto (Ed.) Le industrie litiche del giacimento paleolitico di Isernia La Pineta. La tipologia, le tracce d'utilizzazione, la sperimentazione, *Istituto Regionale per gli Studi del Molise "V.Cuoco", Campobasso, 355-466.*

MANSUR-FRANCHOMME, M.E. *1983* Traces d'utilisation et technologie lithique: examples de la Patagonie, *Bordeaux (thèse).*

MANZI G., S. GRIMALDI, G. DESTRO-BISOL *1994 Modern human origin/s: fossil, genetic, and archaeological evidence. State of the art,* Rivista di Antropologia *72, 243-269.*

MANZI G., P. PASSARELLO *1995 At the archaic/modern boundary of the genus* Homo*: the Neandertals from grotta Breuil.* Current Anthropology *36 (2), 355-366.*

MEIGNEN, L. *1994 L'analyse de l'organisation spatiale dans les sites du Paléolithique moyen: structures évidentes, structures latentes,* Préhistoire Anthropologie Mediterranéennes *3, 7-23.*

MELLARS, P. *1989 Technological changes at the Middle-Upper Palaeolithic transition. Economic, social and cognitive perspectives In: P. Mellars/C. Stringer (Eds.)* The Human Revolution. Behavioural and Biological Perspectives on the Origins of Moderns Humans, *Edinburgh University Press, 338-365.*

MOSS, E. *1983* The functional analysis of flint implements, *Oxford (BAR Int. Ser., 177).*

MOSS, E. *1986 Aspects of site comparison: débitage samples, technology and function,* World Archaeology *18, 116-133.*

MOSS, E. *1987 Polish G and the question of hafting In: D. Stordeur (Ed.),* La main et l'outil: manches et emmanchements préhistoriques, *Lyon (Travaux de la Maison de l'Orient, 15), 97-102.*

MUSSI, M *1992 Il Paleolitico e il Mesolitico in Italia,* Popoli e Civiltà dell'Italia Antica *X, Biblioteca di Storia Patria, Bologna.*

ODELL, G.H. *1975 Microwear in perspective: a sympathetic reponse to Lawrence H. Keeley,* World Archaeology *7, 226-240.*

OWEN L.R., G. UNRATH *1989 Microtraces d'usure dues à la préhension,* L'Anthropologie *Tome 93, 3, 673-688.*

PALMA DI CESNOLA A. *1993* Il Paleolitico Superiore in Italia, *Garlatti e Rattai, Citta di Castello.*

PARKER S.T., C. MILBRTAH *1993 Higher intelligence, propositional language, and culture as adaptations for planning In: K.R. Gibson/T. Ingold (Eds.)* Tools, Language and Cognition in Human Evolution, *Cambridge University Press.*

PATOU, M. *1989 Subsistence et approvisionnement au Paléolithic moyen In: M. Otte (Ed.)* L'Homme de Néandertal, La Subsistence, *Liège (ERAUL 30, 6), 11-18.*

PLISSON, H. *1985* Etude fonctionnelle d'outillages lithiques préhistoriques par l'analyse des micro-usures: recherche méthodologique et archéologique, *Paris (thèse).*

PLISSON, H. *1988 Technologie et tracéologie des outils lithiques moustériens en Union Sovietique: les travaux de V.E. Shchelinshij In: M. Otte (Ed.)* L'Homme de Néandertal, La Technique, *Liège (ERAUL 30, 4), 121-168.*

PLISSON, H. *1992 Le cuir au Paléolithique In: Musée Archéologique Départemental du Val d'Oise (Ed.)* Autour du cuir, *Compte-rendu des rencontres archéologiques de Guiry, 5 et 6 Avril 1991, Pointoise: Imprimerie du Conseil Général du Val d'Oise, 7-18.*

PLISSON H., C. LEMORINI *1994 Expérimentation. Proto-tannage d'une peau animale à la cervelle In: P.-J. Texier* L'abri de La Combette, site paléolithique moyen à Bonnieux (Vaucluse). Rapport de fouille programmé 1989-1994, *33-36.*

PLISSON H., S. BEYRIES *1999 Pointes ou outils triangulaires? Données fonctionnelles dans le Moustérien levantin,* Paléorient *24, 5-24.*

PLISSON H., M. MAUGER *1988 Chemical and mechanical alteration of microwear polishes: an experimental approach,* Helinium *28, 3-16.*

PROST, D.C. *1988 Essai d'étude sur les mécanismes d'enlèvements par les façons agricoles et le piétinement Human sur des silex expérimentaux In: S. Beyries (Ed.)* Industries lithiques: tracéologie et technologie, *Oxford (BAR Int. Ser., 411, vol.1), 49-63.*

RENSINK, E. *1995 On magdalenian mobility and land use in north-west Europe. Some methodological considerations,* Archaeological Dialogues *2, 85-119.*

RÉVILLON S., A. TUFFREAU *1994 Introduction In: Révillon S./A.Tuffreau (Eds)* Les indutries laminaires au Paléolithique moyen, *Paris (Dossier de Documentation Archéologique 18), 11-17.*

RIGHTMIRE G.P. *199 Human evolution in the Middle Pleistocene: the role of* Homo heildelbergensis, Evolutionary Anthropology *98 (6), 218-227.*

ROEBROEKS W., J. KOLEN, E. RENSINK *1988 Planning depth, anticipation and the organisation of Middle Palaeolithic technology: the "archic natives" meet Eve's descendants,* Helinium *28, 17-34.*

ROLLAND, N. *1990 Middle Palaeolithic socio-economic formations in Western Eurasia: an exploratory survey In: P. Mellars (Ed.)* The Emergence of Modern Humans. An Archaeological Perspective, *Edinburgh University Press, 347-388.*

ROSSETTI P., G. ZANZI *1990-1991 Technological approach to reduction sequences of the lithic industry from Grotta Breuil In: A. Bietti/G. Manzi (Eds.)* The fossil man of Monte Circeo. Fifty years of studies on the Neandertals in Latium, *Rome (Quaternaria Nova I), 351-366.*

ROTTLÄNDER, R. *1975a The formation of patina on flint,* Archaeometry *17, 106-110.*

ROTTLÄNDER, R. *1975b Some aspects of patination of flint,* Staringia *3, 54-56.*

SCHLANGER N. *1996 Understanding levallois: lithic technology and cognitive archaeology,* Cambridge Archaeological Journal *6 (2), 231-254.*

Schwarcz H.P., W. Buhay, R. Grun, M. Stiner, S. Kuhn, G.H. Miller 1990-1991 Absolute dating of sites in coastal Lazio In: A. Bietti/G. Manzi (Eds.) The fossil man of Monte Circeo. Fifty years of studies on the Neandertals in Latium, *Rome (Quaternaria Nova I), 51-68.*

Shchelinskij, V.E. 1993 Outils pour travailler le bois et l'os au Paléolithique inférieur et moyen de la Plane russe et du Caucase In: P.C. Anderson/S. Beyries/M. Otte/H. Plisson (Eds.) Traces et fonction: les gestes retrouvés, *(ERAUL 50), 309-316.*

Shea, J.J. 1991 The Beahavioral Significance of Levantine Mousterian Industrial Variability, *Harvard University, Cambridge, Massachussetts (thèse).*

Shea, J.J. 1993 Lithic use-wear evidence for hunting in the Levantine Middle Paleolithic In: P.C. Anderson/S. Beyries/ M. Otte/H. Plisson (Eds.) Traces et fonction: les gestes retrouvés, *(ERAUL 50), 21-30.*

Shott, M.J. 1989 Diversity, and Behaviour in the Material Record, Current Anthropology *50 (3), 283-315.*

Sievert, A.K. 1992 Root and tuber resources: experimenatl plant processing and resulting microwear on chipped stone tools In: Anderson P.C. (Ed.) Préhistoire de l'Agriculture. Nouvelles approches expérimentales et ethnographiques, *Paris (Monographie du CRA 6), 55-66.*

Sliva R.J., Keeley L.H. 1994 "Frits" and Specialized Hide Preparation in the Belgian Early Neolithic, Journal of Archaeological Science *21, 91-99.*

Speth, J. 1972 Mechanical basis of percussion flaking, American Antiquity *37 (1), 34-60.*

Stapert, D. 1976 Some natural surface modifications on flint in the Netherlands, Palaeohistoria *18, 7-42.*

Stiner, M.C. 1990-1991 Ungulate exploitation in the terminal Mousterian of Italy: the case of Grotta Breuil In: A. Bietti/ G. Manzi (Eds.) The fossil man of Monte Circeo. Fifty years of studies on the Neandertals in Latium, *Rome (Quaternaria Nova I), 333-350.*

Stiner, M.C. 1994 Honor Among Thieves: A Zooarchaeological Study of Neandertal Ecology, *Princeton University Press, New Jersey.*

Stringer C., C. Gamble 1993 In Search of the Neandertal, *Thomas and Hudson Ltd, London.*

Thacker, P.T. 1996 Hunter-gatherer lithic economy and settlement systems. Understening regional assemblage variability in the Upper Palaeolithic of Portuguese Estremadura In: G.H. Odell (Ed.) Stone tools. Theoretical Insights into Human Prehistory, *Plenum Press, New York.*

Taschini, M. 1970 La Grotta Breuil al Monte Circeo. Per un'impostazione dello studio del Pontiniano, Origini *4, 45-78.*

Texier, P.-J. 1981 Désilification des silex taillés, Quaternaria *23, 159-169.*

Texier, P.-J. 1994 L'abri de La Combette, site paléolithique moyen à Bonnieux (Vaucluse). Rapport de fouille programmé 1989-1994, *Valbonne.*

Texier P-J, C. Lemorini, J.-P. Brugal, L. Wilson 1996 Une activité de traitment des peaux dans l'habitat moustérien de la Combette (Bonnieux, Vancluse, France) In: A. Bietti/ S. Grimaldi (Eds.), Reduction processes ("chaînes opératoires") for the European Mousterian, *(Quaternaria Nova VI), 369-392.*

Texier P-J, J.-P. Brugal, C. Lemorini, L. Wilson 1998 Fonction d'un site du Paléolithique moyen en marge d'un territoire: l'abri de La Combette (Bonnieux, Vaucluse), Economie prehistorique: les comportements de subsistance au Paléolithique, XVIIIe Rencontres Internationales d'Archéologie et d'Histoire d'Antibes, *APDCA, Sophia Antipolis, 325-348.*

Tixier J., M.L. Inizan, H. Roche 1980 Préhistoire de la pierre taillée, *Valbonne.*

Tringham R., G. Cooper, G. Odell, B. Voytek, A. Whitmann 1974 Experimentation in the formation of edge damage: a new approach to lithic analysis, Journal of Field Archaeology *1, 171-196.*

Trinkaus, E. 1983 Neandertal postcrania and the adaptive shift to modern humans In: E. Trinkaus (Ed.), The Mousterian Legacy: Human Biocultural Change in the Upper pleistocene, *Oxford (BAR Int.Ser. 164).*

Unrath G., L.R. Owen, A.L. van Gijn, E.H. Moss, H. Plisson et al. 1986 The formation of use-wear polish on flint: beyond the deposit versus abrasion controversy, Journal of Archaeological Science *11, 91-98.*

Villa P., 1975-1976 Sols et niveaux d'habitat du Paléolithique inférieur en Europe et au Proche Orient, Quaternaria *XIX, 107-134.*

Villa P., J. Courtain 1983 The Interpretation of Stratified Sites: A View from Underground, Journal of Archaeological Science *10, 267-281.*

Vuillemey, M. 1987 Un emmanchement hypoyhétique: fiction ou réalité? In: D. Stordeur (Ed.) La main et l'outil: manches et emmanchements préhistoriques, *Lyon (Travaux de la Maison de l'Orient, 15), 323-326.*

Vaughan, P. 1981 Lithic microwear experimentation and the functional analysis of a lower Magdalenian stone assemblage, *Philadelphia (thèse).*

Wynn, T. 1991 Archaeological evidence for modern intelligence In: R.A. Foley (Ed.) The Origins of Human Behaviour, *Unwin Hyman Ltd, London, 52-66.*

Wolpoff M., R. Caspari 1996 Why aren't Neandertals Modern Humans? In: O. Bar-Yosef/L.L. Cavalli Sforza/R.J. March/ M. Piperno (Eds.) The Lower and Middle Palaeolithic. Colloquium X: The Origin of Modern Man, *Forlì, 133-156.*

LÉGENDE

....	micro-traces (polis et stries)
●●●●●●●●●	micro-traces développées (polis et stries)
ooooooooo	macro-traces (enlèvements)
	mouvement transversal
	mouvement longitudinal
	mouvement mixte (transversal et longitudinal)
	mouvement de rotation
?	movement incertain
▲	talon entier
△	talon cassé
	micro-traces de préhension à la main
	zone présentant des micro-traces de préhension à la main ou de préhension au moyen d'un manche
| |	fin soudain des micro-traces

APPENDICE I

Données générales
Technologie du support
1) incertaine
2) éclat cortical
3) éclat semi-cortical
4) éclat prédéterminé
5) éclat de réaffûtage
6) *split pebble*
7) nucléus
8) lame
9) éclat indéterminé
10) éclat Kombewa

Fragment
1) incertain
2) support non fragmenté
3) distale
4) mesiale
5) proximale
7) indéterminé

Typologie
1) incertain
2) éclat levallois
3) éclat levallois atypique
4) pointe levallois
5) pointe levallois retouchée
6) pointe pseudo-levallois
7) pointe moustérienne allongée
8) limace
9) racloir simple droit
10) racloir simple convexe
11) racloir simple concave
12) racloir double droit
13) racloir double droit-convexe
14) racloir double droit-concave
15) racloir double biconvexe
16) racloir double biconcave
17) racloir double convexe-concave
18) racloir convergent droit
19) racloir convergent concave
20) racloir convergent convexe
21) racloir déjeté
22) racloir transversal droit
23) racloir transversal convexe
24) racloir transversal concave
25) racloir sur face plane
26) racloir à la retouche abrupte
27) racloir à dos aminci
28) racloir à retouche bifaciale
29) racloir à retouche alterne
30) grattoir
31) grattoir atypique
32) burin
33) burin atypique
34) perçoir
35) perçoir atypique
36) couteaux à dos
37) couteaux à dos atypique
38) couteaux à dos naturel
39) raclette
40) éclat tronqué
41) tranchet moustérien
42) encoche
43) denticulé
44) bec burinant alterne
45) éclat retouché sur face plane
46) éclat à retouche abrupte épaisse
47) éclat à retouche alterne épaisse
48) éclat à retouche épaisse subtile
49) éclat à retouche alterne subtile
50) éclat à retouche bifaciale

51) pointe de Tayac
52) triangle à encoches
53) pseudo-microburin
54) encoche sur extrémité
55) hachoirs
56) rabots
57) pointe pédonculée
58) outils pédonculés
59) *chopper*
60) *chopper* inverse

Matière première
1) galets de silex de la Plaine Pontine (Latina, Italia)
2) nodules de silex du Gargano (Foggia, Puglia)
3) autres (nodules de silex de Murs, Vaucluse, France)

Etat de la surface
1) surface préservée
2) surface brûlée-rubéfiée
3) surface très brûlée-craquelée
4) patine colorée
5) *white patina*
6) *glossy apparence*
7) enlèvements non intentionnels
8) polis non intentionnels
9) fort
10) moyen
11) léger
12) indéterminé

Texture de la surface
1) indéterminée
2) fine
3) moyenne
4) grossière

Préhension (variable expérimentale)
1) manuelle
2) manuelle + retouche
3) manche en bois
4) manche en bois + retouche
5) os
6) os + retouche
7) bois de cervidé
8) bois de cervidé + retouche
9) adhésif
10) lacets
11) enrobage de cuir
12) autres

Localisation de la préhension (variable expérimentale)
(coordonnées polaires)

Angle de dépouille (variable expérimentale)
1) 0°-45°
2) 45°-90°
3) plus que 90°
4) variable

Temps de travail (variable expérimentale)

Efficacité du taillant (variable expérimentale)
1) très efficace
2) peu efficace
3) inefficace
4) indéterminée

Exploitation du taillant (variable expérimentale)
1) encore efficace
2) exploité
3) indéterminée

Procédé de nettoyage (variable expérimentale)
1) eau
2) eau distillée
3) KOH
5) CH_3COOH
6) savon liquide
7) alcool
8) acétone
9) cuve à ultrasons
10) indéterminé

Les varibles du groupe des données des AUA

Numéro de l'AUA

Localisation de l'AUA
(coordonnées polaires)

Définition de la PUA (à priori)
1)tranchant naturel supérieur ou égal à un centimètre
2) encoche naturelle
3) partie saillante
4) enlèvements
5) retouches
6) nucléus à la délineation sinueuse
7) zone *a posteriori*

Angle de taillant naturel
en degrés

Angle de taillant retouché
en degrés

Morphologie en plan
1) rectiligne
2) convexe
3) concave
4) pointue
5) irrégulière
6) indéterminée

Morphologie en profil
1) rectiligne
2) convexe
3) concave
4) irrégulière
5) indéterminée

Morphologie en section (combinaison de deux définitions)
1) plane
2) convexe
3) concave
4) indéterminée

Longueur du taillant
en millimètres

Distribution de la retouche
1) incertaine
2) surélevée
3) contigüe-régulière
4) contigüe-irrégulière
5) espacée-régulière
6) espacée-irrégulière
7) localisée

Largeur de la retouche (en mm)

Morphologie de la retouche (1)
1) incertaine
2) abrupte
3) abrupte-écailleuse
4) écailleuse
5) plate
6) géométrique
7) géométrique-mince
8) géométrique-épaisse
9) indéterminée

Morphologie de la retouche (2)
1) incertaine
2) abrupte
3) abrupte-écailleuse
4) écailleuse
5) plate
6) géometrique
7) géométrique-mince
8) géométrique-épaisse
9) indéterminée

Interprétation
1) réaffûtage
2) emmanchement
3) indéterminée

Degré de certitude
1) certain
2) suffisant
3) incertain

MACRO-TRACES (enlèvements)
Etape de l'*AUA*
(coordonnées polaires)

Localisation des macro-traces
1) ventrale
2) dorsale
3) ventrale et dorsale
4) plus ventrale et dorsale
5) ventrale et plus dorsale

Distribution des macro-traces
1) contigüe-régulière
2) contigüe-irregulière
3) espacée-régulière
4) épuisée-irrégulière
5) surélevée
6) localisée
7) indéterminée

Morphologie des macro-traces
1) incertaine
2) fine-cône
3) fine-avec charnière
4) fine-indéterminée/absent
5) gradin-cône
6) gradin-avec charnière
7) gradin-indéterminée/absent

8) réfléchie-cône
9) réfléchie-avec charnière
10) réfléchie-indéterminée/absent
11) droite-avec charnière
12) autres
13) indéterminée
14) droite
15) variée

Direction des macro-traces
1) absente
2) parallèle
3) perpendiculaire
4) diagonale
41) uni-directionnelle
42) bi-directionnelle
5) aléatoire
6) indéterminée

Interprétation des macro-traces
1) utilisation
2) emmanchement
3) indéterminée

Degré de certitude
1) certain
2) suffisant
3) incertain

Matière travaillée
1) matière tendre
2) matière semi-dure
3) matière dure
4) indéterminée

Degré de certitude
1) certain
2) suffisant
3) incertain

Mouvement effectué
1) longitudinal
2) transversal
3) rotation
4) indéterminé

Degré de certitude
1) certain
2) suffisant
3) incertain

MICRO-TRACES (polis et stries)
Etape de l'*AUA*

Localisation des micro-traces
(coordonnées polaires)

Position des polis
1) ventrale
2) dorsale
3) ventrale et dorsale
4) plus ventrale et dorsale
5) ventrale et plus dorsale
6) surface du dièdre (pour les burins)

Développement des polis
1) léger
2) moyen
3) fort

Distribution des polis (1)
1) scintillation
2) zones saillantes
3) taches isolées
4) fil le long du bord
5) bande le long du bord
6) fil et bande le long du bord
7) bande loin du bord
8) éparpillé
9) stries de polis
10) en réseau
11) autres
12) indéterminée

Distribution des polis (2)
1) scintillation
2) zones saillantes
3) taches isolées
4) fil le long du bord
5) bande le long du bord
6) fil et bande le long du bord
7) bande loin du bord
8) éparpillé
9) stries de polis
10) en réseau
11) autres
12) indéterminée

Contraste du polis
1) léger

2) moyen
3) fort

Texture du polis
1) incertaine
2) lisse
3) lisse et grasse
4) lisse et mate
5) rugueuse
6) rugueuse et grasse
7) rugueuse et mate
8) indéterminée

Brillance du polis
1) très brillant
2) brillant
3) mat

Direction du polis
1) absente
2) parallèle
3) perpendiculaire
4) diagonale
5) aléatoire
6) indéterminée
Topographie du polis
1) incertaine
2) bombée
3) plane
4) à micro-trous
5) en comète
6) à cratères
7) autres
8) indéterminée

Localisation des stries
1) ventrale
2) dorsale
3) ventrale et dorsale
Direction des stries
1) incertaine
2) parallèle
3) perpendiculaire
4) diagonale
5) aléatoire
6) indéterminée

Interpretation des micro-traces
1) utilisation
2) emmanchement
3) altération
4) indéterminée

Degré de certitude
1) certain
2) suffisant
3) incertain

Matière travaillée
1) incertaine
2) viande
3) peau (état indéterminé)
4) peau fraîche
41) peau humide
5) peau sèche
6) viande et peau
7) poisson
8) plante
9) *glossy*
10) bois
11) os
12) viande et os
13) bois de cervidé
14) bois de cervidé/bois
15) bois de cervidé/os
16) coquille
17) pierre
18) matière tendre
19) matière dure
20) inconnue
21) autres
22) indéterminée
23) matière semi-dure
24) peau, os, viande
25) os/peau
26) bois/plantes
27) os/bois
28) bois tendre
29) bois dur

Degré de certitude
1) certain
2) suffisant
3) incertain

Etat de la matière
1) humide
2) frais
3) sec
4) additif

Degré de certitude
1) certain
2) suffisant
3) incertain

Action effectuée
1) incertaine
2) perçage
3) longitudinale
4) coupe
5) sciage
6) rainurage
7) gravure
8) transversale
9) raclage en coupe positive
10) amincissement
11) raclage en coupe négative
12) raser
13) fendre
14) mixte
15) indéterminée

Degré de certitude
1) certain
2) suffisant
3) incertain

Activité effectuée
0) indéterminée
1) boucherie
2) écharnage
3) traitement de la peau
4) raclage du *periostium*
5) ouverture de coquilles
6) appointer
7) écorcer
8) autres..

Degré de certitude
1) certain
2) suffisant
3)incertain

APPENDICE II LES EXPÉRIMENTS EFFECTUÉS

matiere	état matiere	n° expérimentation	matiere premiere	grain	préhension	temps de travail	exhaustion	angle du taillant 1	angle du taillant 2	mouvement	action	activité	position enlevements	distribution enlevements	morphologie enlevements	largeur enlevements (mm)	position poli	développement poli	distribution poli	contraste poli	texture poli	brillance poli	direction poli	topographie poli	émoussé du fil
tissus charnus	2	33	1	3	1	23	3	28°	_	3	4	1	_	_	_	_	5	1	4	1	6	3	4	8	1
tissus charnus	2	54	2	2	1	35	3	43°	_	3	4	1	5	1	12	_	3	1	14	2	6	4	4	8	1
tissus charnus	2	81	2	2	1	20	3	40°	_	3	4	1	5	1	4	18	2	1	14	1	6	3	2	8	1
tissus chranus/ vache	2	171	1	5	1	5	1	_	_	8	11	1	_	_	_	_	3	1	12	1	6	3	5	8	1
tissus charnus/ cheval	2	192	1	5	2	24	1	43°	_	3	5	1	_	_	_	_	2	1	4	1	6	3	2	8	1
tissus charnus/ cheval	2	199	1	5	1	_	2	48°	_	3	4	1	_	_	_	_	_	_	_	_	_	_	_	_	_
tissus charnus	2	219	1	5	1	46	3	29°	_	3	4	1	_	_	_	_	_	_	_	_	_	_	_	_	_
tissus charnus	2	223	1	5	1	20	3	58°	_	3	4	1	1	1	6	50	_	_	_	_	_	_	_	_	_
tissus charnus	2	236	1	5	1	_	3	33°	_	3	4	1	2	1	3	60	5	1	4	1	6	3	2	8	1
tissus charnus/ cheval	2	242	1	5	1	15	2	30°	_	3	4	1	_	_	_	_	_	_	_	_	_	_	_	_	_
tissus charnus,os/ vache	2	18	1	3	1	35	2	_	84°	8	11	4	_	_	_	_	4	2	2	3	4	2	3	45	3
tissus charnus, os/ veau	2	29	2	2	1	25	2	_	_	2	2	_	3	5	710	30	3	2	2	2	2	3	34	45	1
tissus charnus,os/ veau	2	34	2	2	1	15	2	_	_	2	2	_	3	5	710	200	3	2	2	2	2	2	34	45	1
tissus charnus/ veau	2	78	1	2	2	20	_	_	_	8	11	4	_	_	_	_	5	2	2	3	7	1	3	3	3
tissus charnus,os/ veau	2	78	1	2	2	_	_	_	_	8	11	4	_	_	_	_	1	2	2	2	2	2	4	8	5
tissus charnus, o:	2	93	1	3	1	5	3	41°	_	8	11	1	4	1	9	50	2	2	7	2	2	2	3	4	1
tissus charnus, o:	2	93	1	3	1	15	3	43°	_	8	11	1	2	5	3	50	2	2	17	2	5	2	3	4	1
tissus charnus, o:	2	123	1	2	1	1	3	37°	_	3	4	1	_	_	_	_	1	1	3	2	2	2	6	8	1
tissus charnus, os/ veau	2	26	1	2	2	39	3	43°	_	14	14	1	5	2	36	30	4	2	12	3	4	1	2	35	2
tissus charnsu,os/ cheval	2	166	1	5	1	20	1	85°	_	8	11	1	_	_	_	_	3	2	24	2	2	2	13	345	2
tissus charnus, os/ cheval	2	166	1	5	1	7	1	71°	_	8	11	1	_	_	_	_	3	2	24	1	6	3	6	8	2
tissus charnus,os/ vache	2	172	1	5	1	70	2	43°	_	3	5	1	_	_	_	_	4	2	4	2	6	3	2	8	2

Travail de boucherie

matiere	état matiere	n° expérimentation	matiere premiere	grain	préhension	temps de travail	exhaustion	angle du taillant 1	angle du taillant 2	mouvement	action	activité	position enlevements	distribution enlevements	morphologie enlevements	largeur enlevements (mm)	position poli	développement poli	distribution poli	contraste poli	texture poli	brillance poli	direction poli	topographie poli	émoussé du fil
tissus charnus, os	2	173	1	5	1	70	1	40°	_	3	12	1	2	3	3	30	4	2	6	2	6	3	2	8	2
tissus charnus, os	2	174	1	5	1	40	1	58°	_	3	4	1	_	_	_	_	3	1	14	2	2	3	5	8	2
tissus charnus, os	2	175	1	5	1	40	1	49°	_	3	5	1	_	_	_	_	3	1	2	2	2	3	4	8	2
tissus charnus, os	2	176	1	5	1	20	1	_	65°	3	4	1	_	_	_	_	4	2	7	2	4	3	3	8	3
tissus charnus, os/ vache	2	188	4	5	1	10	1	40°	_	3	4	1	2	1	3	_	1	1	3	1	2	2	2	3	2
tissus charnus,os/ vache	2	189	1	5	111	6	2	38°	_	3	4	1	_	_	_	_	_	_	_	_	_	_	_	_	_
tissus charnus, os/ vache	2	189	1	5	111	25	2	_	_	3	4	1	_	_	_	_	_	_:	_	_	_	_	_	_	_
tissus charnus, os/ vache	2	190	1	5	1	5	1	41°	_	14	14	1	_	_	_	_	_	_	_	_	_	_	_	_	_
tissus charnus, os/ vache	2	190	1	5	1	20	1	31°	_	14	14	1	_	_	_	_	3	1	4	2	6	3	2	8	2
tissus charnus, os/ cheval	2	191	1	5	1	65	1	47°	_	3	4	1	3	1	6	10	5	2	4	2	6	3	2	8	3
tissus charnus, os/ vache	2	193	1	5	1	23	1	42°	_	3	5	1	_	_	_	_	3	1	43	1	6	3	2	8	1
tissus charnus, os/ cheval	2	194	1	5	1	60	3	43°	_	3	5	1	_	_	_	_	4	2	53	1	6	3	2	34	1
tissus charnus, os	2	198	1	5	1	10	3	42°	_	16	16	1	_	_	_	_	4	2	4	2	5	3	4	8	1
tissus charnus, os	2	211	3	5	1	_	_	30°	_	14	14	1	_	_	_	_	2	1	1	1	6	3	5	8	1
tissus charnus, os	2	211	3	5	1	_	_	_	_	14	14	1	_	_	_	_	_	_	_	_	_	_		_	_
tissus charnus, os	2	212	3	5	1	_	_	58°	_	14	14	1	_	_	_	_	3	1	45	1	6	3	4	8	1
tissus charnus, os	2	212	3	5	1	_	_	40°	_	14	14	1	_	_	_	_	1	1	45	1	6	3	4	8	1
tissus charnus, os	2	213	3	5	1	_	_	40°	_	14	14	1	_	_	_	_	3	1	4	2	6	3	5	8	1
tissus charnus, os	2	213	3	5	1	_	_	_	_	14	14	1	_	_	_	_	_	_	_	_	_	_	_	_	_
tissus charnus, os	2	222	1	5	1	8	3	30°	_	3	5	1	2	5	6	40	4	2	4	2	6	3	2	8	2
tissus charnus, os	2	222	1	5	1	16	3	36°	_	3	5	1	_	_	_	_	4	2	4	2	6	3	2	8	2
tissus charnus, os/ cheval	2	227	1	5	1	28	1	45°	_	3	4	1	_	_	_	_	5	2	6	2	6	2	2	_	2

Travail de boucherie

matiere	état matiere	n° expérimentation	matiere premiere	grain	préhension	temps de travail	exhaustion	angle du taillant 1	angle du taillant 2	mouvement	action	activité	position enlevements	distribution enlevements	morphologie enlevements	largeur enlevements (mm)	position poli	développement poli	distribution poli	contraste poli	texture poli	brillance poli	direction poli	topographie poli	émoussé du fil
tissus charnus, os/cheval	2	228	1	5	1	100	1	29°	_	3	4	1	2	1	36	50	5	2	6	1	6	2	2	8	2
tissus charnus, os	2	243	1	5	1	30	3	37°	_	3	4	1	_	_	_	_	3	1	13	2	6	3	2	_	1
tissus charnus, os	2	189	1	5	1	10	1	67°	_	8	11	4	_	_	_	_	_	_	_	_	_	_	_	_	_
tissus charnus, os/agneau	2	252	2	2	1	40	2	40°	_	3	5	1	1	4	11	30	3	2	510	2	2	2	4	8	3
tissus charnus, os/agneau	2	252	2	2	1	40	2	50°	_	3	5	1	3	4	11	30	3	2	510	2	2	2	4	8	3
tissus charnus,os,peau/lapin	2	69	2	3	1	17	3	38°	_	3	4	1	5	2	7	25	5	2	12	1	6	3	3	8	1
tissus charnus,os,peau/lapin	2	69	2	3	1		3	_	_	2	2	1	5	2	11	10	2	2	1	1	2	2	_	_	1
tissus charnus,os,peau	2	119	1	2	310	21	2	23°	_	3	4	1	_	_	_	_	1	2	5	1	6	2	2	8	3
tissus charnus,os,peau	2	120	1	2	310	15	2	36°	_	3	4	1	_	_	_	_	3	1	4	1	2	2	2	8	1
poisson	2	37	2	3	1	6	3	38°	_	14	14	1	5	1	10	25	1	2	4	2	4	2	24	45	1
poisson	2	38	2	2	1	10	3	20°	_	14	14	1	2	5	710	160	3	2	49	3	2	2	34	45	2
poisson	2	38	2	2	1	5	3	38°	_	14	14	1	4	5	710	15	3	2	5	2	5	2	4	5	2
poisson	2	121	1	3	310	_	2	42°	_	3	4	1	_	_	_	_	3	1	1	1	8	4	6	8	1
poisson	2	122	1	3	310	3	3	43°	_	3	4	1	4	1	6	25	2	1	4	1	4	2	4	5	1
poisson/muge	2	232	1	5	1	_	3	24°	_	3	5	1	2	1	3	40	_	_	_	_	_	_	_	_	_
poisson/muge	2	233	1	5	1	_	1	40°	_	3	4	1	_	_	_	_	_	_	_	_	_	_	_	_	_
poisson/muge	2	233	1	5	1	_	_	43°	_	3	4	1	1	1	6	40	_	_	_	_	_	_	_	_	_
poisson/muge	2	234	1	5	1	_	3	22°	_	8	11	8	1	4	69	60	1	1	4	2	2	2	3	8	2
poisson/muge	2	235	1	5	1	_	3	30°	_	3	4	1	_	_	_	_	1	1	45	1	6	3	2	8	1
poisson/muge	2	235	1	5	1	_	_	32°	_	3	4	1	3	4	11	_	4	2	4	2	5	2	2	8	2

Travail de boucherie

matiere	état matiere	n° expérimentation	matiere premiere	grain	préhension	temps de travail	exhaustion	angle du taillant 1	angle du taillant 2	mouvement	action	activité	position enlevements	distribution enlevements	morphologie enlevements	largeur enlevements (mm)	position poli	développement poli	distribution poli	contraste poli	texture poli	brillance poli	direction poli	topographie poli	émoussé du fil
bois	1	16	1	3	1	60'	1	_	83°	8	11	_	_	_	_	_	3	3	10	3	2	1	3	24	3
pin	1	21	2	3	1	40'	3	50°	_	8	9	_	_	_	_	_	3	3	4	3	2	2	1	4	3
pin	2	22	2	2	1	20'	2	_	77°	8	9	_	_	_	_	_	4	3	7	3	2	2	4	2	3
saule	2	24	1	3	2	30'	3	57°	_	14	14	6	4	1	36	60	3	3	5	2	2	2	4	8	2
saule	2	25	1	2	1	30'	3	24°	_	14	14	6	3	2	12	75	3	3	5	3	7	3	1	8	2
saule/pin	2	27	1	2	1	40'	3	23°	_	3	14	_	3	4	12	40	3	2	6	2	2	2	1	8	3
hetre	1	28	1	5	1	15'	3	26°	_	14	14	_	3	4	12	55	3	3	10	3	2	2	2	2	2
bois	2	32	1	2	3	15'	3	47°	_	8	11	_	2	4	14	_	1	3	4	2	7	2	3	4	3
pin	1	21	2	3	1	10'	2	46°	_	8	9	_	_	_	_	_	1	2	10	2	6	4	1	8	3
chataîgnier	1	35	1	2	1	8'	2	_	89°	8	11	7	_	_	_	_	3	2	5	1	2	2	1	8	3
chataîgnier	1	35	1	2	1	_	3	54°	_	8	11	7	_	_	_	_	1	2	4	2	2	2	3	8	3
bois	3	36	1	3	3	25'	3	40°	_	14	14	6	3	1	710	50		1	1		8	4	6	8	5
hetre/chene vert	1	39	2	2	1	90'	3	_	_	3	46	7	3	2	10	70	3	3	510	2	2	2	2	2	3
bois	3	40	1	2	1	20'	3	55°	_	14	14	6	3	3	9	125	3	2	4	2	2	2	2	2	1
saule	2	50	1	2	2	20'	3	51°	_	8	9	7	4	4	7	80	1	2	4	2	6	3	3	8	2
chataîgnier	1	51	1	3	1	25'	3	39°	_	3	6	_	4	1	7	60	3	2	2	2	7	3	2	5	2
chataîgnier	1	52	1	3	1	_	3	40°	_	14	610	_	5	1	6	30	3	3	5	3	2	1	2	24	3

Travail du bois

matiere	état matiere	n° expérimentation	matiere premiere	grain	préhension	temps de travail	exhaustion	angle du taillant 1	angle du taillant 2	mouvement	action	activité	position enlevements	distribution enlevements	morphologie enlevements	largeur enlevements (mm)	position poli	développement poli	distribution poli	contraste poli	texture poli	brillance poli	direction poli	topographie poli	émoussé du fil
bois	1	61	1	3	1	20'	3	24°	_	3	4	7	5	2	11	30	4	2	5	3	2	1	2	25	3
saule	1	62	1	4	1	_	3	39°	_	3	3	7	3	1	6	15	3	3	5	2	2	1	2	2	3
bois	1	79	2	2	4	60'	3	46°	_	14	14	7	3	1	4	90	3	2	5	3	2	2	3	2	3
chene	1	82	1	2	1	20'	3	_	_	8	11	_	_	_	_	_	3	3	4	3	2	2	3	34	3
chene	1	82	1	2	1	20'	3	_	_	2	2	_	_	_	_	_	1	2	2	2	2	2	6	3	1
pin	1	83	1	3	1	20'	3	57°	_	3	5	_	3	1	3	25	4	2	5	2	2	2	2	25	3
bois	1	85	2	2	1	30'	3	_	_	1	6	_	4	5	47	10	1	1	3	2	2	2	6	8	5
pin	2	89	4	2	3	8'	3	46°	_	8	10	7	3	1	11	55	3	1	2	1	6	3	6	8	1
bois	_	94	2	3	1	45'	3	31°	_	8	11	_	4	1	6	19	5	2	2	2	2	2	3	24	3
bois	_	94	2	3	1	30'	3	39°	_	8	11	_	5	1	3	25	3	1	2		8		6	8	1
bois	3	101	3	2	1	150'	3	_	_	8	8	7	_	_	_	_	4	3	24	3	2	1	3	35	3
peuplier/orme	1	102	2	2	1	5'	3	_	70°	8	9	6	_	_	_	_	3	1	4	1	6	2	6	8	1
peuplier	1	103	2	2	1	15'	3	42°	_	8	11	7	4	1	6	150	1	2	10	2	2	2	3	2	3
peuplier/orme	1	104	2	3	2	45'	1	38°	_	14	10	6	5	1	4	25	3	3	15	3	2	1	2	24	3
bois	1	106	2	2	4	100'	3	38°	_	8	11	7	_	_	_	_	1	1	23	1	6	3	3	8	1
orme	1	108	2	3	3	15'	3	38°	_	3	10	_	4	1	710	160	5	2	25	3	2	1	2	25	3
chataîgnier	3	109	1	2	1	10'	2	_	_	2	2	_	_	_	_	_	1	1	3	1	5	3	3	8	1

Travail du bois

matiere	état matiere	n° expérimentation	matiere premiere	grain	préhension	temps de travail	exhaustion	angle du taillant 1	angle du taillant 2	mouvement	action	activité	position enlevements	distribution enlevements	morphologie enlevements	largeur enlevements (mm)	position poli	développement poli	distribution poli	contraste poli	texture poli	brillance poli	direction poli	topographie poli	émoussé du fil
bois	3	111	2	2	311	8'	3	_	_	8	13	_	3	1	36	210	3	1	2	1	5	2	3	8	1
bois	3	114	2	5	3	_	3	66°	_	8	13	_	1	2	10	350	2	1	4	1	7	3	6	8	1
bois	3	124	1	2	311	8'	1	45°	60°	8	11	7	_	_	_	_	3	1	2	1	6	3	6	8	1
noyau	3	126	1	2	1	_	2	_	_	2	2	_	3	2	7	210	1	1	2	1	2	2	6	8	1
hetre	1	127	1	2	2	20'	1	59°	_	14	56	8	3	1	10	30	5	2	5	1	2	2	2	25	1
hetre	3	128	1	3	1	15'	1	55°	_	14	6	8	5	4	3	70	3	2	29	3	2	1	2	5	1
bouleau	3	129	1	5	3	15'	2	55°	_	8	11	7	2	1	9	150	1	2	4	2	6	2	3	5	1
bois	1	130	1	3	3	_	1	44°	_	8	9	_	1	2	7	160	1	1	2	1	6	3	6	8	1
noyau	1	131	1	2	1	_	1	_	_	2	2	_	4	5	7	160	5	1	2	1	2	2	34	25	1
figuier	2	132	1	3	1	5'	2	34°	_	3	5	_	5	2	143	30	4	2	45	2	7	2	2	5	2
figuier	1	133	1	5	1	30'	2	45°	_	3	4	6	5	1	710	60	3	1	24	1	2	2	6	8	2
peuplier	1	135	1	3	3	_	1	45°	_	3	10	7	1	5	12	50	3	2	45	2	2	2	2	24	2
hetre	3	136	1	2	3	28'	2	70°	_	8	11	7	3	13	5	160	5	2	52	1	5	2	6	4	3
chataîgnier	1	177	2	5	2	150'	2	_	60°	3	5	_	2	1	3	50	3	3	5	3	2	3	2	2	3
bois	3	203	2	2	1	_	2	40°	_	3	5	8	2	1	69	200	3	3	5	3	2	3	2	4	1
bois	3	203	2	2	1	_	2	40°	_	3	5	8	1	4	69	100	3	3	5	3	2	3	2	4	1

Travail du bois

matiere	état matiere	n° expérimentation	matiere premiere	grain	préhension	temps de travail	épuisement	angle du taillant 1	angle du taillant 2	mouvement	action	activité	position enlevements	distribution enlevements	morphologie enlevements	largeur enlevements (mm)	position poli	développement poli	distribution poli	contraste poli	texture poli	brillance poli	direction poli	topographie poli	émoussé du fil
bois de cervidé	13	17	4	5	3	15'	2	43°	_	8	11	_	3	5	7	60	3	1	2	1	7	4	6	8	5
bois de cervidé	3	49	1	3	39	5'	3	57°	_	8	9	_	5	1	6	75	4	1	4	1	7	2	3	35	1
bois de cervidé	1	55	2	3	1	18'	3	_	_	3	5	_	3	4	36	50	5	3	5	2	4	2	2	25	2
bois de cervidé	1	63	1	3	1	30'	2	28°	50°	3	5	_	_	_	_	_	3	3	2	3	2	1	2	35	3
bois de cervidé	3	84	1	1	1	_	2	_	_	2	2	_	3	5	9	220	3	1	3	1	5	2	6	8	1
bois de cervidé	_	86	2	2	1	55'	3	_	_	8	9	_	_	_	_	_	4	2	4	3	2	2	3	3	3
bois de cervidé	_	86	2	2	1	55'	3	_	_	8	9	_	_	_	_	_	4	2	2	3	2	2	3	34	3
bois de cervidé	1	96	1	5	1	_	2	23°	48°	3	5	_	_	_	_	_	3	2	25	2	4	1	2	35	3
bois de cervidé	13	110	1	4	1	13'	3	_	88°	8	11	_	_	_	_	_	3	1	4	1	5	3	3	8	1
bois de cervidé	13	110	1	4	1	13'	3	80°	_	8	11	_	1	_	_	_	3	1	4	1	5	3	3	8	_
bois de cervidé	3	137	1	5	310	8'	1	52°	_	8	11	_	2	1	710	180	_	_	_	_	_	_	_	_	_
bois de cervidé	1	138	1	3	1	8'	1	42°	_	3	5	_	2	5	47	300	5	2	52	2	4	2	2	25	1
bois de cervidé	1	140	1	2	2	40'	1	40°	_	14	65	_	3	1	3	30	4	2	45	3	3	2	2	8	2
bois de cervidé	1	139	1	2	1	_	1	28°	_	2	2	_	3	5	10	80	3	1	2	1	3	1	3	8	1
bois de cervidé	1	141	1	3	310	30'	2	50°	54°	8	11	8	2	5	69	250	1	2	5	3	3	3	3	8	1
bois de cervidé	3	142	3	3	1	20'	1	_	90°	14	6	8	2	5	9	50	6	1	5	1	3	3	3	8	2
bois de cervidé	3	143	3	3	1	90'	2	_	_	14	14	_	3	5	15	180	3	1	32	2	67	3	23	8	1
bois de cervidé, bois	12	48	1	3	2	70'	2	71°	_	14	14	6	3	1	2	15	4	3	10	2	4	1	2	24	3

Travail du bois de cervidé

matiere	additifs	n° expérimentation	matiere premiere	grain	préhension	temps de travail	exhaustion	angle du taillant 1	angle du taillant 2	mouvement	action	activité	position enlevements	distribution enlevements	morphologie enlevements	largeur enlevements (mm)	position poli	développement poli	distribution poli	contraste poli	texture poli	brillance poli	direction poli	topographie poli	émoussé du fil
peau/lapin	_	113	2	3	1	15	3	73°	_	8	11	3	_	_	_	_	1	1	4	2	6	1	6	8	1
peau/lapin	_	113	2	3	1	15	3	78°	_	8	11	3	_	_	_	_	1	1	4	1	6	1	6	8	1
peau/mouton-chevre	_	117	3	5	1	30	3	_	_	3	4	3	1	1	11	_	3	2	4	2	6	3	4	8	2
peau fraîche	_	41	1	4	1	50	3	38°	57°	8	11	2	_	_	_	_	3	2	41	2	5	2	34	4	3
peau fraîche/lapin	_	42	2	2	1	20	3	_	_	3	4	2	_	_	_	_	2	1	41	1	5	2	1	8	1
peau fraîche/vache	_	66	2	3	1	3	_	_	_	2	2	2	_	_	_	_	2	1	2	2	7	3	_	_	1
peau fraîche/veau	_	68	1	3	1	45	1	_	_	8	11	2	_	_	_	_	4	3	7	2	6	3	3	6	3
peau fraîche/veau	_	71	1	3	1	60	3	42°	67°	3	4	2	_	_	_	_	1	1	4	1	6	3	6	8	2
peau fraîche/veau	_	73	3	3	1	60	3	_	_	3	4	2	3	1	11	5	3	1	14	1	2	2	6	8	2
peau fraîche/veau	_	75	1	2	1	50	1	_	67°	8	11	2	_	_	_	_	1	1	4	1	2	2	6	8	1
peau fraîche	_	98	2	3	1	40	3	_	76°	8	11	2	_	_	_	_	5	1	24	2	5	2	3	4	1
peau fraîche/veau	_	100	2	3	1	30	3	42°	_	3	4	2	3	2	14	75	5	1	14	2	5	2	2	4	2
peau fraîche/lapin	_	115	2	3	1	_	3	_	_	3	3	2	1	1	10	60	_	_	_	_	_	_	_	_	1
peau fraîche/veau	_	157	2	2	1	1	1	28°	_	3	4	2	_	_	_	_	2	2	4	1	2	3	3	_	2
peau fraîche/veau	_	160	2	2	1	_	_	_	_	2	2	3	_	_	_	_	1	1	3	1	8	3	6	8	1

Travail de la peau

matiere	additifs	n° expérimentation	matiere premiere	grain	préhension	temps de travail	exhaustion	angle du taillant 1	angle du taillant 2	mouvement	action	activité	position enlevements	distribution enlevements	morphologie enlevements	largeur enlevements (mm)	position poli	développement poli	distribution poli	contraste poli	texture poli	brillance poli	direction poli	topographie poli	émoussé du fil
peau fraîche/ chevre	_	256	3	5	1	30	1	_	_	3	5	2	_	1	3	_	5	3	5	3	2	1	4	8	3
peau fraîche/ chevre	_	256	3	5	1	15	1	_	_	3	5	2	_	1	3	_	5	3	5	3	2	1	4	8	3
peau fraîche/ chevre	_	260	3	5	1	45	1	_	_	3	4	2	3	1	3	_	4	1	24	1	5	2	2	_	1
peau humide/ chevreui	gras	14	1	2	1	60	3	32°	67°	8	11	3	_	_	_	_	4	2	2	2	2	2	3	4	1
peau humide/ vache	ceindre	65	1	3	3	25	2	49°	_	8	11	3	2	1	5	15	1	2	4	2	2	1	4	4	2
peau humide/ veau	gras	74	1	3	1	60	3	84°	_	8	11	3	_	_	_	_	3	2	2	2	6	3	3	6	2
peau humide/ veau	_	76	2	2	1	7	_	_	_	2	2	0	5	5	4	150	_	_	_	_	_	_	_	_	_
peau humide/ veau	_	99	2	3	1	180	2	_	80°	8	11	3	_	_	_	_	4	3	25	2	6	2	3	6	3
peau humide	_	112	2	3	1	_	3	_	_	2	2	0	5	35	3	20	5	1	1	2	2	2	34	8	1
peau humide	_	125	2	2	2	25	2	_	75°	8	11	3	_	_	_	_	5	2	42	3	4	1	4	4	3
peau humide/ vache	ceindre	144	1	3	1	_	2	34°	_	3	5	3	3	1	15	80	4	3	5	3	7	3	2	8	12
peau humide/ vache	ceindre	146	1	3	1	35	1	34°	_	8	11	3	1	2	6	200	5	2	24	2	7	2	4	4	3
peau humide/ vache	ceindre	145	1	2	1	_	2	_	_	2	2	3	5	1	4	50	1	1	3	_	_	_	_	_	1
peau humide/ vache	ceindre	148	1	3	1	_	1	42°	_	3	4	3	1	2	7	10	2	3	5	1	2	3	2	4	2
peau humide/ veau	_	153	1	5	13	25	1	95°	_	8	11	3	_	_	_	_	5	2	6	3	4	3	4	8	3
peau humide/ veau	_	154	1	5	1	15	1	_	_	8	9	3	1	4	11	50	1	2	6	2	6	3	2	8	2
peau humide/ veau	_	155	1	5	1	10	1	40°	_	8	9	3	_	_	_	_	1	2	6	3	4	3	2	4	3
peau humide/ veau	ceindre	156	1	3	3	20	1	_	70°	8	11	3	_	_	_	_	4	3	7	3	4	3	3	6	3
peau humide/ veau	gras, ceindre	158	1	3	1	40	2	36°	_	8	9	3	2	1	36	130	1	3	7	3	3	3	2	_	3
peau humide/ veau	_	159	2	3	1	1	1	30°	_	3	5	3	2	1	3	10	3	3	5	3	5	3	2	8	3

Travail de la peau

matiere	additifs	n° expérimentation	matiere premiere	grain	préhension	temps de travail	exhaustion	angle du taillant 1	angle du taillant 2	mouvement	action	activité	position enlevements	distribution enlevements	morphologie enlevements	largeur enlevements (mm)	position poli	développement poli	distribution poli	contraste poli	texture poli	brillance poli	direction poli	topographie poli	émoussé du fil
peau humide/ chevre	_	257	3	5	1	15	1	_	64°	8	11	3	_	_	_	_	4	2	6	2	7	2	3	6	3
peau humide/ chevre	_	261	3	5	1	15	2	_	_	14	14	2	_	_	_	_	4	2	6	3	2	3	23	8	3
peau humide/ chevre	_	262	3	5	1	_	1	23°	_	14	14	2	3	1	11	_	5	2	10	3	2	2	3	2	3
peau humide/ chevre	_	263	3	5	1	30	3	_	_	8	8	3	_	_	_	_	4	2	7	1	6	2	3	8	3
peau humide/ chevre	cervel.	265	3	5	1	_	1	_	62°	8	11	3	_	_	_	_	4	1	4	2	2	2	3	8	2
peau humide/ chevre	cervel.	266	3	5	1	15	1	_	55°	8	9	3	_	_	_	_	4	2	4	2	2	2	3	6	3
peau seche/ lapin	gras	44	1	3	1	15	3	47°	72°	8	11	3	_	_	_	_	5	3	7	3	6	2	3	6	3
peau seche/ lapin	gras	44	1	3	1	40	3	36°	_	8	11	3	_	_	_	_	3	3	4	2	6	2	1	6	3
peau seche/ veau	gras	77	1	4	1	20	3	_	64°	8	11	3	_	_	_	_	5	2	4	3	7	3	3	6	3
peau seche	_	92	2	2	1	5	2	_	_	2	2	3	3	2	11	75	3	1	34	3	2	1	3	4	1
peau seche	_	95	1	2	7	_	3	102°	_	8	11	3	_	_	_	_	5	3	5	3	2	2	3	6	3
peau seche/ mouton-chev.	_	117	3	5	1	50	3	_	_	3	4	3	2	1	11	_	3	2	4	2	6	3	4	8	2
peau seche/ vache	ceind.	147	1	3	1	45	1	69°	_	8	11	3	5	24	47	125	1	1	2	1	4	3	6	8	1
peau seche/ chevre	alun roche	220	3	5	1	120	3	_	_	8	11	3	2	1	6	50	1	1	45	2	2	3	4	8	2
peau seche/ chevre	_	118	2	5	1	_	3	_	_	8	11	3	_	_	_	_	4	2	7	2	3	2	4	8	3
peau seche/ chevre	_	118	2	5	1	50	3	_	_	8	11	3	_	_	_	_	4	2	7	2	3	2	4	8	3
peau seche/ chevre	_	258	3	5	1	_	2	_	50°	8	9	3	2	1	2	_	4	2	7	2	7	3	3	6	3
peau seche/ chevre	_	259	3	5	1	15	2	58°	_	8	8	3	_	_	_	_	4	3	6	2	7	3	3	6	3

Travail de la peau

matiere	état matiere	n° expérimentation	matiere premiere	grain	préhension	échaustion	angle du taillant 1	angle du taillant 2	mouvement	action	activité	temps de travail	position enlevements	distribution enlevements	morphologie enlevements	largeur enlevements (mm)	position poli	développement poli	distribution poli	contraste poli	texture poli	brillance poli	direction poli	topographie poli	émoussé du fil
graminées sauvages	1	12	4	2	2	3	33°	_	3	4	_	35'	_	_	_	_	5	3	7	3	2	1	2	2	3
fenouil vulgaire	2	70	2	2	1	_	50°	_	3	4	_	15'	3	2	6	10	3	2	7	3	2	2	2	_	2
graminées sauvages	2	88	1	2	1	2	38°	_	3	5	_	\13'	_	_	_	_	5	3	7	3	2	1	2	2	3

Travail des végétaux

matiere	état matiere	n° expérimentation	matiere premiere	grain	préhension	temps de travail	éxhaustion	angle du taillant 1	mouvement	action	activité	position enlevements	distribution enlevements	morphologie enlevements	largeur enlevements (mm)	position poli	développement poli	distribution poli	contraste poli	texture poli	brillance poli	direction poli	topographie poli	émoussé du fil
coquille	3	202	2	5	1	_	2	34°	3	5	8	2	5	3	110	3	3	35	3	2	3	4	3	3
coquille	3	202	2	5	1	_	2	_	3	5	8	1	4	36	50	3	3	35	3	2	3	4	3	3
calcaire	3	225	3	5	1	20	1	49°	14	6	8	2	5	6	100	3	2	34	3	2	1	3	3	3

Travail des matières variées

www.ingramcontent.com/pod-product-compliance
Lightning Source LLC
LaVergne TN
LVHW071120250826
846485LV00046BA/1026
9781841710594